世界史講師が語る
教科書が教えてくれない

「保守」って

茂
駿台予備学校
世界史科講師

祥伝社

世界史講師が語る　教科書が教えてくれない　「保守」って何?

朝日新聞しか読まなかった
亡父に捧ぐ

「保守」って何？と聞かれて、みなさんは答えられますか？

「保守」とは何か――答えられなくても無理はありません。
世界史の教科書も日本史の教科書も、保守思想の代表的な人物さえ、
載せていないからです。
「保守政党」を掲げている政権与党の自民党への支持率が若年層になるほど高くなり、
世論の「保守化」が明らかになった時代に、日本に住む私たちが
「保守」について知識を持たないことは、危険なことではないでしょうか？
だからこそ、「保守」の人も、「保守」嫌いの人も、政治や思想に興味がない人も、
一度「保守」に向き合い、学んでみてほしいのです。

この本は、世界史的視点・戦後日本政治史の視点・保守論壇の視点の
三つの切り口から、「保守」について解説をしました。
おそらく、「保守」だと思っていたものが「保守」ではなかったり、
「保守」ではないと思っていたものが、実は「保守」だったり、と
新しい発見があると思います。
思い込みと感情論で政治を見ないために、ぜひ読み進めてみてください。

序章　なぜ、「保守思想」について語るのか？

個人的な話から始めましょう。

私は東京に生まれ、３歳で埼玉の新興住宅地に引っ越しました。

会社員の父は明確な政治思想の持ち主でした。朝日新聞だけを読み、自民党政権には極めて批判的で、共産党や日本社会党（現社民党）を支持していました。専業主婦の母は政治的無関心層、いわゆるノンポリでしたが、父に感化されていました。

両親と祖父（母の父）と叔母と私の５人で食卓を囲む晩ごはん。

高いところに鎮座したテレビでは、いつもＮＨＫニュースやドキュメンタリーが流れていました。これを見ながら父がレクチャーし、家族が「うん、うん」とうなずきながら聞いている（ふりをしている）。そんな食卓風景でした。

隣家には同級生の女の子がいました。そのお父さんは子煩悩な人で、幼い私に自転車の乗り方を教えてくれました。この優しいおじさんが「自衛隊の人」だと知ったのは、ずっとあとのことでした。まだ自衛隊が、「憲法違反の日陰者」扱いされていた時代です。

小学校時代、「政治」にまつわる最初の記憶

「今度の選挙、誰がいいの？」

小学校の帰り道、友達に聞かれた私は迷わず答えました。

「み・の・べ・さん！」

「……えっ、だれそれ？」


「みのべさん」が東京都知事選の候補者であること、埼玉県民は投票できないことを知ったのはずっとあとの話。その頃、食卓レクチャーで父が「みのべさん」を熱烈に支持していたので、幼心に刷り込まれていたのでしょう。

美濃部《みのべ》亮吉《りようきち》はマルクス主義経済学者。社会党・共産党の推薦で「革新都政」を掲げ、1967～79年まで3期12年にわたって東京都知事を務めた人物です。71年には自民党推薦の秦野《はたの》章《あきら》前警視総監を破って再選、75年には石原慎太郎《いしはらしんたろう》前衆院議員を破って3選されています。


私の記憶は71年のときのものです。母がこういったのをはっきり覚えているからです。

「美濃部さんはいい人。もう1人は警察の親分のね、こわい人なの」

老人医療の無償化、首都高中央環状自動車道・東京外環道などの建設中止、都営ギャンブルの廃止などが美濃部都政の功績とされています。

一方で、立ち退きに反対する住民の意思を尊重した道路工事の中止は交通渋滞の慢性化を招き、都営ギャンブルの廃止による歳入減、老人医療無償化や都職員の増員による歳出の増加は、都の財政を悪化させたとの批判を受けました。

また、美濃部は71年に訪朝して金日成《キムイルソン》主席と会見した際、こう発言もしています。

「私はマルクス経済学を学んだ社会主義者で、貴国の社会主義建設を尊敬する」

美濃部は都知事の権限を行使して朝鮮総連（朝鮮労働党の出先機関）の本部の固定資産税を免除し、朝鮮大学校を各種学校として認可するなど、完全に「親北朝鮮派」の政治家でした。

日本人拉致《らち》が本格化するのは70年代の後半から、それが北朝鮮特殊工作員の犯行と発覚するのは80年代後半からです。北朝鮮の恐怖政治の内情が亡命者の証言で明らかになってくるのも80年代前半の金元祚《キムウォンヂョ》著『凍土の共和国』（亜紀書房）あたりからです。

70年代の日本の知識人と大手メディアは、韓国の朴正熙《パクチョンヒ》軍事独裁政権を糾弾する一方で、北朝鮮（この言葉自体がタブーで、テレビでは「朝鮮民主主義人民共和国」と正式国名でいわなければならなかった）を「地上の楽園」と称賛していました。

美濃部都知事の言動を問題視する人は、当時はほとんどいなかったのです。

親に刷り込まれた政治観が幻だと気づいた日

もう一つの記憶。これも選挙にまつわるものです。

１９７０年代、選挙のたびに共産党が躍進を続け、父は上機嫌でした。ところがある年の衆院選で共産党が大きく議席を減らします。それを伝えるＮＨＫニュースで、アナウンサーがこういう意味のことをいったのです。

「共産党が、大きくなりすぎることへの警戒感と思われます」

これにはびっくりしたので、今でも鮮明に覚えています。「共産党はいい政党」が、わが家では常識でしたから、なぜ共産党が「警戒されるのか」、理解できませんでした。

79年の第35回衆院選で、日本共産党は史上最多の39議席を獲得したあと、翌80年の第36回衆院選で29議席に急落しています。私の記憶はこのときのものだったようです。この日から私は、「わが家の基準」と、「世の中の基準」とのズレを強く感じるようになりました。

自民党内の派閥抗争により不信任決議を受けた大平正芳《おおひらまさよし》首相が衆議院を解散した80年の「ハプニング解散」。大平首相が選挙中に急死したこともあり、自民党が同情票を集めて大勝しました。政権は「つなぎ役」の鈴木善幸《すずきぜんこう》が引き継ぎました。

国際情勢も急転しました。70年代の米ソ核軍縮（デタント）の時代は、79年のソ連のアフガニスタン侵攻で終わります。翌年の米大統領選では、協調外交の現職カーター大統領が落選し、ソ連を「悪の帝国」と呼んで軍拡を主張するロナルド・レーガンが当選します。

ここから始まる「新たな冷戦」が、結果的にソ連経済を崩壊させ、冷戦終結とソ連解体を導いたのです。

日本でも大平正芳・鈴木善幸と続いた宏池会《こうちかい》（自民党護憲派）政権に代わり、82年に中曽根《なかそね》康弘《やすひろ》の自民党改憲派政権が発足。中曽根は対ソ強硬派のレーガンと意気投合し、87年までファーストネームで呼び合う「ロン・ヤス」関係を築きました。

高校生になった私は、世界の動きを自分の頭で考えるようになりました。

「ソ連がアフガニスタンでやっていることは、アメリカがベトナムでやってきたことと同じ、侵略戦争ではないのか」

「〈アメリカは好戦的な帝国主義勢力、ソ連や中国、北朝鮮は解放勢力〉〈アメリカや大企業と結ぶ自民党は保守反動勢力、共産党や社会党は革新勢力〉……」などとこれまで教わってきたが、すべて嘘ではないのか。

私は、幼少期に刷り込まれた政治観から徐々に解放されつつあったのです。

とはいえ新しい政治思想は容易には見つからず、腐りきった自民党を支持する気にはなれず、親への反抗心、高校生活への反発もあり、高校生の私はアナキスト（無政府主義）的、ニヒリズム（虚無主義）的な世界観に染まっていました。

リベラルマスコミの全盛と共産主義への失望

当時はまだ、インターネットは米軍の中だけで使われていた通信システムでした。庶民の情報源は結局のところテレビと新聞、本と雑誌しかありません。これらのメディアは、リベラル一色でした。１９６０年代に大学に立てこもった学生運動世代が、マスコミの中枢を握ったのが80年代からです。

たとえば、「首相の靖国《やすくに》参拝問題」「従軍慰安婦問題」など周辺諸国との歴史問題が、大手メディアを通じて大々的に報じられるようになったのは80年代からです。これに周辺諸国の政府が同調して圧力をかけました。保守的とみられていた中曽根首相は、85年を最後に靖国神社の公式参拝を見送ります。これ以後、首相の靖国参拝も政治的タブーとなるのです。

さらに89年の参院選では土井《どい》たか子《こ》率いる日本社会党が大勝利し、自民党を過半数割れに追い込みました。「山が動いた」という土井の名言はこのときのものです。

また、大学にも学生運動の残り香がありました。校門にはタテカン（立て看板）があり、独特の書体で「成田闘争」「学費値上げ反対闘争」などの文字が躍っていました。

しかし、実際のところ当時のキャンパスを覆っていたのは政治的無関心で、同世代の学生たちは、バイトやクルマ、音楽や旅行にエネルギーを費やし、学園闘争に熱中した上の世代からは「新人類」と呼ばれていました。

ヘルメットをかぶって学生運動をやっていたのは、当時すでに30代のおじさんたちでした。彼らは学生自治会やら生協やらを根城にして大学に居座り、なぜかサークルの部室の割り当て権を握っていました。

成田空港の建設で立ち退きを迫られている農民を支援するという「成田闘争」「三里塚《さんりづか》闘争」は、彼らの最大のイベントでした。

「集会をやるから各サークルは参加者を出せ。出さないと部室の割り当てはないぞ」、と脅されました。私も動員され、ヘルメットをかぶって顔にタオルを巻いたおじさんたちの号令にあわせて、「エイ、エイ、オー」とやらされ、「まるで北朝鮮だな」と思ったものでした。

大学では、専攻した歴史学が重箱の隅をつつくような実証主義だったため、ほとんど興味を持てず、もっと大きな世界観を見せてくれるレヴィ＝ストロースの文化人類学やら、フロイト、ユングの精神分析学やら、あらゆるジャンルの本を読みました。

そんな中で出合った、小室直樹《こむろなおき》先生（第３部４１３ページ参照）の『ソビエト帝国の崩壊』

（光文社）は、ソ連の崩壊は歴史的必然である、と80年の時点で「予言」した本でした。

私はこれを読んで衝撃を受けました。アフガン戦争の泥沼化、チェルノブイリ原発事故などでほころびを見せていたとはいえ、革命記念日に赤の広場で展開されるソ連軍の軍事パレードは、鉄の団結を誇示していたからです。

89年の冷戦終結と、東欧諸国で連鎖的に起こった共産党政権の崩壊、ソ連解体に至る一連の出来事は、「予言」の成就のように見えました。

ただし、その中で唯一これに逆行した動きが、天安門《てんあんもん》事件だったのです。

無血革命により共産党独裁体制を崩したポーランドやチェコの民主化運動を見て、中国の学生たちも立ち上がりました。中国共産党の中央にも、胡耀邦《こようほう》、趙紫陽《ちょうしよう》らの改革派の指導者が現われました。胡耀邦の突然の死を悼《いた》んで北京の天安門広場を数万の学生・市民が埋め尽くし、一党独裁の放棄と言論の自由を要求しました。

それに対して、最高実力者の鄧小平《とうしょうへい》は政権維持のため、軍の出動を命じます。「人民解放軍」が戦車で「人民」を踏みつぶした89年6月4日の天安門事件を見て、共産主義に対するかすかな幻影も完全に消え去りました。

田中角栄の登場と親中の時代

敗戦から60年代までの日本の政治状況

自民党（←アメリカ）

VS

日本社会党（←ソ連・中国）

私が生を享《う》けた1960年代までの日本の政治状況は、米ソ冷戦という国際的な枠組みに規定され、親米の自民党に対して、親ソ・親中の日本社会党というシンプルな二項対立でした。朝鮮戦争もベトナム戦争も、アメリカによる「中国封じ込め」が最終目標でした。

ところが、共産圏の内部で中ソの覇権争いが激化し（中ソ論争）、沿海州では69年に中ソ国境紛争が起こります。アメリカとソ連、二つの超大国を同時に敵にすることの不利を悟った毛《もう》沢東《たくとう》はアメリカに急接近し、ベトナム戦争の泥沼化に苦しむニクソン政権がこれに応じたのが、72年のニクソン訪中でした。

それまでアメリカの顔色を窺《うかが》って中国と国交を結べなかった日本は、梯子《はしご》を外された形になりました。この状況に時の田中《たなか》角栄《かくえい》首相は同年すぐさま北京へ飛び、毛沢東・周恩来《しゅうおんらい》と会見して日中国交樹立を実現します。

これを後押ししたのが日本の経済界でした。巨大市場と安価な労働力。中国が反日教育に熱を入れ始めるのは天安門事件後、90年代の江沢民《こうたくみん》時代から。この頃は日本からの投資を呼び込むために「日中友好」一色だったのです。

70〜80年代の日本の政治状況

自民党　宏池会・清和会（←アメリカ）
自民党　経世会（←中国）

VS

日本社会党（←ソ連）

田中角栄の地元は新潟県。「裏日本」と呼ばれ、60年代の高度経済成長から取り残されていました。そんな過疎化する地方に新幹線と高速道路を張りめぐらして地方経済を活性化する、という田中の「日本列島改造論」に基づく公共投資は、巨大な利権を生み、ここに建設会社（ゼネコン）が群がりました。「政治とカネ」の原型がここにあり、田中の私邸である目白御殿には莫大な資金が還流したのです。

金権問題で首相を辞任し、ロッキード事件で76年に逮捕された田中は、その資金力によってその後も自民党内最大派閥の田中派を率います。田中と激しく争った清和会《せいわかい》の福田赳夫《ふくだたけお》も田中が後援した宏池会の大平正芳に総裁選で敗れて総裁の座を1期で去り、以降他の派閥のボスも、田中派の協力がないと総裁選挙に勝てない状況になりました。

こうして田中は85年に脳梗塞《こうそく》で倒れるまで、キングメーカーとして君臨したのです。この地位は、竹下登《たけしたのぼる》→小沢一郎《おざわいちろう》→野中広務《のなかひろむ》と受け継がれました。

大平正芳・鈴木善幸以後の歴代首相はいわば傀儡《かいらい》であり、中曽根内閣も「田中曽根内閣」と揶揄《やゆ》されました。宏池会・清和会とあわせて自民党三大派閥と呼ばれますが、田中派の流れを汲《く》む経世会《けいせいかい》のボスが事実上日本の最高権力者であり、彼らはいずれも「親中派」でした。

ソ連崩壊で、自民党長期政権も崩壊した

1970~80年代の日本の政治状況は、米中ソが三すくみ状態の冷戦という枠組みに規定され、親米の宏池会・清和会、親中の経世会に対し、親ソの日本社会党という構図になりました。田中がロッキード事件、竹下がリクルート事件、小沢が西松建設事件で東京地検特捜部の捜査を受けたのは、アメリカによる「経世会潰《つぶ》し」と見ることもできます。

また、90年代に入ると、ソ連崩壊とともにソ連から資金提供を受けてきた日本社会党が衰退し、敵を見失った自民党は分裂。経世会も竹下登直系の小渕恵三《おぶちけいぞう》のグループとそれに反目する小沢一郎のグループに内部分裂します。そして93年には、経世会の傀儡であった宮澤喜一《みやざわきいち》首相

に対して野党が提出した内閣不信任に小沢一郎が同調し、自民党はついに下野しました。

高校の教員をやっていた私は、教室で宮澤内閣不信任決議案可決の瞬間をラジオ中継で流し、ガッツポーズをしました。当時の小沢一郎は政治改革を目指す若手のホープであり、同時に憲法改正を訴えるなど、社会党にないリアリズムを持ち合わせた政治家に見えたからです。

しかし悲しいかな人望がなく、小沢が作り上げた細川護熙《ほそかわもりひろ》連立政権はたちまち瓦解《がかい》します。

一方、自民党に残った経世会の野中広務は「反小沢派」を旗印に、あろうことか解体寸前の日本社会党の村山富市《むらやまとみいち》を担いで「自社さ連立政権」なるものを立ち上げました。

「とんちゃん」の愛称で呼ばれた好々爺《こうこうや》の村山は、阪神・淡路大震災でその時代錯誤ぶりを発揮します。被災者救援のため空母の神戸入港を求める米政府の要請を村山内閣は拒否。社会党の支持母体である労働組合「全労連」は、自衛隊艦艇の神戸入港に対しても抗議活動を行ないました。

自衛隊は違憲だから、という理由です。

「人命より、憲法が大事なのか？」

「災害救助への軍隊派遣を禁じる憲法って、何？」

そう思わずにはいられませんでした。村山内閣の退陣で再び下野した社会党が、社民党と党名変更しても、二度と党勢を回復することがなかったのは、当然といえるでしょう。

その後、98年には旧社会党員の多くは泥舟から脱出するように離党し、小沢一郎・鳩山由紀夫《はとやまゆきお》ら自民党離党組と合流して民主党の結成に参加しました。

親中派の小沢一郎グループと、親ソ派の旧社会党グループ（江田五月《えださつき》・菅直人《かんなおと》）が合流した民主党（現立憲民主党）が、自民党に対抗する野党第一党になったのです。

他方、中国では天安門事件で人民解放軍が人民を戦車で蹂躙《じゅうりん》し、共産党独裁政権が延命に成功。最大の危機を乗り切った江沢民政権が、反日愛国教育の推進によって共産党の求心力を回復しようとしていました。

その中国に莫大な投資を続けていたアメリカでは、民主党のビル・クリントン政権が成立し、東京訪問の前に北京を訪問するなど露骨なジャパン・パッシング（日本無視）政策を展開します。このクリントン政権下で中央情報局（ＣＩＡ）長官は、ソ連に次ぐ新たな「脅威」として日本の経済力を強調していたのでした。

経世会支配の終焉と小泉純一郎

そんな中、自民党のピンチを救ったのは小泉純一郎《こいずみじゅんいちろう》でした。

清和会に属し、自民党総裁選に何度かチャレンジするものの、第１派閥の経世会（旧田中派）に阻まれました。小泉の持論「郵政民営化」が、彼らの既得権益を脅かすものだったからです。

経世会が傀儡首相を立てる政治は、村山富市→橋本龍太郎《はしもとりゅうたろう》→小渕恵三→森喜朗《もりよしろう》と、まるで回転ドアのように首相を交代させ、「失われた10年」と呼ばれたデフレ不況が常態化し、日本の国際的地位は年々低下していきました。

「自民党はもうだめだが、野党の民主党も何だかうさんくさい……」

森内閣支持率が10％を切り、国民の政治不信が頂点に達したとき、小泉純一郎があのライオン・ヘアをなびかせて颯爽《さっそう》と登場したのです。

小泉は、経世会による自民党支配を覆すことを国民に熱く訴えます。

「小泉が、日本を変える。自民党をぶっ壊す！」

発足直後の小泉内閣の支持率は、85％を超えました。

この圧倒的支持を背景に、小泉は自民党の伏魔殿《ふくまでん》にメスを入れ、田中角栄以来30年間、日本を仕切ってきた親中派

自民党の三大派閥

- **経世会（竹下登・小沢一郎・野中広務）**
  ……田中角栄以来の親中派
- **宏池会（宮澤喜一・加藤紘一《かとうこういち》）**
  ……吉田茂以来の対米従属派、護憲派
- **清和会（安倍晋太郎《あべしんたろう》・森喜朗）**
  ……鳩山一郎以来の民族派、改憲派

（経世会）の支配を終わらせました。

経世会最後のドンである野中広務は、経世会を分裂させて自民党を下野させた小沢一郎を「悪魔」、経世会支配を終わらせた小泉を「ヒトラー」と呼んで歯ぎしりしました。

小泉政権成立の2001年、アメリカでも政権交代があり、ウォール街（国際金融資本）と結んだ親中派の民主党クリントン政権に代わり、石油産業・軍需産業と結ぶ共和党のブッシュJr政権が成立します。9・11テロの現場に駆けつけた小泉はブッシュJrと盟友関係を築き、イラク戦争を全面支持するなど、レーガン・中曽根（ロン・ヤス）以来の親密ぶりを見せつけました。クリントン時代が嘘のような日米の蜜月《みつげつ》を見て、中国は焦ります。

そんな中、経世会政権が中国に遠慮して控えてきた靖国参拝を小泉は断行します。

「8月15日。誰がなんといおうが、靖国神社に参拝する！」

すると、集会やデモ行進の自由がまったくない中国で、胡錦濤《こきんとう》政権は反日デモを許可し、デモ隊は暴徒化して日系企業や日系スーパーが襲撃されました。その映像を見て憤《いきどお》った日本国民は、むしろ小泉を支持し、今も続く反中の世論が形成されました。

また、突然平壌《ピョンヤン》に飛んだ小泉は、日朝国交正常化交渉の開始（と、それに伴う経済支援）をエサに、金正日《キムジョンイル》に北朝鮮工作員による日本人拉致の事実を認めさせ、5人の拉致被害者と家族を帰国させました。

北朝鮮はそれまで一貫して、「拉致問題は韓国情報機関のでっち上げ」と取り合わず、朝鮮労働党と太いパイプを持つ日本社会党（現社民党）は、「人権と平和の党」でありながら、拉致問題を黙殺してきました。

拉致被害者の有本恵子《ありもとけいこ》さんのご両親は、「恵子さんが北朝鮮で生きている」という別の拉致被害者からの手紙を社民党の土井たか子に渡して調査を依頼しました。土井はこの手紙を朝鮮総連にそのまま渡し、北朝鮮政府はその後、「恵子さんは死亡した」と発表しました。

北朝鮮の最高指導者の金正日が日本人拉致を認めたことは、社民党を筆頭とする自称リベラル勢力に壊滅的な打撃を与えたのです。

私はその頃始めたブログに「はらわたが、煮えくり返る思い」と書きました。

小泉政権が対米従属を強め、「規制撤廃」の名のもとにアメリカ流の新自由主義を採用して、日本人の経済格差を拡大したことを「罪」とすれば、他方で北朝鮮に拉致実行を認めさせ、中国からの内政干渉を排除したのは「功」であり、「功罪相半《あいなか》ばする」というべきでしょう。

高支持率を保ったまま退陣した小泉が降板したあと、小泉の最初の訪朝時に官房副長官だった安倍晋三《あべしんぞう》が後継者となりますが、マスメディアによる猛烈なバッシングを受け、持病の潰瘍《かいよう》性大腸炎を発症してすぐに退陣。福田康夫《やすお》→麻生太郎《あそうたろう》という短命政権が続きます。

2000年代の中国は胡錦濤政権のもと、GDPで日本を追い抜き世界2位になるなど自信に満ちていました。かつて日本からの投資に頼っていた鄧小平が「棚上げ」にした尖閣《せんかく》領有問題と、東シナ海ガス田問題で、一気に攻勢に出ます。

08年のリーマン・ショックに始まる世界金融危機は、アメリカでオバマ民主党政権を成立させ、日本では鳩山由紀夫民主党政権を成立させました。ほとんど全マスコミが政権交代を煽《あお》った結果、自民党の麻生太郎政権は衆院選で大敗し、下野したのです。

民主党政権の皮肉と「保守思想」を今理解すべき理由

「国というものが、何だかよくわからない」「日本列島は、日本人だけのものではない」と発言する鳩山が首相になったことは、「いずれの国家も、自国のことのみに専念して他国を無視してはならない」と記した日本国憲法前文の理想を具現化したかに見えました。

しかし、民主党政権下で実際に起こったことは、それとは真逆でした。危機は、菅直人政権の時代に集中して起こります。

尖閣近海の排他的経済水域内では、違法操業していた中国漁船が、海上保安庁の巡視船に体当たりして逃走。公務執行妨害で逮捕された船長は、那覇地検で勾留《こうりゅう》されましたが、中国政府の強硬な釈放要求を受けた菅直人政権（仙谷由人《せんごくよしと》官房長官）は、処分保留のまま船長を釈放しました。外国の圧力に屈して、国内法をねじ曲げたのです。

これを見たロシアのメドヴェージェフ大統領は、日露が領有権を争う国後島《くなしりとう》に上陸します。次の野田佳彦《のだよしひこ》政権のとき、韓国の李明博《イミョンバク》大統領は、日韓が領有権を争う竹島《たけしま》に上陸しました。日、一日、この国が崩れていく……そんな気持ちで、民主党政権下の3年間を私は過ごしました。

外交上の失策に加えて、2011年3月11日に起きた東日本大震災と福島原発事故に際して菅直人内閣が見せた無能と失態は、民主党の政権能力の欠如を白日のもとにさらしました。

その一方で、自衛隊、警察、消防、医療チーム、ボランティアの方々、そして何より、整然と秩序を保って黙々と復興を続ける被災者の方々、何度も被災地をお見舞いする皇族方のお姿を見て、「この国は、まだ大丈夫だ」と希望を見出しました。

こんな気持ちを共有した多くの人たちが、12年の年末解散による衆院選で自民党に投票し、安倍晋三を再登板させたのです。

民主党（民進党）・共産党・社民党、朝日新聞・毎日新聞・共同通信など、かつて鳩山由起夫の登板を礼賛したリベラル陣営は安倍を憎悪しました。

「原発再稼働反対」「特定秘密保護法反対」「安保法制反対」「共謀罪反対」と、手を替え品を替えて「安倍政権の危険性」を煽ってきました。

しかし、「笛吹けど踊らず」。国会前に毎回集まるのは、もはや還暦を超えたかつての団塊《だんかい》の世代の老闘士たち。シールズという学生組織を前面に立ててアピールしてみたものの、安倍内閣の支持率は下がってもすぐに回復し、アベ批判を繰り返した朝日新聞の調査でも、10代、20代の若者に限れば59％という高い支持率（『朝日新聞』16年9月の調査）。

「民主党政権最大の功績は、自民党がまともな政党だと再認識させたことだ」

これは麻生太郎元首相（安倍晋三・菅義偉《すがよしひで》両内閣では副総理兼財務大臣）の言葉です。

（戦後の保守政治史については、本書第2部で改めて取り上げましょう）


かくして朝日新聞しか読まない両親のもとで育てられた少年が、革新勢力の矛盾に気づき、保守を拠《よ》りどころにする大人に成長しました。

でも「保守って何？」と聞かれると、うまく答えるのは容易ではありません。朝日新聞は読まない、共産党には投票しない……「○○しない」という形でしか表現できない。なぜなら、私たちは小学校・中学校・高校・大学まで、一度も「保守思想」について教わったことがないからです。

これはもはや、日本では教科書を書き、入試問題を作ってきた人たちが、「保守思想」について故意に教えてこなかったのでは？ という疑義が生じるほどです。

しかし、このこと自体が興味深い問題ではないでしょうか。

だからこそ、「保守思想」とはそもそも何なのか、さらには日本における「保守」とは何なのかについて、一度まとめてみる必要があると感じたのです。そして、みなさんにもよく知っていただく必要があると思うのです。

それでは、これから本編にて「保守」とは何かについて、掘り下げていきましょう。

第1部ではイギリス・フランス・アメリカ・戦前までの日本について触れながら「保守思想の世界史」について取り上げ、第2部では第2次世界大戦以降の流れを紐解《ひもと》きながら「敗戦後日本の保守政治史」について解説、そして第3部では戦後日本の代表的な保守言論人について紹介しましょう。

第1部　保守思想の世界史

第2章 フランス革命と保守主義

第3章 アメリカの「保守」と「リベラル」

第4章　日本近代の「復古」と「保守」

第2部 敗戦後日本の保守政治史

第6章 敗戦から安保闘争まで

第7章　高度経済成長の時代

第8章　田中角栄の時代

第9章 レーガン・中曽根時代

第10章 竹下派支配による失われた10年

第11章 新自由主義《ネオリベ》×新保守主義《ネオコン》の小泉政権

第12章 マスメディアVS安倍晋三

第3部　戦後「保守論壇」の10人

第3部共同執筆　大井健輔（大井日本アジア研究所）
装丁　福田和雄（FUKUDA DESIGN）
DTP　キャップス

第1部

保守思想の世界史

「保守」というものの実体を理解するためには、そもそも「保守」とはどんなもので、何をきっかけに誕生し、どのように変遷してきたのか、を理解しなくてはなりません。

そのためには、「保守」という概念を生んだ歴史を紐解く必要があります。


第1章では、主としてイギリス、時に古代日本の例を織り込みながら、「保守」という言葉が持つ本来的な意味合いを探ります。

第2章では、急進的なフランス革命が帯びていた性格と、その反動として芽生えた思想としての「保守主義」を取り上げます。

第3章では、アメリカの独立戦争、共和党と民主党の変遷を見ながら、「保守」と「リベラル」の意味が、時代により変化してきたことについても触れていきます。

第4章では、明治の日本に話を移して、イギリス保守主義と日本の伝統的な国家観が、どのように融合して大日本帝国憲法や教育勅語に結実したのか、法体系の整備を中心に解説します。

さらに第5章では、天皇機関説を例に、昭和の日本を過激に右傾化させた超国家主義と、保守主義との根本的な違いを炙《あぶ》り出します。

第1部を通して、大きな枠での「保守」というものについて、つかんでいただければと思います。

第1部

第1章

「保守」VS「リベラル」の起源

「保守」「リベラル」という言葉の意味

もともと日本語には、「保守」という言葉はありません。

「Society」＝「社会」、「Nation」＝「国民」と訳したように、社会科学の用語はいずれも幕末明治の翻訳家たちが、欧米語のニュアンスを生かして漢字を組み合わせた造語です。

これらの和製漢語は、日本だけでなく漢字文化圏の中国などに逆輸入され、欧米思想の受容を容易にしました。「中華人民共和国」の「人民」も「共和国」も、実は和製漢語なのです。

「保守」はカンサーヴァティヴ（conservative）、対義語の「自由」はリベラル（liberal）の訳語です。これは19世紀のイギリスにおける二つの政治思想であり、二大政党である「保守党（Conservative Party）」と「自由党（Liberal Party）」の名前でもありました。

イギリスの「保守」と日本の「保守」が同じものかどうかという分析はあと回しにして、まずは英語の「conservative」の本来の意味から確認しておくべきでしょう。

「con」は「強く」、「serve」はラテン語の「守る」、「-ative」は形容詞の語尾ですので、「強く守るような」が「conservative」の本来の意味です。**長く続いてきた伝統や慣習を価値あるものとして大切にし、急激な変化、改革や革新、革命を望まないという立場**です。

対する「liberal」は、「liber」がラテン語の「自由」、「-al」が形容詞語尾ですので**「自由な」「物事にとらわれない」「変化を受け入れる」という意味。**

転じて、「He is liberal of his money.」（彼は気前がいい〔金払いがよい〕）というように、「寛大な」「気前のいい」という意味でも使われます。

英語には「自由な」という意味の同義語で「free」がありますが、こちらはラテン語ではなく本来の英語（ゲルマン語）「freo」の「自由」が語源です。名詞形の語尾「-dom」をつければ、「freedom」となり、「何かに束縛されない」「のびのびできる」という意味になります。「friend」もここから派生した単語で、「気を許せる相手」というのが本来の意味です。

イギリスは11世紀以降、フランス出身の王家（ノルマン朝、プランタジネット朝）に長く支配された結果、ラテン語に起源を持つフランス語の単語が英語の中にたくさん入ってきました。日本語が本来の大和言葉と漢語のチャンポンになっているのとよく似ています。

「freedom」が個別具体的な「束縛からの解放」というニュアンスが強いのに対し、「liberal」は変化に対する「寛容さ」という、より抽象的なニュアンスが強いようです。

「Freedom of speech（言論の自由）」を「liberal of speech」とはいいませんし、「liberal（自由主義者・自由党員）」を「freedomist」とはいいません。

「イギリス保守主義」の根底にあるもの

それでは、「伝統と慣習を大切にする」という保守と、「変化を受け入れる」というリベラル——この基本的な対立軸を生んだイギリスの歴史を見ていきましょう。

そもそもイギリスの王権は、北フランスに割拠《かっきょ》した海賊集団（ヴァイキング）を始祖とするノルマン人が、11世紀にイギリスを征服して建てた外来の王朝です。それ以前にイギリスに王国を建てていたアングロ＝サクソン人の貴族から見れば「敵」でした。このため、**外来王朝の王権を制限していかに古来の伝統を守るか**、が大きな問題だったのです。

そこで、13世紀に対フランス戦争で敗北したジョン王に対し、1215年、貴族と都市が団結して古来の特権を列挙した文書を書き上げ、ロンドン郊外のラーミネードでジョン王に署名させます。**これが大憲章（「マグナ・カルタ」）で、イギリス憲法の起源の一つ**です。

「マグナ・カルタ」には、「いかなる軍役免除金または御用金（臨時課税）も、王国の一般評議会（貴族会議）の承認なしには、朕《ちん》の王国においては課されないものとする。……ロンドン市からの御用金についても同様である」（「マグナ・カルタ」第12条）と記され、貴族は課税承認権を王に認めさせました。

そして王権との戦いを経て、１２６５年には最初の議会開催を実現します。日本でいえば鎌倉時代のことでした。王権側も、フランスに対抗してイギリス国内の統一を進めるために、貴族との妥協を余儀なくされたのです。

この過程で**アングロ＝サクソン人の古来の慣習法やしきたりが、国法として整備されていき、コモン・ロー（common law）**と呼ばれるようになりました。「みんなの決まり」という意味です。この時代にコモン・ローを整備した法学者ヘンリー・ブラクトンは「国王といえども神と法の下にある」という言葉を残しています。

王が私的に法を定めてはならず、慣習法コモン・ローに従って統治しなければならない、それがイギリスの古き良き伝統である、と説いたのです。

長く継承されてきた「しきたり」というものは、無数の先人たちが試行錯誤を経て洗練させた知恵の結晶であり、現代人の浅知恵でこれを安易に変えてはならない――これこそ、「イギリス保守主義」の根底にある思想なのです。

ジョン王（在位1199〜1216）　古来の伝統に従い、王権の制限を余儀なくされた

島国だからこそ守られた、伝統と慣習

イギリスで保守的な考え方が確立された背景には、地理的条件があると思われます。

フランスやドイツなどヨーロッパ大陸の諸国は、ローマ帝国に征服され、あるいはその強い影響下に置かれました。19世紀ドイツの法学者イェーリングは、「ローマは3度、世界を征服した。1度目はその世界帝国によって、2度目はキリスト教によって、3度目はローマ法によって」(『ローマ法の精神』)と述べています。

ところがイギリスにおいては、欧州の最果てだったために移住するローマ人は少なく、ローマ軍も一時駐留しましたが、その影響は小さなものでした。キリスト教の布教も6世紀になってからと遅かったため、それ以前の先住民族ケルト人の多神教が色濃く残ったのです。

民族大移動の時代には、撤収したローマ軍に代わって、ドイツからゲルマン系のアングロ＝サクソン人がイギリスに侵入しましたが、彼らもケルト文化を継承しています。

イギリスを代表する中世文学の『アーサー王物語』はケルト人の王が主人公ですし、英語圏独特のハロウィン(万霊節)は、ケルトの祖先崇拝の祭りが形を変えて残ったものです。

アングロ＝サクソンの支配を免れたスコットランドやアイルランドでは、純粋なケルト文化

を今も保持しています。

このように、**ローマ法の影響が小さかったイギリスでは、アングロ＝サクソン人の、あるいはケルト人にまでさかのぼる慣習法が、コモン＝ローとして受け継がれた**のです。

ここで、同じ島国である日本についても見ていきましょう。

日本列島の孤立性はイギリス以上のもので、文明の中心だった中華帝国から見れば、はるか東方海上に浮かぶ「蛮族《ばんぞく》の島」、文明化できない辺境の地でした。

朝鮮半島やベトナムが中華帝国の軍事支配を受け、中華文明の圧倒的な影響下に置かれたのに対し、日本列島は一度も征服されたことがありません。中国江南《こうなん》地方（長江《ちょうこう》下流域）や朝鮮半島からの移民はありましたが、その影響力は限定的なものでした。**縄文時代から弥生時代への転換も、支配民族の交代ではなかった**のです。

ちなみに、異民族による軍事征服後には、征服民が被征服民の女性に子を生ませるので、遺伝子の混合が起きます。父方から継承されるＹ染色体を見れば征服の事実が確認できるのです。

中南米の人々のＹ染色体は、スペイン人のものです。16世紀の大航海時代に、スペインがアステカやインカを滅ぼし、植民地にした痕跡《こんせき》です。

また、韓国人やベトナム人のＹ染色体は、黄河《こうが》流域の中国人のものと共通しています。

ところが日本人のY染色体はまったく異質なものであることが、最新の分子生物学で判明しました。日本人のY染色体は縄文人から直接受け継いだもので、日本列島が中国大陸から軍事征服を一度も受けなかった証拠なのです（詳細は、小著『超日本史』KADOKAWA参照）。

民族交代がない社会では、古くからの伝統、慣習が生き続けます。キリスト教がケルトの多神教を駆逐できなかったように、大陸から伝わった仏教は、縄文以来の日本の伝統信仰である神道《しんとう》を駆逐できず、これと融合する神仏習合の道を選びました。

「お盆」という習慣はハロウィンと同様に日本古来の祖先崇拝の祭りであり、仏教とは何の関係もありません。魂の生まれ変わり（輪廻転生《りんねてんしょう》）を説く本来のインド仏教の教えでは「死者の魂がどこかにいて、毎年戻ってくる」という発想はなく、お墓もないのです。お盆でお寺に墓参りに行く、という習慣は、仏教と古来の信仰とが融合したものです。

こういったところにも、古代の日本人が守った伝統と慣習――本来的な意味での保守（conservative）の姿勢が見て取れるでしょう。

氏姓制度から見える、日本人の保守的な精神

先程登場したドイツの法学者イェーリングの言葉を借りれば、こういえるかもしれません。

「中国は3度、東アジア世界を征服した。1度目は中華帝国の軍事力によって、2度目は仏教によって、3度目は律令《りつりょう》によって」と。

律令は、刑法である「律」と行政法である「令」を中心とした法体系のことです。厳格な刑法と官僚主義で国家を運営するという法家《ほうか》思想は、前3世紀に中国を統一した秦《しん》の始皇帝《しこうてい》以来、歴代王朝に受け継がれてきましたが、「律令」という形で体系化されたのは、6～7世紀に成立した隋《ずい》・唐《とう》帝国においてです。

一方、**7世紀の日本は氏姓制度の社会**でした。人々は「氏《うじ》」と呼ばれる血縁共同体に属しており、ヤマト（奈良県）の有力氏族の連合政権が大王《おおきみ》（天皇）を擁立し、それぞれの氏が特定の職能「姓《かばね》」を分担する、という分権的な国家体制でした。国家の大事は有力者の合議制で決められ、祭司王である天皇は、中華皇帝のような専制君主ではなかったのです。

ところが国内では最有力の「氏」の蘇我《そが》氏が天皇の廃立を繰り返して帝位簒奪《さんだつ》の野心を露《あら》わにして氏姓制度は形骸化し、対外的にも朝鮮半島をめぐり隋・唐帝国との緊張が高まります。

それに対し、蘇我氏の娘を母に持ちながらも王権の強化を目指す聖徳太子《しょうとくたいし》（厩戸王《うまやとのおう》）は、氏姓制度に依《よ》らない能力主義の人材抜擢《ばってき》を試み、「冠位十二階の制」を制定。続けて官僚の服務規定である「憲法十七条」も定める一方で、対外的には遣隋使を派遣して対等外交を主張し、事実上、認めさせました。

ところが、それ以後も蘇我氏の権力伸長は止まらず、ついに645年には中大兄皇子《なかのおおえのみこ》（天智《てんじ》天皇）がクーデタで蘇我氏を排除する乙巳《いっし》の変を起こし、大化の改新が始まります。

中大兄皇子の時代には、朝鮮半島での緊張状態がついに爆発。白村江《はくそんこう》の戦いで唐の大軍と一戦を交えて惨敗しました。その結果、唐軍の日本列島侵攻が噂されるようになり、天智天皇の後継者の立場を勝ち取った弟の大海人皇子《おおあまのみこ》（天武《てんむ》天皇）は、敵の唐のシステムである律令をはじめて導入。中国型官僚国家体制の樹立を目指すに至りました。

この事業は、天武天皇の孫の文武《もんむ》天皇のときに、「大宝律令《たいほうりつりょう》」の制定をもって完成します。

このときの日本は、唐の侵攻という緊急事態に備えて、「保守」ではなく「変化を受け入れた」かに見えました。

しかし、科挙《かきょ》制度（官僚採用の学科試験）を採用し、のちに貴族制度を全廃した中華帝国とは異なり、官僚採用でも家柄や情実がまかり通った日本では、有力氏族が貴族階級として温存されます。その代表格が、蘇我氏打倒に功績のあった中臣鎌足《なかとみのかまたり》の子孫である藤原《ふじわら》氏です。

結局、氏族社会の古代日本に、官僚制度を前提とした律令を導入するというのは、木に竹を接《つ》ぐような無理な話でした。結果として、奈良・平安時代を通じて高位高官を独占した藤原氏は、律令に規定のない官職である「令外官《りょうげのかん》」を次々に新設。摂政・関白はその筆頭であり、藤原氏が世襲しました。こうして律令は、完全に空文化していきます。

この**氏族制度の実質的温存に見え隠れするものは、変革を望まない日本人的な保守の精神と**もいえるでしょう。

朝廷と律令は撤廃せずに、慣習法を作った武家

律令が制定された結果、土地は国有が原則となり、農民に国有地（班田《はんでん》）を支給して納税・徴兵の義務を負わせ、天皇が任命する地方長官の国司が地方統治を担当するはずでした。

しかし、律令が空文化するにつれ、国有地は藤原氏や有力寺社によって私有地（荘園《しょうえん》）化され、国司は任地に赴任せず、現地の有力者に徴税を請け負わせて懐《ふところ》を肥やすようになります。

その結果、兵は集まらず、無政府状態となった地方では治安が悪化。有力農民は土地を守るために武装し、組織化します。これが**武士団の登場**です。

その後、武士団の間では争いと和議が繰り返され、次第に武家の慣習法が形成されていきます。平安末期、京都に進出した武士団のリーダー平清盛《たいらのきよもり》が武家政権を樹立し、これを倒した源《みなもとの》頼朝《よりとも》が関東に鎌倉幕府を樹立するに及んで、律令国家体制は完全に崩壊しました。

ところが、**それでも律令は廃止されず、武家も律令国家の官職である「征夷大将軍」「右大臣」を名乗ったのが日本的**といえるでしょう。秩序を変革していった武士にあっても、**「一度作ったものは改正しない」という強烈な保守主義のメンタリティ**が垣間見えます。

日本人は連綿と引き継がれるこのメンタリティによって、のちの日本国憲法も一字一句変えようとしない、ともいえるかもしれません。

さて、鎌倉幕府のシステムについてですが、こちらも将軍独裁ではなく、有力御家人（将軍側近）の合議制でした。源氏の将軍が3代で絶えたあとは、京都から藤原氏や皇族を名目上の将軍に迎え、北条《ほうじょう》氏の執権を中心とする合議システムとしての幕府が存続します。

政権奪回を図る京都の朝廷（後鳥羽《ごとば》上皇）との内戦（承久《じょうきゅう》の乱）に勝利すると、北条泰時《やすとき》は**朝廷を滅ぼさず（これも日本的）、律令とは別個に武家慣習法を集大成しました。**

これが**「御成敗式目」**です。

日本版コモン・ローともいえる「御成敗式目」は、聖徳太子の「憲法十七条」を意識した51カ条で、武士の最大の関心事である所領をめぐる紛争解決の判例集、すなわち民法に関する規定が最も多く、刑法がこれに次ぎます。

幕府の官職の職権を規定した行政法にあたる部分はありませんが、幕府の地方長官にあたる**守護が恣意《しい》的に徴税することを戒める**次のような条文があります。

「守護の中には、代官を村々に派遣し、村人を思うがままに使役し、徴税する者がいる。また国司でもないのに地方を支配し、地頭でもないのに税を取る者がいる。それらはすべて違法な行ないであり、禁止する」（「御成敗式目」第3条）

また、起草者である執権の泰時は、朝廷の監視のために京都に滞在している弟北条重時《しげとき》に宛てた手紙で、「御成敗式目」制定の意図について次のように書いています。

「この式目には、律令の教えとは異なる条文もあるが、もっぱら武家を考慮したものである。これによって朝廷の判決や律令の定めは、少しも改正されるべきものではない。律令の教えは尊いが、武家や庶民には、それをうかがい知っている者など、百人千人のうちに一人、二人もおらぬ」(北条泰時消息文)

もはや空文化した律令では現実の訴訟に対処できないからこの式目を定めた、式目は律令に取って代わるものではなく補完するものである、と泰時はいっているのです。

この泰時の発言に基づく「御成敗式目」は、まさに「先人の知恵、古来の慣習法に従い、恣意的な力から人々を守る」、本来的な意味での「保守主義(conservatism)」といえるでしょう。

この「御成敗式目」の制定は1232年のこと。「マグナ・カルタ」制定の17年後でした。のちに室町幕府が発布した追加法令「建武《けんむ》以来追加」を含めて武家社会の基本法令となります。

伝統を断絶し、システムを作り変えた大陸国家

重要なことなので繰り返します。本来の「保守主義(conservatism)」とは、「先人の知恵、古来の慣習法に従い、時の権力者の恣意的な権力から人々を守ることである」ということをこ

こまでお伝えしてきました。では、その対極にあるのは何かというと、**君主権の絶対を説く「専制主義、絶対王政、国王主権」の思想**です。

君主を神の代理人とみなし、超越的権力を認める思想は、古代オリエントや古代中国などにおいて見られました。エジプト王は太陽神ラーの化身、ペルシア王は光明神アフラ・マズダの化身、中華皇帝は全宇宙を支配する超越神「天」の化身として「天子《てんし》」と称したのです。

日本の天皇も神話では太陽神天照大御神《あまてらすおおみかみ》の子孫とされ、明治期に生まれた国家神道では天皇神聖化に神話が利用されましたが、『古事記』の神話をよく読むと、天照大御神は弟須佐之男《すさのおの》命《みこと》の暴虐にショックを受けて天《あま》の岩屋戸《いわやと》に引きこもってしまう「か弱き女神」であり、超越神ではなく、あまりに人間的でした。

このような世界各地にあった神権思想が、異端を排斥する一神教と結びつくとき、カルト的な政教一致国家が出現します。その代表例がローマ帝国であり、キリスト教という強烈な一神教を権力強化に利用した最初の人物が、ローマ皇帝コンスタンティヌスでした。

これまで歴代皇帝による迫害を受けてきたキリスト教は、３１３年のミラノ勅令で公認されると、教団の指導者であったエウセビオスはこの機を逃さず、「ローマ皇帝は、キリストによって地上の支配権を与えられた」という理念を唱え、皇帝を喜ばせます。

コンスタンティヌス帝（在位306～337） 伝統を覆し、キリスト教を公認したローマ皇帝

この頃すでに帝国は衰退期に入り、まもなくゲルマン人の大移動が帝国を崩壊させますが、社会不安が高まるほど「あの世での救済」を説くキリスト教は勢力を拡大していきました。

392年には、時の皇帝テオドシウスがキリスト教を国教とし、かつての伝統的な多神教を禁止します。古い神々の神殿は取り壊され、神々の像は破壊されました。

ここに、**ヨーロッパ大陸においては伝統と慣習を守るのではなく、断絶させて作り変える歴史**がスタートしたのです。

その後、テオドシウスは遺言で帝国を東西に分け、すでにゲルマン人の侵入（移民問題）で大混乱に陥っていた西ローマ帝国を事実上切り捨てます。西ローマ帝国はほどなくして、476年に滅亡しました。

その結果、西欧には皇帝権力が不在となり、代わりにローマ市の司教（教会指導者）であるローマ教皇（法王）が教会組織を通じて求心力を高めるようになります。

イエス・キリストの後継者であるペテロが殉教した地（ヴァチカンの丘）があるローマ市の司教（ローマ教皇）は、自らがペテロの後継者であり、キリストから地上の支配を委《ゆだ》ねられた、と主張したのです。

　これに対し、民族大移動によって各地にゲルマン人が建てた国々――フランスやドイツ、北欧諸国の王たちは、ローマ教皇の前にひざまずき、王権を認めてもらう道を選びます。

　しかし、ギリシアを基盤とする東ローマ帝国は教皇の権威を認めず、キリスト教会は教皇に従うカトリック教会と、東ローマ皇帝に従うギリシア正教会とに分裂しました。

伝統として根づいた教皇権への対立軸として生まれた「王権神授説」

　民族大移動に伴う混沌とした状況の中で、中世の西欧世界は基本的に無政府状態であり、国王は首都の周辺しか統治できません。必然的に、人々は命と財産を自分で守るか、有力者に服属して守ってもらう必要が出てきます。

　その結果、日本で平安中期以降に武士団が登場したように、西欧でも**騎士階級**（**貴族階級**）が生まれ、国王を名目的な君主とする封建社会が形成されることとなりました。

　この世の終わりにキリストが降臨して罪人を裁くという「最後の審判」で恐怖を煽り、キリストへのとりなしを求める人々から莫大な寄進を集めた教会・聖職者たちは、荘園領主に変身。武装した彼らは領民から地代を取り立て、近隣の領主たちと領地争いを繰り返します。

中世日本の寺社が広大な荘園を持ち、僧兵が暴れたのと同じです。

このような教会のあり方を痛烈に批判したのが、ドイツのマルティン・ルターでした。神学者だったルターは、聖書を根拠として教皇の権威とカトリック教会の蓄財を完全否定し、西欧全体に衝撃を与えます。これまで教皇の権威のもとに服従してきた西欧諸国の王や大貴族たちも、ルターの宗教改革を利用して、教皇権からの独立を図るようになります。するとカトリック教会はこれに激しく反発。フランスのユグノー戦争、ドイツの三十年戦争など、すさまじい宗教戦争が起こりました。

ユグノー戦争の惨禍《さんか》を見たフランスの法学者ジャン・ボダンは、教皇権を排除するために王が持つべき国家の最高権力のことを主権（サーヴァンティ）と呼びました。「超越的なのは教皇権ではなく王権である」という考え方は、「国王主権論」と呼ばれます。

その根拠がのちに聖書で補強され、**王権は神から授けられた神聖不可侵なもの、とする政治理論「王権神授説」**となるのです。

「新たな政治理論」に「伝統的な慣習」が勝利したイギリス革命

イギリスにおいてこの王権神授説を唱えたのが、ジェームズ1世に始まるステュアート朝です。直前のテューダー朝最後の女王エリザベス1世が独身のまま崩御《ほうぎょ》したため、親戚関係にある隣国スコットランドの王ジェームズが、イングランド王を兼ねることになりました。

この「外国人の王」が王権神授説の信奉者でした。**「王は法の下にある」というイギリスのコモン・ローの伝統と真っ向から対立**します。これが、二度にわたるイギリス革命の原因です。17世紀、日本でいうと江戸時代前期のことです。

続いてステュアート朝2代目のチャールズ1世が即位すると、議会は「マグナ・カルタ」以来の議会の特権を列挙した「権利の請願」を国王に提出します。

起草者は下院議長のエドワード・コーク。コークは長い間忘れられていた「マグナ・カルタ」を再発見してコモン・ローの集大成と位置づけ、「王も法の下にある」というブラクトンの言葉を援用して王権神授説を掲げる王を諫《いさ》めました（この「コモン・ローに反する立法は無効」というコークの学説はのちにアメリカ合衆国に伝わり、「違憲立法審査権」として制度化されます）。

コークは王政支持者でしたが、「王権は無制限ではない」という考えでした。チャールズ1世がコークの諫言《かんげん》を無視して議会を解散すると、王政打倒を求める急進派（ピューリタン）のクロムウェルが議会内で台頭し、内戦（ピューリタン革命）が勃発。チャールズ1世は処刑されます。

ちなみに、クロムウェルの死後、穏健派による揺り戻し（王政復古）が起こります。このときはじめて使われたのが「**レヴォルーション（revolution）**」という言葉です。

「ぐるっと回る」というのが本来の意味で、天体の公転という意味にもなります。ぐるっと回って元の王政に戻ったからレヴォルーション。**日本語では「革命」と訳していますが、実は王政への「復古」というのがイギリス史における本来の意味**だったのです。これに対して「ピューリタン革命」は、イギリス史では単に「内乱（the Civil War）」と呼びます。

イギリス革命における対立軸

古来のコモン・ロー

VS

王権神授説（国王主権論）

その後、処刑されたチャールズ1世の息子ジェームズ2世は、フランスのルイ14世の軍事援助をあてに議会再弾圧に動きます。その結果、議会はフランスのライバルのオランダと結び、オランダ総督ウィリアム3世（ジェームズ2世の娘婿）をイギリス王に招請。ジェームズ2世を追放しました（名誉革命）。

議会は、ロンドンに迎えた新国王ウィリアム3世夫妻に対して「権利の宣言」への署名を求め、1689年、王は「権利章典」としてこれを発布します。**国王主権論に対するコモン・ローの勝利がここに確定し、現在に至るイギリス立憲君主政が確立した**のです。

ウィリアム３世（在位1689〜1702）
「権利章典」を発布し、法に則った現在のイギリス王権の端緒を開いた

ちなみに、16〜17世紀の日本といえば戦国〜江戸前期にあたります。１５７１年に日本仏教の総本山ともいえる比叡山延暦寺《ひえいざんえんりゃくじ》を織田信長《おだのぶなが》が焼き討ちした事件は、１５１７年にルターの宗教改革がキリスト教世界に与えた衝撃に匹敵するショックを日本仏教界に与えました。

これ以後、日本仏教は国家権力に従属し、江戸時代の寺院は地方行政の末端機構に組み込まれて、寺請《てらうけ》制度として住民票の管理などを行なうようになります。

信長は専制君主になった可能性もありましたが１５８２年の本能寺の変で倒れ、続く豊臣秀《とよとみひで》吉《よし》・徳川家康《とくがわいえやす》は朝廷を温存したまま武家政権を開くという頼朝以来の伝統的なスタイルを踏襲しました。

天皇が「主権者」だったかといえばそうではなく、京都御所に事実上幽閉され、「天皇権力の行使」は将軍家の代替わりごとに「征夷大将軍」に任命することだけでした。

このように、いわば主権者不在のまま明治維新を迎えた日本は、欧米の主権国家と対峙《たいじ》することになるのです。

第2章

フランス革命と保守主義

イギリス革命とはまったく性格の異なる「フランス革命」

第1章では、「国王の恣意的支配に対し、古来の共同体の権利を守る」というのが「保守」の本来の意味だということを確認しました。しかし、今日われわれが使っている「リベラルへの対抗軸としての保守」という概念とはズレを感じます。

では、今日的な反リベラルの保守思想はいつ生まれたのかというと、その萌芽《ほうが》はフランス革命までさかのぼることになります。第2章では、フランス革命という世界史的事件が、保守思想に与えた影響について考えましょう。

イギリス革命とフランス革命は、どちらも国王の専制を倒した同じ「市民革命」であるとして、世界史教科書で扱われています。しかし、**イギリス革命が「古来の秩序」への回帰を目指した「保守革命」**だったのに対し、**フランス革命は「こうあるべき未来社会」を設定し、旧来の社会秩序を徹底的に破壊した「リベラル革命」**であったため、方向性は真逆でした。

大陸国家のフランスは、ローマ帝国のガリア属州としてその強い影響下に置かれ、キリスト教の浸透もイギリスよりはるかに強烈なものでした。先住民であるガリア人（ケルト人）は根こそぎにされ、その痕跡はわずかにフランス語に残るのみです。中世の大学ではローマ法とアリストテレス哲学が学ばれ、普遍的な価値と論理的な明快さが珍重《ちんちょう》されました。パリ大学教授トマス＝アクィナスが著した『神学大全』は、フランス的明快さの金字塔です。

これに対してイギリスでは、論理的明快さよりも事実かどうかを検証することに重きを置かれます。天体観測に熱中したロジャー・ベーコンからウィリアム・オッカムへ至る経験主義の系譜は、やがてはアイザック・ニュートンの古典力学につながる道を開拓しました。

近代哲学の二大潮流

●イギリス経験論……信用できるのは感覚。実験・観察から真理を導く。

●大陸（フランス）合理論……信用できるのは理性。数学的論理によって真理を導く。

また近代哲学でも、**イギリス経験論**と**大陸（フランス）合理論**というはっきりした二大潮流があります。

イギリスの経験論は、「見て、触って」感覚的に得られた経験や実験の結果だけを真理と認め、理屈はあとで考えます。視覚、触覚など肉体的な感覚をまず信頼するわけです。

これに対してフランスの合理論は、数学的、あるいは論理的整合性、合理性だけを真理と認め、必ずしも物的証拠は求めません。肉体的な感覚はむしろ邪魔であり、紙とペンだけを使って合理性を追求したほうが真理に到達しやすいと考え、神が人間に与えた「理性」だけを信頼するわけです。

フランス合理論の巨頭ルネ・デカルトは、こういい切っています。
「小さな城下町が長い時を経て大きくなったような旧市街より、一人の技師が広い野原で思うままに整然と設計した都市の方が美しい」（『方法序説』）
自然の景観を生かしたイギリス式庭園に対し、フランス式庭園が人工的、幾何学《きかがく》的に樹木を配して丁寧に刈り込んでいくことからも、両者の文化の違いを見て取れるでしょう。

宗教戦争を受けて芽生えた「主権」と「自然権」

デカルトが生きた16〜17世紀は、フランスのユグノー戦争、ドイツの三十年戦争と、宗教戦争が荒れ狂った時代でした。「神の代理人」として絶対的であったローマ教皇の権威が失墜し、代わって王権が伸長していったのです。

宗教改革を始めたのはドイツのマルティン・ルターでしたが、領主のザクセン公の保護を受けた**ルターは、社会制度改革には踏み出さず、あくまで保守的な立場**を貫きました。

一方、スイスの**ジャン・カルヴァンの思想は、教皇権のみならず、王権をも否定する過激なもの**でした。カルヴァンは「神は万民と直接つながっている」と主張し、その間に教皇や王といった仲介者の介在を許さなかったのです。したがってカルヴァン派は各国政府によって異端として激しく弾圧され、逆に急進派は各地で武装蜂起《ほうき》を行ないました。オランダ独立戦争も、フランスのユグノー戦争も、カルヴァン派の蜂起から始まっています。

隣人同士が殺し合う凄惨《せいさん》なユグノー戦争を目撃したフランスの法学者**ボダンは、宗派対立を収拾するには、国王が唯一絶対の国家権力を持つべきだと主張し、その権力を「主権」**と呼びました。それまで最高の権威だった教皇権を否定し、王権が教皇権から独立すべきことを説いたのです。

デカルトが少年期を送ったのはこの時期であり、既成の権威ががらがらと音を立てて崩壊していった時代でした。そのため彼は何者をも信用せず、数学の証明問題に没頭し、自分の理性だけを判断の基準とする哲学を打ち立てたのです。

カルヴァン（1509〜1564）　教皇権・王権をともに否定したキリスト教の宗教改革者

一方、デカルトと同時代のオランダの法学者**グロティウスは、「自然権」**という概念を唱えました。

当時のオランダは、カトリック大国のスペイン王フェリペ2世による圧政下にあり、それに反発したオランダのカルヴァン派新教徒は、壮絶な独立戦争を戦っていました。

独立戦争とは、スペイン王に対する反逆であり、その行為はスペインの法では非合法です。しかしこれまでスペインの法は、オランダ人新教徒を「異端者」として火炙りにしてきたのです。それに耐えかねたオランダ人は、「国家の法」と「神の法」を切り離すことで、この矛盾を解消しようとしました。

全知全能の神が、最初の人類であるアダムとイヴを創造したとき、「殺されない権利」「奴隷《どれい》にされない権利」「差別を受けない権利」――を与えたもうた。暴君フェリペ2世はその「神の法」に反してオランダの人民を殺害し、抑圧を続けている。「神の法」に反するスペインの「国家の法」は無効であり、従う必要なない、と。

グロティウスはこの「神の法」を「自然法」といい換え、自然法によって保障された人民の権利を「自然権」と呼んだのです。**これは生命、自由、平等、所有などの基本的な権利のことで、今日、「基本的人権」と呼ばれている**ものです。

自然法は神の法ですから、文字になっているわけではありません。しかし「生命、自由、平等、所有などが自然権であることは、神が人間に与えた理性を使えば発見できるはずだ」とグロティウスは考えました。

古来の慣習を不合理だと考えたフランス

自然法思想はイギリス思想界にも影響を与えました。イギリスのカルヴァン派がピューリタン革命を起こした17世紀、フランスに亡命した法学者ホッブズは、国家の崩壊がもたらす悲惨さを目の当たりにし、次のように考えました。

「各人が自分の自然権を追求すれば、他者の自然権とぶつかる。過酷な生存競争は戦争状態を生み、万人が万人と戦うことになる」

「戦争回避のため、人民は相互に契約を結び、国家を組織し、主権者（引用者注：王）を選出した。主権者の権力は絶対である。でなければ戦争状態に逆戻りする」（『リヴァイアサン』）

ユグノー戦争を経験したボダンが国王主権の概念を提唱したように、ピューリタン革命を経験した**ホッブズは社会契約説を唱え、国家主権の正当性を「人民の合意」に求めた**のです。

その主張は結果的に絶対王政を擁護することになりましたが、「王権神授説を否定して戦争状態を経験した人民が、その反省のうえに立って社会契約を結んだ」というホッブズの立論は、フランスから輸入した「主権」の概念を採用しつつ、経験だけが真理を導くというイギリス経験論の流れをも受け継いでいます。

王政復古の後、再び専制化したイギリス王ジェームズ2世を倒して、オランダから新たな王を迎えた名誉革命のあと、この革命を評価したジョン・ロックは、「人民は主権を全て王に委ねたのではなく、王が自然権を保障しない場合にはこれを廃して、新たな王を擁立できる」という**革命権**を唱えました（『統治二論』）。

国家は長い歴史（経験）を通じて生命体として形成された、とした説

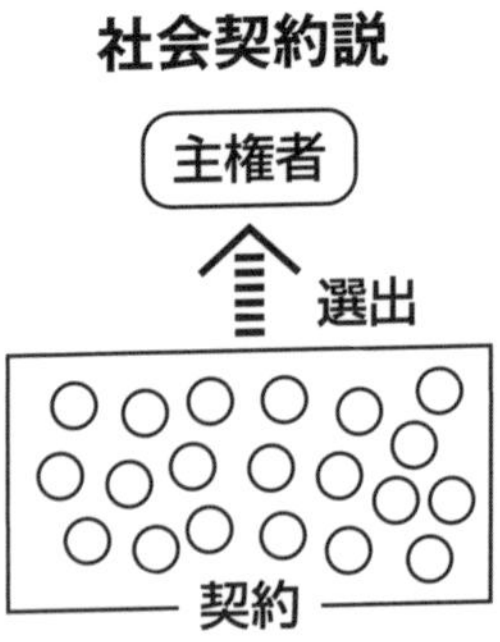

ばらばらな個人が戦争回避のため契約を結んで主権者を選ぶ、とした説

こうしたホッブズやロックの思想を、**「社会契約説」**といいます。

これに対して保守思想は、古来の共同体としての国家を想定し、王も、貴族も、平民も、その不可分の構成要素と考えます。**国家は一つの生命体のようなもの**で、人間に頭や手足や内臓があるように、**各身分にはそれぞれの役割がある**と考えるのです。

この考え方を**「国家有機体説」**といい、古代ギリシアの哲学者プラトンが同じことをいっています。

国家有機体説はドイツ諸国では継承されましたが、理性の国フランスでは完全に否定されます。**イギリス的な古来の慣習法（コモン・ロー）ではなく、人類共通の普遍的な「自然法」が「人権」を保障する社会を、フランスでは理想とするようになった**のです。

フランス革命の100年も前から、フランスではこのような理性主義が広まっていました。ここから、国家の諸制度を理性的に改変し、不合理なものは廃止していこうという啓蒙《けいもう》思想が生まれるのは時間の問題でした。

その後に続くヴォルテールやディドロ、ルソーといった18世紀の啓蒙思想家たちは、フランス古来の身分制（旧体制）、カトリック教会の政治介入、王権神授説に基づく絶対王政を「不合理なもの」とみなします。

この啓蒙思想が知識人を中心に広まっていった結果、フランス革命の火が燎原《りょうげん》の炎のごとく燃え広がったのです。

ルソーによって過激化した社会契約説

フランス革命の直接のきっかけは、アメリカ独立戦争でした。

ジョン・ロックの社会契約説が植民地アメリカに輸入されると、本国イギリスによる不当な課税と貿易制限に反発して武装蜂起した13植民地の住民代表たちはフィラディルフィアに集まり、トマス・ジェファソンが起草した「アメリカ独立宣言」に署名しました。

「われわれは、自明の真理として、すべての人は平等に造られ、造物主（引用者注：「神」のこと）によって一定の奪い難い天賦《てんぷ》の権利を付与され、そのなかに生命、自由、および幸福の追求の含まれていることを信ずる。

これらの権利を守るために人類の間に政府が樹立されたこと、その正当な権力は被治者（引用者注：「人民」のこと）の合意に由来するものであることを信ずる。

いかなる政治の形態といえども、もしこれらの目的を毀損《きそん》するものとなった場合には、人民はそれを改廃し……新たな政府を組織する権利を有することを信ずる」（「アメリカ独立宣言」）

つまり、**ばらばらな個人が神から自然権を与えられた。これを守るために国家を形成したのだから、国家権力は人民に由来し、政府がこれを守らない場合には新たな政府を樹立できると**いっているのです。そのベースとなっているのは、ホッブズの社会契約説とジョン・ロックの革命権です。

では、次の文章はどうでしょう？

「そもそも国政は、国民の厳粛な信託によるものであつて、その権威は国民に由来し、その権力は国民の代表者がこれを行使し、その福利は国民がこれを享受する。これは人類普遍の原理であり、この憲法は、かかる原理に基くものである」（「日本国憲法前文」）

これも完全に社会契約説です。一方、ドイツに留学した伊藤博文《いとうひろぶみ》が起草した大日本帝国憲法は、国家有機体的な解釈（天皇機関説）を可能にしていました（これについては第4章で後述します）。

日本国憲法の文言から日本の伝統や歴史がまったく読み取れないのは、この憲法が国家有機体説を否定し、「人類普遍の」社会契約的な国家観に基づいて起草されているからです。中学の「公民」、高校の「政治経済」では社会契約説が自明の理として扱われており、国家有機体説については黙殺されてきました。

ホッブズやロックの社会契約説をさらに発展させたのが**ジャン＝ジャック・ルソー**でした。貧困家庭に生まれ、親から捨てられたルソーは、階級制度と富の偏在に激しい憎悪を抱きつつ成長しました。

ルソー（1712〜1778）　私有財産制の否定に社会的平等を見出し、フランス革命に大きな思想的影響を与えた

学校教育を受けず、読書と思索だけで形成されたルソーの思想は独特のものでした。

「原始社会、人々は自由で平和に暮らしていた。あるとき土地を囲んでここは自分のものだ、と宣言する人物が現れ、土地をめぐる争い——戦争状態がおこった。勝者が敗者の土地を奪って貴族階級となり、貴族同士の争いに勝った人間が王を名乗り、主権者を僭称《せんしょう》したのだ」（『人間不平等起源論』）

「公正な共同体（引用者注：国家）を形成するためには、各人はすべての所有権を国家に委託し、私有財産を認めてはならない。王も代議制も認めるべきでなく、主権は全人民が握る。全人民の一般意志が、国家の意志である。個人の特殊意志は一般意志に従属する」（『社会契約論』）

ルソーが描く理想国家は、土地も産業も国有化され、国家の意志に個人の意志が従属する全体主義国家への道につながることを指摘したのが、のちほど89ページに登場するハンナ・アーレントでした。スターリンや毛沢東、ポル・ポトへの道です。

このルソーの思想がフランス革命の指導者に浸透したとき、革命は後戻りできない方向へ暴走し始めたのです。

保守主義の旗手エドマンド・バーク登場

フランス革命の初期の指導者は、自由主義貴族のラ＝ファイエットでした。20歳でアメリカ独立戦争に義勇兵として参戦し、帰国してフランス人権宣言の起草に取りかかります。

ラ＝ファイエットが目指した革命は、イギリス型の立憲君主政――王と議会の共同統治を目指す穏やかなものでした。しかし、ブルボン家のルイ16世が極めてまずい対応を取りました。憲法を拒否してオーストリアへの亡命を図り、捕われたのです（ヴァレンヌ逃亡事件）。

この事件は王の権威を自ら傷つけ、ルソーの影響を受けた急進派（ジャコバン派）の台頭を招き、革命は第2段階へ突入します。民衆によって王宮が襲われ（8月10日事件）、やがて国王夫妻以下、貴族たちが逮捕、虐殺されたのです。

その後、革命政権内での党派対立――富裕層を基盤とするジロンド派と民衆を基盤とするジャコバン派の争いが激化し、また外国の介入で窮地に陥ったジャコバン派のロベスピエールは、革命裁判所を強化し、反対派を「反革命容疑」で次々に告発。ギロチンで処刑します（恐怖政治）。**「自由と人権」を高らかに掲げたフランス革命は、王政時代にもなかったような一党独裁体制と、人権抑圧国家を生み出した**のです。

その事態を収拾したのは、ナポレオン・ボナパルトという別の新たな軍事独裁体制でした。

バーク（1729～1797）『フランス革命の省察』を著わし、自然法や社会契約論を厳しく批判した

イギリスでは、すでに二大政党の原型が生まれていましたが、フランス革命の評価をめぐり、国論が二分されていました。トーリ党（保守党）がフランス革命を警戒したのに対し、ホイッグ党（自由党）はイギリス革命をモデルにしたラ＝ファイエットの立場を支持し、穏健な革命に終わると期待したのです。

しかし**ホイッグ党議員エドマンド・バーク**は、革命勃発直後に『フランス革命の省察』を発表し、**フランス革命はあらゆる秩序を破壊したのちに軍事独裁に終わる、と予見**していました。驚くべき慧眼《けいがん》です。

同書は、革命を支持するフランス人の若い友人への書簡という形で書かれました。出版は1790年。前年7月にバスティーユ牢獄《ろうごく》が襲撃され、10月にパリの民衆がヴェルサイユ宮殿に押しかけ、国王一家をパリに護送しました。しかしフランス革命はまだ始まったばかりで、国王ルイ16世と王妃マリ・アントワネットの処刑は、バークがこれを書いた3年後でした。

以下、バークの『フランス革命の省察』（佐藤健志編訳、PHP研究所）からの引用です。

「『民意はつねに正しい』という発想を許容してはならないのである。好き勝手に権力を行使してはいけない点では、君主も民衆も同じだ。しかし民衆の横暴は、君主の横暴と比べても、社会的に大きなダメージを与える。

民主主義が機能するためには、民衆はエゴイズムを捨てねばならない。宗教の力なくして、これはまったく不可能と言える。国家は聖なるものであり、権力は神の御心に沿うべく行使されるとき、はじめて正当なものとなる」

バークの思想を継承したフランスの保守思想家トクヴィルも、同じことをいっています。

「道徳の支配なくして自由の支配を打ち立てることは出来ない。信仰なくして道徳に根を張らすことはできない」（『アメリカのデモクラシー』）

フランス革命の原動力となった啓蒙思想は、宗教を非合理的な迷信と断罪しました。ヴォルテールも、ディドロも、無神論者でした。革命の早い段階で教会財産が没収され、ジャコバン政権時代にはキリスト教そのものが廃止されました。

道徳の崩壊を目の当たりにしたジャコバン派のエベールは、キリスト教に代わる「理性の崇拝」を、ロベスピエールは「最高存在の式典」なる儀式を挙行しましたが、人心をつなぎとめることに失敗しました。**道徳心を失った民衆による民主主義は、「多数者の専制」に堕落していった**のです。

バークがジャコバン派の恐怖政治を予見した部分です。

「国家への犯罪行為を取り締まるにあたって、革命派は『調査委員会』の名のもと、中世の異端審問も真っ青の所業を重ねてきた。……新しい大法廷は、フランスにおける自由の火を完全に消し去るに違いない。

あとに成立するのは、前例のないほどの恐怖と横暴に満ちた独裁体制である」(『フランス革命の省察』)

バークがこれを書いた4年後に、この悪夢が現実となったのです。

バスティーユが襲撃されたとき、投獄されていたのは7名でしたが、政治犯はゼロでした。

ところがジャコバン政権下では、すべての留置所がギロチンを待つ政治犯であふれかえり、宮殿を臨時の留置所にせざるを得ないほどでした。恐怖政治の犠牲者はパリだけで1400人、全国では数万人に達すると推定されています。

暴力による支配は、暴力によってしか倒されません。ロベスピエール一派はテルミドールのクーデタで一掃され、ギロチンに送られました。その後も**テロ、反乱が相次いでフランスは無政府状態**に陥ります。このとき秩序の回復を掲げて登場したのが、**コルシカ島出身の砲兵士官ナポレオン・ボナパルト**でした。

「王の権威はガタガタで、議会は顔ぶれがコロコロ変わるとなれば、軍上層部には反乱と分派抗争の風潮が台頭するだろう。

これを収拾する方法は一つ。兵士の尊敬を勝ちうる人望と、指揮官としての立派な手腕をあわせ持つ将軍が出現し、軍の主導権を掌握することだ。

……この場合、軍を掌握した人物こそが、フランスの真の支配者となる。……共和国全体に君臨するのである」(『フランス革命の省察』)

遠からず訪れるだろうフランスの軍事独裁をバークが予告した部分です。

バークが亡くなったのは1797年。ナポレオンがブリュメール18日のクーデタで独裁権を握るのは、その2年後です。おそらくバークはナポレオンのことを知らなかったでしょう。

伝統と改善を両立させたイギリスの保守思想

理性の名のもとに、既存の制度を破壊し尽くし、殺戮《さつりく》に終わるであろうフランス革命に対し、イギリスの革命はそうではなかった、とバークは強調します。

「イギリス人は自分たちの権利や自由を『先祖より受け継いだもの』と見なしてきた。代々にわたって継承されてきたこの大樹に、異質な何かを接《つ》ぎ木しないよう、われわれは気をつけてきたのだ。

……名誉革命に際して制定された権利章典でも、……新たな王と王妃にたいし、『ここに定められる権利や自由はすべて、この王国の国民が古来より享受してきたものであり、決して否定されえないものである……』と求めているのである。

……自由や権利を『祖先から直系の子孫へ受け継がれる相続財産』として扱うことこそ、イギリス憲法の一貫した方針と言える。それはイギリス人であることに由来する財産にほかならず、より一般的な人権や自然権とは関係していない」（『フランス革命の省察』※傍線部は引用者によるもの）

以上は、**自然法思想と社会契約説を明確に否定した**部分です。

なお、イギリスには成文憲法はない、といわれますが、1215年の「マグナ・カルタ」、1689年の「権利章典」などの慣習法の集積——まさに相続財産を「憲法」とみなしてきました。「憲法」と訳される「constitution」の語源は、「con（強く）」＋「st（建つ）」＋「tion（もの）」ですから、「長く維持されてきたもの」「国体」とも訳せるでしょう。

バークは次のように述べています。

「イギリス人は、自由や権利を相続財産のように見なせば、『前の世代から受け継いだ自由や権利を大事にしなければならない』という保守の発想と、『われわれの自由や権利を、のちの世代にちゃんと受け継がせなければならない』という継承の発想が生まれることをわきまえていた。そしてこれらは、『権利や自由を、いっそう望ましい形にしたうえで受け継がせたい』という、進歩向上の発想とも完全に共存しうる」（『フランス革命の省察』）

「保守」は進歩を否定するものではなく、伝統を継承しつつ、時代に合わせて改善していくものだ、という思想です。

19世紀イギリスの作家G・K・チェスタトンはこれを『死者の民主主義』と呼びました（安西徹雄訳『正統とは何か』春秋社）。日本民族学の祖である柳《やなぎ》田《た》国《くに》男《お》も、「死し去りたる我々の祖先も国民なり。その希望も容《い》れざるべからず」といっています（畑中彰宏『死者の民主主義』トランスビュー）。

次も、保守思想の根幹に関わる部分です。

「社会の秩序であれ国民の権利であれ、世代を超えて続いてゆくものとして扱うのが、大自然のあり方にならったわが憲法の方針なのだ。それはちょうど、われわれの個人的な財産、あるいは生命そのものが、世代を超えて受け継がれてゆくのと同じである。

……同時にそれは、『相続』の概念を基盤にする点で、国家を家族になぞらえることにもつながる。わが国の憲法は、血縁の絆《きずな》に基づいたものという性格を帯び、さまざまな基本法も、家族の情愛と切り離しえなくなる。国家、家庭、伝統、宗教、それらが緊密にかかわり合いながら、ぬくもりに満ちたものとなるのである」（『フランス革命の省察』）

生物の種が、個体の死を超えて継承されるように、国家も個人の生命を超えて継承される生命体のようなものと考える――これが、国家有機体説です。

「過去の世代から自由を受け継いだとする姿勢は、われわれの行動におのずから節度と尊厳をもたらす。地位であれ権利であれ、自分一代で獲得した者は、ほとんど成り上がりの傲慢《ごうまん》さに取り憑《つ》かれて恥をさらすが、そんなみっともない真似をせずにすむわけだ。わが国の自由は、こうして高貴なものとなる。

年長者や、名門の生まれの者を尊敬するのは、人間として自然な感情に違いない。われわれは国家の諸制度に敬意を払う際にも、同じ原則をあてはめる。長い歴史を持つ制度や、偉大な先祖がつくり上げた制度は重んじられるべし、である」(『フランス革命の省察』)

自分で勝ち取った権利ではなく、祖先からの相続財産として自由を継承した者は、節度と尊厳を持ち、放縦《ほうじゅう》に流されることはない。自然法思想では「人はすべて平等」としているが、年長者を敬うように、長く続いた君主制や貴族制を尊重するのは、人として当然の感情ではないか、とバークは問いかけます。

エドマンド・バークは「近代保守思想の父」と呼ばれますが、アメリカ独立戦争には理解を示し、インド総督ヘイスティングズの汚職を糾弾するなど、ガチガチの「保守反動」(反革命)だったわけではありません。

むしろ、「自由の擁護と圧政への抵抗」をイギリスの伝統と位置づけ、利権のためにアメリカ独立運動を弾圧し、インドで収奪してきたイギリスの政治家たちを批判しています。

しかし**フランス革命は、理性の名のもとに、先祖から受け継いだ歴史や伝統、宗教までをも破壊する「狂気」である**とバークの目には映ったのです。

『フランス革命の省察』の最後で、バークは保守思想の真髄《しんずい》についてこう語ります。

「イギリスはうまくいっている。これは国体がしっかりしているおかげである。

……国体が見直されたり、修正されたりしたことはいままで何度かあった。注意すべきは、それらの見直しや修正に際して、変更された箇所や、新たにつけ足された箇所だけが、われわれの幸福を支えているのではないことである。変更の価値なしとして、古来の形のまま残された箇所も、国家の重要な基盤なのだ。

　既存の国体を保ち、不当な侵害から守るためには、真の愛国心や自由の精神、および自主独立の気概が欠かせない。わが同胞は誇りをもって、『保守』の偉業を果たしつづけるだろう。

　……フランスの革命派諸氏は、自分たちが英知の光に満ちていると吹聴する。わが国の父祖たちは、そんなうぬぼれとは無縁だった。人間は愚かであり、とかく過ちを犯しやすい――これこそ彼らの行動の前提となった発想である」

リベラルと保守の相違点

リベラル		保守主義
●理性万能主義	⟺	理性への懐疑
●社会契約説	⟺	国家有機体説
●急進抜本改革	⟺	ゆっくりとした改革（漸進《ぜんしん》主義）

　バークの没後半世紀、日本は幕末維新期を迎え、西欧思想が怒《ど》濤《とう》のごとく流れ込んで翻訳されていきました。ルソーの『社会契約論』については、自由民権運動の中江《なかえ》兆民《ちょうみん》が『民約論』として翻訳したことが日本史教科書に特筆大書されています。

しかしバークは、そもそもの存在自体が、日本の教科書から抹殺されているのです。

バークを「殺してしまった」日本に未来はあるか

バークを日本ではじめて翻訳したのは**金子堅太郎**《かねこけんたろう》でした。ペリー来航の1853年、福岡藩士の子として生まれ、成績優秀のため18歳で岩倉使節団に加わり、そのままアメリカに留学。ハーバード大学法学部に進み、のちの大統領セオドア・ローズヴェルトと知己《ちき》を得ます。

帰国後は、自由民権運動への反駁《はんばく》書を求める明治政府の要請を受けてバークを推薦し、1881年に『フランス革命の省察』他1冊を、『政治論略』として出版。ルソー派の植木枝盛《うえきえもり》が『勃爾《ボルク》咢ヲ殺ス』と題した論文で反論せざるを得ないほど、反響を呼びました。伊藤博文は金子を評価して帝国憲法の起草に参与させています。

しかし、ドイツ憲法を範とする帝国憲法下でイギリス保守思想が日の目を見ることはなく、東京帝国大学法学部でもバークが教えられることはありませんでした。やがては帝国憲法の解釈自体が天皇主権の硬直したものと化していき、日本版国家有機体説である美濃部達吉《たつきち》の「天皇機関説」までもが政治弾圧の対象となりました。「バークは殺された」のです。

敗戦後はGHQの占領下で、自然法思想と社会契約説に基づく日本国憲法が制定されました。ニューディーラーと呼ばれる人々は、アメリカ社会でも特にリベラルな思想を持っていました。**社会科教科書にはフランス革命礼賛の記述が踊る一方、その暗黒面を指摘したバークの思想は、今も抹殺されたままです。**これは、自覚しているかどうかはともかく、教科書の執筆者がルソー主義者であるためでしょう。

アメリカは第2次世界大戦で、ナチス・ドイツという全体主義国家および日本軍国主義を打倒するために、スターリンのソ連という別の全体主義国家と同盟するという愚を犯しました。戦後、東欧から撤収しようとしないソ連に対し、アメリカは慌てて封じ込め政策を実施します。これが「冷戦」の始まりです。

人民が国家にすべてを差し出すことを条件に、平等を保障するスターリン主義は、ルソー主義の直系の嫡子ともいうべきものでした。**思想的にソ連に対抗するには、マルクス、レーニンの批判だけでは不十分で、ルソー批判にまで切り込む必要があった**のです。

アメリカ人がバークを「再発見」したのは、まさにこの冷戦の時代でした。戦後のアメリカを代表する保守思想家のラッセル・カークがバークを取り上げたのが始まりで、のちに軍拡競争でソ連経済を破綻《はたん》させ、冷戦終結に導いたレーガン大統領は、バーク主義者を自任していました。

日米安保条約によって超大国アメリカの庇護《ひご》のもとにあり、**冷戦の現実を見ずに済んだ日本では、空理空論の理想主義がまかり通ってきました。**バークを研究する研究者はいても、ついにバーク主義を標榜《ひょうぼう》する政治家も政党も現われないまま冷戦終結を迎え、冷戦後はアメリカが要求する「日本社会の改革」に翻弄《ほんろう》され続けます。

小沢一郎の政治改革、小泉純一郎の構造改革、「改革」「新党」と名のつく政党が乱立しては消えていき、「古いものは壊せばよい」とばかりに、年功序列・終身雇用制度を変え、地名表示を変え、今度は外国人労働者を受け入れ、皇室制度にまで手を加えようとしている現代日本。

100年後には、いったい何が残るのでしょうか。

先祖からの遺産を軽んじてきた私たちは、子孫に何を継承しようというのでしょうか。

第3章

アメリカの「保守」と「リベラル」

アメリカは、なぜ分断されたのか

2016年のアメリカ大統領選挙は、世界に衝撃を与えました。

本命とされていたのは民主党のヒラリー・クリントン候補。ビル・クリントン元大統領の夫人で、第1期オバマ政権の国務長官。初の女性大統領を目指していました。

このヒラリーの前に立ちはだかったのがドナルド・トランプ。政治経験ゼロの不動産王で、「メキシコ国境に壁を作って不法移民を阻止する」など過激発言が物議を醸《かも》し、泡沫《ほうまつ》候補だった人物です。このトランプが共和党の候補として勝ち残り、本戦では僅差《きんさ》でヒラリーを破り、第45代米大統領に選ばれたのです。

選挙戦を通じて、CNNを筆頭とする米主要メディアがトランプの暴言やスキャンダルを繰り返し報道する一方、ヒラリーの勝利を既定の事実のように伝えました。日本のメディアもこのバイアスのかかった情報を横流しし、「暴言王」トランプを極めて冷笑的に伝えたのです。

しかし、大手メディアが伝えた「アメリカ人」は、ニューヨークに代表される東海岸や、カリフォルニアの西海岸に多いリベラルな人々でした。南部から中西部にかけての内陸部には、物いわぬ多数派としてのもう一つのアメリカ人が存在しているのです。

東海岸やカリフォルニアは民主党の支持層が多く、そのシンボルカラーからブルー・ステイ

2016年アメリカ大統領選・州別選挙人獲得結果

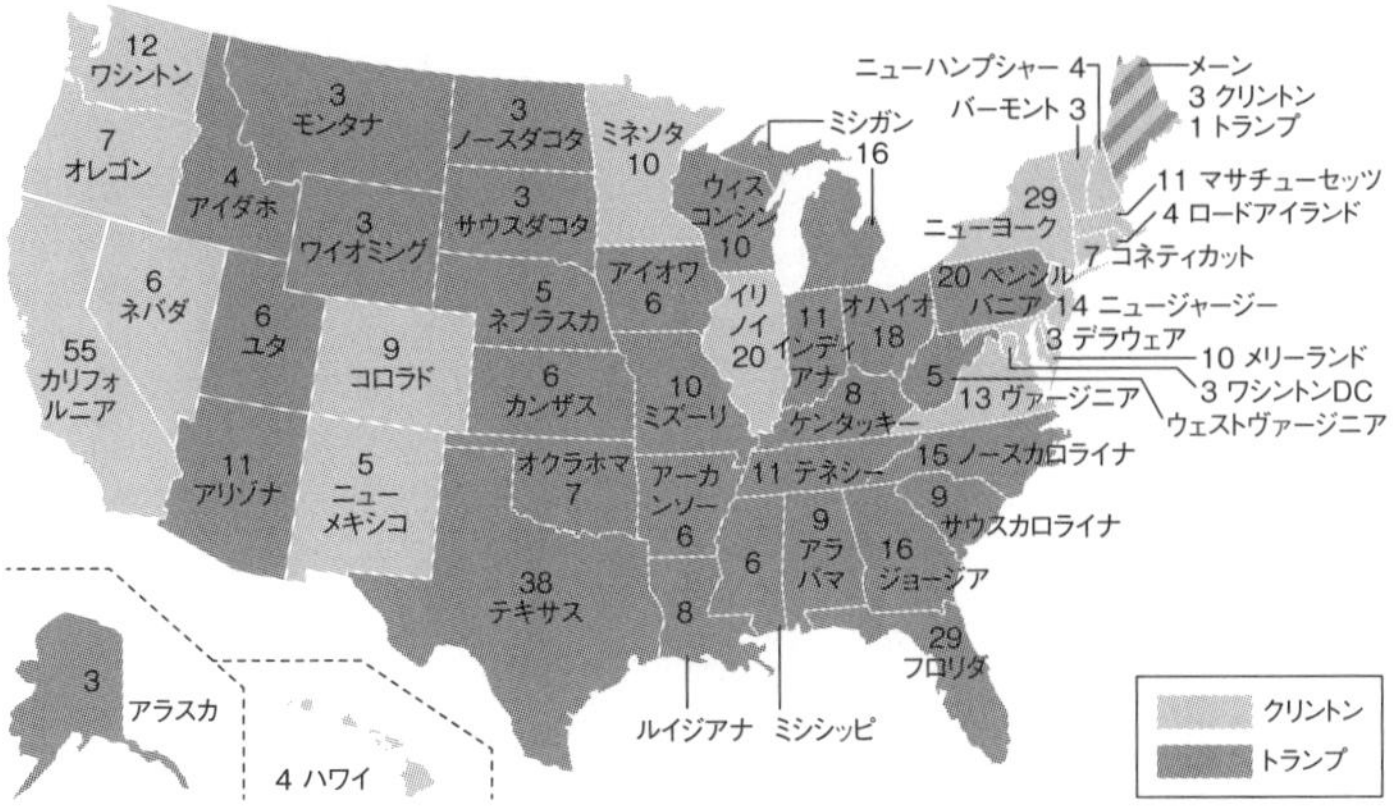

トランプが勝利した2016年大統領選挙。東海岸やカリフォルニアに強い民主党と内陸部に強い共和党の地盤が見て取れる。また現代の報道では共和党は赤、民主党は青で表示が統一されている

ツ**（青い州）**と呼ばれます。

一方、**内陸部は共和党支持層が多く、レッド・ステイツ（赤い州）**と呼ばれます。

オハイオ州、フロリダ州など両者の勢力が拮抗《きっこう》している州をスイング・ステイツ（揺れ動く州）といい、結局はここを制した候補者が大統領に選ばれてきたのです。

「リベラルのアメリカも保守のアメリカもない。あるのはユナイテッド・ステイツ・オブ・アメリカなのです」

08年、オバマ大統領は当選演説でこう呼びかけ、聴衆の涙を誘いました。本当に演説のうまい大統領でした。

ところがオバマ政権下の8年間、分断はますます深刻になり、特に白人中産階級の貧困化に歯止めがかからず、演説がうまい

米TIME誌で2016年の「今年の顔」に選ばれたトランプ

だけのオバマに「裏切られた」と感じた多くの人々が、トランプに投票しました。

ＴＩＭＥ誌は「パーソン・オブ・ザ・イヤー」としてトランプの写真を表紙に飾り、その肩書を「PRESIDENT OF THE DIVIDED STATES OF AMERICA（アメリカ分断衆国大統領）」と表現しました。

しかしこの「分断」はトランプが生み出したものではなく、**白人中産階級の貧困に無策だったオバマが拡大したものであり、その「分断」こそがトランプを生み出した**のです。

第3章では、アメリカはなぜ分断されてしまったのか、という切り口から、アメリカにおける保守とリベラルの誕生について考えてみましょう。

アメリカにおける古典的リベラルの元祖ジェファソン

16世紀にイギリスからあふれ出した政治難民（ピューリタン）と経済難民（土地を求める食い詰め者たち）が流れ着いて13のステイト（国家）を建てました。小さなコミュニティーを組織し、合議制（タウンミーティング）で物事を決めるシステムを確立していきます。

イギリス本国は二度の革命で立憲政治体制になっていましたが、５０００キロも離れたアメリカ植民地に住む住民は、物理的にもイギリス本国の政治に参加することは不可能でした。

そこでイギリス本国の政治家たちは、財源確保と本国商人の利権擁護のため、参政権を持たない植民地住民を犠牲にすることを思いつきました。植民地に対する特別課税と、植民地における本国商人への独占権の付与です。

このような**イギリス本国の「圧政」と戦うために、13ステイトが連合（ユナイト）して生まれたのが「the United States of America（アメリカ合衆国）」**でした。

なお、「state」は「州」とも訳しますが、本来の意味は「国」ですから、「the United States of America」は「アメリカ国家連合」が正しい訳語。「合衆国」は誤訳です。

１７７６年、トマス・ジェファソンが起草した「アメリカ独立宣言」は、

①生命・自由・平等・幸福の追求は、神が人民に与えた自然権（人権）である
②国家権力の源泉は人民であり、自然権の保障が政府の責務である
③この責務を果たせない政府を人民は廃し、新たな政府を組織する権利を持つ
④イギリス政府の圧政から自然権を守るため、われわれは新たな政府を組織した

と高らかに宣言しています。こうして社会契約説（64ページの図参照）に基づき、「自由と人権を国是《こくぜ》とする新しい国家」が北米大陸に出現しました。

黒人奴隷制度や先住民への迫害について一言も述べられていないという問題点はさておき、**このアメリカ独立宣言が、ラ＝ファイエットの手でフランスにもたらされ、13年後のフランス革命を引き起こす**ことになるのです。

独立宣言を起草したトマス・ジェファソンは、初代大統領となるジョージ・ワシントン将軍とともに南部ヴァージニア州の地主（プランター）出身の富裕層で、のちに第3代大統領に就任します。**「自由・人権」を掲げる理想主義者で、アメリカにおけるリベラルの元祖**です。強力な中央政府の統制を嫌うジェファソンは、アメリカを緩やかな13国家連合のままにしておくことで、各ステイト（州）の自治権を最大限守ろうとしました。国家権力は悪、という考え方です。

しかし現実は生易しいものではありませんでした。独立直後のアメリカの国土は今のアメリカの東半分だけで、人口は300万人に満たない小国でした。ミシシッピ川の西はスペイン領

で、カナダはいまだイギリス領のまま。アラスカはロシア領で、ロシア軍が南下の機会を窺っていました。

このような状況下で、13ステイトがばらばらで生き残れるのか？　列強からの干渉を排除し、アメリカの自主独立を守るためには、**強力な中央政府――連邦政府・常備軍・中央銀行を設立すべきだ、と考えたのがアレクサンダー・ハミルトン**でした。

アメリカ保守主義の原点となったハミルトン

ハミルトンは、カリブ海の小島で孤児として育ち、ニューヨークの商人のもとで丁稚奉公《でっちぼうこう》をして才能を認められ、大学の学費を出してもらったという苦労人です。独立戦争中に建国の父ジョージ・ワシントン将軍に見出され、その副官に昇進しました。

人民の権利を主張した独立宣言だけではダメだと考えたハミルトンは、強力な中央政府の樹立を定めた合衆国憲法の起草に着手します。

合衆国憲法の必要を世論に訴えるため、ハミルトン、マディソン（のちの第4代大統領）、ジェイ（のちの初代連邦最高裁長官）の3人は匿名で新聞に論文を連載し、のちに『the Federalist（ザ・フェデラリスト）』（邦訳本は、斎藤眞・中野勝郎訳、岩波文庫）というタイトルで書籍出版されました。フェデラルとは「連邦政府（Federal Government）」、アメリカの中央政府のこ

ハミルトン（1755～1804）　初代財務長官を務め、10ドル紙幣の肖像となった

とです。彼らの主張は明確です。

①モンテスキューが指摘したように、「多数派による専制」を防ぐには、ローマにおける元老院のような、制度的な歯止めが必要である

②行政権を大統領に、立法権を連邦議会に、司法権を最高裁判所に与え、権力の相互監視により独裁を防止する（三権分立）。連邦議会を上下両院に分け、審議は慎重を期す

③最高裁判所は、議会の立法や大統領令が合衆国憲法に抵触する場合、これを無効にできる（違憲立法審査権）

これらは、**国家権力を悪、人民の意志を無条件で善と規定するジェファソンの「独立宣言」とは真逆の考え方**です。

では、ハミルトンたちフェデラリストはどこからこの考え方を仕入れたのか？　彼らはコーク、ブラックストンら**イギリス保守主義の大家たちの著書から、「コモン・ロー」「法の支配」という考え方を学んだ**のです。

20世紀にナチズムが台頭したドイツからアメリカに亡命し、全体主義を生み出す大衆社会の分析を行なった哲学者ハンナ・アーレントは自著で次のように述べています。

「彼らが民主政に反対したのは、古代の歴史と理論によって証明されているように、民主政は『不穏な』性格を持っており、不安定だからであり……民主政は『一般的に短命であり、その崩壊に際しては暴力がつきものである』……またその市民たちは気まぐれであり、公的精神に欠け、世論と大衆的感情によってゆりうごかされる傾向があるからである」（『革命について』）

民主主義を疑う。理性より経験を重んじる。激烈な革命を否定し、ゆっくりとした改革を求める、という点で、ハミルトンはアメリカにおける保守主義の原点といえるでしょう。

『the Federalist』をはじめて読んだ日本人は、バークを日本に紹介した金子堅太郎といわれており、金子に勧められた伊藤博文も座右の書としています。ドイツ憲法を範としたとされる大日本帝国憲法ですが、実際の運用はハミルトン的な保守主義に従ったのです。

ちなみに、高校の世界史教科書では、ジェファソンの独立宣言は挿絵つき、史料つきで特筆大書されていますが、「合衆国憲法」については「三権分立の連邦政府が発足した」でおしまいです。**ハミルトンについては名前も出てきません。大学入試でもめったに出題されないから、よく勉強している受験生でも知らない。これが日本の教育の現状**です。

合衆国憲法が採択され、連邦政府が発足したのは1789年。フランス革命が勃発した年でした。理解者であるジョージ・ワシントンが大統領になると、ハミルトンは初代財務長官に抜擢されます。同時に、明確な政治的主張を持たず、バランスを好むワシントンは、ハミルトンの論敵であるジェファソンを、初代国務長官に任命したのです。

家柄というものを持たず、才覚だけでのし上がったハミルトンに対し、ジェファソンに代表される南部の名門地主（アメリカにおける貴族階級）出身者たちは警戒心を隠しませんでした。大統領となるべき逸材だったハミルトンはその生い立ちゆえか血の気が多い人物で、些細なことからピストルでの決闘に及び、あっけなく命を落とします。享年49でした。

1800年の大統領選挙では、「反連邦派」のジェファソンが第3代大統領に当選しました。しかしすでに「ハミルトン憲法」は定着しており、連邦政府と州政府との対立はときに不気味なきしみ音を生じつつも、60年後の南北戦争まで何とか均衡を保つことになります。

アメリカの革命は、なぜ穏やかなものになったのか

アメリカ独立革命とフランス革命は、遠く大西洋を隔ててはいましたが、ときを隔てずに起こった世界史的な大事件でした。

では、フランス革命のような殺戮が、アメリカで起こらなかったのはなぜでしょうか？

フランス革命を殺戮にかり立てたのはルソーの思想で理論武装をしたジャコバン派でしたが、**彼らを下から支えたエネルギーは、貧農や下層市民の富裕層に対する嫉妬《しっと》、恨み（哲学者ニーチェのいうルサンチマン）の感情**でした。

一方、アメリカの革命には、**ハミルトンらが作り上げた「合衆国憲法」による法的な歯止め**がありました。政権交代は認めるが4年に一度の選挙によって行なうべきこと、選挙結果が出たらそれに従い、不服があれば4年後の選挙で意思を示すこと、4年に一度の「無血革命」を制度化すること。これらによって直接的な暴力を徹底的に排除したのです。

そしてもう一つ、**アメリカの革命を穏やかなものにした要因が、貧困層の不在**でした。

前述したように、アメリカの建国者たちは元々欧州からの政治難民と経済難民でした。「豊かさ」を求めて新大陸へ渡った膨大な数の経済難民——彼らは貧困層なはずでした。しかし独立戦争時には貧困層はいなくなっていたのです。では、彼らはどこへ消えてしまったのでしょうか——？

アメリカ東海岸（大西洋岸）の独立13州は、その西側に無限に続くかと思われる広大な原野を持っていました。独立戦争の勝利でミシシッピ川までをイギリスから獲得し、さらにフランスのナポレオンからミシシッピ川西部を獲得したアメリカは、これらの領土を公有地とし、開

アメリカの領土獲得の経過

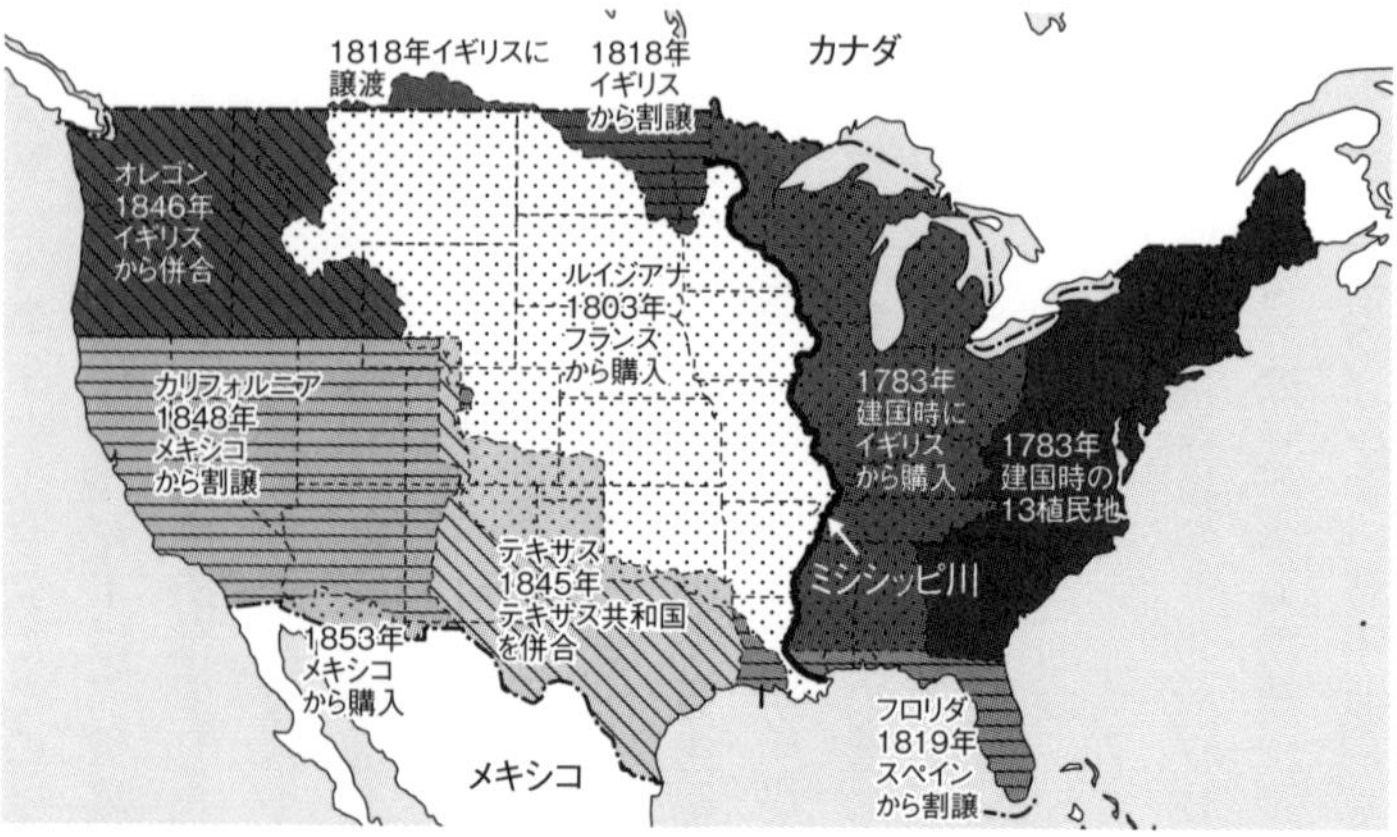

東海岸からアメリカ大陸に入った開拓民は、徐々に西へと領土を拡げた

拓を奨励します。そのため**白人貧困層の不満や暴力性は連邦政府へ向かうことがなく、先住民（いわゆるインディアン）や西部の自然そのものに向かった**のです。

開拓民は、連邦政府や州政府からの支援は一切受けず、幌馬車《ほろばしゃ》に家財道具を詰め込んで西へ向かい、気に入った場所があればそこにログハウスを建て、荒れ地を開墾し、野生動物を仕留め、先住民を撃退し、収穫物を売っては貯金をし、連邦政府に代金を支払って土地を自分のものにしていきました。

そんな彼らの過酷な生活を支えたのが信仰でした。**キリスト教文明をこの大陸に広めていくのだ、という使命感は、異教徒の先住民に対する征服戦争を合理化**しました。多くのプロテスタント系新興宗教が生まれ、アメリカ人は西部開拓を神に命じられた「明白な天命」、マニフエスト・デスティニーと表現しました。西部開拓民は「十字軍」になっていったのです。
およそ半世紀でミシシッピ川の西側は白人開拓民の手によって分割され、**かつての貧困層は広大な土地を持つ自作農に変身**しました。

「新しいアメリカ人」を体現したジャクソン

広大な土地を持つ自作農の出現は、「新しいアメリカ人」「草の根のアメリカ人」の誕生を意味していました。つまり、**自分の生活は自分で切り開き、国家権力には頼らず、したがって国家権力からの干渉を嫌い、個人の自由を最大限に主張する人々が中西部に生まれたのです**。これこそ、今日のレッド・ステイツの始まりです。

西部には軍隊も警察も常駐していませんから、自分と家族を守るため、家長は銃で武装するのが常識です。だから政府による銃規制に一貫して反対してきたのが彼らです。

この**「新しいアメリカ人」を体現した人物がアンドリュー・ジャクソン**でした。開拓民の孤児として生まれ、陸軍に入隊。１８１２年に始まったイギリスとの戦争で名声を獲得します。

この戦争では、英軍と結んでアメリカに抵抗した先住民のクリーク族、セミノール族に対する徹底的な殺戮を行ない、白人開拓民にとっての脅威を取り除いて「英雄」となりました。すると、弁護士を経て政治家に転身。「西部から大統領を！」と訴えて第7代大統領に当選します。

ジャクソン（1767～1845）　第７代大統領を務め、20ドル紙幣の肖像となった

ちなみに、少年期に十分な教育を受けられなかったジャクソンは、書類に「All Correct（すべてよし）」と書くべきところを「Oll Korrect」と誤って書き、これをみなが真似してOKサインになったといわれています。

　1829年の就任式で「人民にとって誇るべき日である」と演説したジャクソンは、インディアン強制移住法にサインしました。こうして、先住民のミシシッピ川以西への強制移住が始まったのです。**ジャクソンの支持者は「民主党(Democratic Party)」**と自称し、白人開拓民の義務教育制度や参政権の拡大が実現したこの時代の改革を、ジャクソニアン・デモクラシーと呼びました。**アメリカにおける「民主革命」は特権階級の打倒という形ではなく、先住民の犠牲の上に成功した**のです。

アメリカの民主主義が内包した課題と南北戦争

ジャクソン時代のアメリカを視察した25歳のフランス人がいました。アレクシ・ド・トクヴィルです。フランス革命で犠牲になった貴族の家系に生まれ、リベラル思想の研究に短い生涯を捧げました。

「フランス革命は挫折したが、アメリカの革命はなぜ成功したのか？」という問題意識から、実際のアメリカを見聞し、その将来を展望したのが『アメリカのデモクラシー』です。

トクヴィルはアメリカ社会を好意的に描きつつも、次のように予想しています。

①知的水準が低い大衆が、民主主義の担い手になっている
②「世論」なるものは、実は新聞によって作り出されている
③アメリカの民主主義は、**多数派の専制**に転落するだろう

ジャクソン以来、中西部のレッド・ステイツは民主党の基盤であり続けました。

これに対して**東部の資本家が結成したのが「共和党（Republican Party）」**です。**ハミルトン以来の民主主義警戒論を持ち、連邦政府の強化を目指すグループ**です。

今日ではこれが逆転して、中西部のレッド・ステイツが共和党の岩盤になっています。

この支持基盤の逆転現象が起こる契機となったのが**南北戦争**でした。

西部開拓の波は１８４６～48年のメキシコとの戦争を引き起こし、これに勝利して西海岸のカリフォルニアを獲得したアメリカは、ついに太平洋岸へ達します。

合衆国憲法は、各州が上院議員2名を選出し、大統領選では州の人口に応じた「選挙人」を選出することを定めていますが、アメリカが領土を西に拡大して西部が州に区分けされる中で、どちらが自陣営に取り込めるか、北部共和党と南部民主党との対立が激化したのです。


そもそも第3代大統領のジェファソン以来、大統領は南部が輩出し続けていました。それによって首都ワシントンにある**連邦政府の権限は最小限度に抑制され、州が強大な権限を持ち、関税をかける権利も各州の自由**となっていました。南部諸州は産業革命が進むイギリスに綿花を買ってもらうために、低関税で自由貿易体制を維持したかったからです。加えて、綿花プランテーション（大農園）を経営するために黒人奴隷制度を必要としていました。ワシントンも、ジェファソンも、ジャクソンも、歴代大統領の多くが奴隷を所有してきたのです。

一方、産業革命が始まったばかりの北部諸州は、イギリスを商売敵《がたき》とみなしていました。**州政府ではなく連邦政府が関税を決定し**、**保護貿易でイギリス製品を排除**すること、工場で働く安価な労働者とするために黒人奴隷を解放して移動の自由を与えること、これが共和党の主張だったのです。

この主張の食い違いの最中、1860年の大統領選挙で共和党はエイブラハム・リンカーンを大統領候補に選出しましたが、民主党大会は奴隷制の是非をめぐって内部で分裂し、3人の候補が立ってしまいます。その結果、得票率で40%を割っていたリンカーンが大統領に当選され、これを不服とする南部諸州が合衆国からの分離独立を宣言。独立を認めないリンカーン政権との内戦に突入します。

英語で「the Civil War（内戦）」、日本語で「南北戦争」と呼ばれる凄惨な殺し合いを制したのは北部の共和党でした。**黒人奴隷は解放され、連邦政府は強化**されます。南部諸州は北部軍の占領下に置かれ、経済的にも北部の市場、原料供給地として従属させられました。

これ以後、20世紀初頭まで共和党の長期政権が続き、農業国アメリカは世界最大の工業国へと変貌《へんぼう》を遂げていくのです。

共和党支持の地域と、民主党支持の地域が反転した理由

19世紀、産業革命が進む欧州ではすさまじい貧富の格差を生み出され、労働者階級の解放を掲げる社会主義運動が起こりました。フランス革命前のルソーの思想を淵源《えんげん》とし、マルクスとエンゲルスが『共産党宣言』で暴力による労働者政権の樹立を訴えたのが1848年でした。暴力革命は1871年のパリ・コミューンまで断続的に起こります。

この間、マグマのように沸騰する貧困層のエネルギーの安全弁となったのが、**アメリカへの大量移住**でした。アメリカが存在しなかったら、欧州全体がロシアのように社会主義化していたかもしれません。

社会主義は貧困の撲滅、富の平等を目標に掲げます。自由競争が勝ち組・負け組を作るので競争そのものを禁止し、個人や私企業が土地や工場といった生産手段を持つことを規制します。土地や企業は国有化して国家がコントロールし、利益を平等に分配するのです。

政府が経済をコントロールするわけですから、膨大な官僚機構（大きな政府）が必要となり、個人の自由は制限されます。その行き着く先は、ソ連・中国・北朝鮮で実現した共産党一党独裁体制です。

これこそ、「自分の生活は自分で切り開く」「政府は邪魔するな」というアメリカ中西部、**レッド・ステイツの「草の根」のアメリカ人が最も嫌悪する国家体制**なのです。**アメリカ人の反共主義の源泉**はここにあります。

一方、南北戦争に敗れた民主党は、もはや「南部の奴隷制を守る」という古い看板では選挙を戦えません。北部の資本家と結んだ共和党政権への対抗軸を示して政権を奪回するため、**「移民労働者を保護する」という新しい看板に掛け替えた**のです。まさに、生き残るためには何でもあり、というわけですが、この方針転換はアメリカの政治地図を塗り替えました。

欧州からの大量移民は、ニューヨークの自由の女神を目指してやってくると、そのまま東海岸に住み着きます。対して、アヘン戦争に負けて衰退する中国や内戦が続くメキシコからの移民は、西海岸のカリフォルニアに定住します。

アメリカ国籍は出生主義ですから、彼ら移民の2世は参政権を持ちます。この**移民系アメリカ人が民主党の新たな支持基盤**となったのです。これが、**ブルー・ステイツの誕生**です。

逆に共和党は、「本来のアメリカ白人」の生活を守るため、移民の制限を主張するようになります。「アメリカ人が納めた税金で、移民にタダ飯を食わせるな」という主張です。

こうして**民主党に幻滅したレッド・ステイツの人々は、共和党支持にくら替えした**のです。このとき生まれた政治地図が、今日まで続いているわけです。

一方安い労働力で働く移民の流入は、産業界にとっては朗報でした。すると、**これまで共和党の基盤だったニューヨークなど都市部の財界は「民主党政権でもよいのではないか」と考え始めます**。その結果、20世紀の初頭に財界と民主党とのある種の談合が成立し、１９１３年ウッドロウ・ウィルソン政権が発足しました。

労働組合を支持基盤としつつ、財界からも政治資金を提供されるという二重人格的な政権で、ヒラリー・クリントンとそっくりです。ＪＰモルガンを中心とするニューヨークの金融資本家グループに、米中央銀行（連邦準備制度理事会（ＦＲＢ））を組織させ、通貨ドルの発行権を与えたのがこのウィルソンです。このことも日本の教科書では教えていません。

ウィルソンが望む「世界の警察」化に待ったをかけた合衆国憲法

第1次世界大戦では、モンロー主義の原則に従って中立を宣言しましたが、イギリスなど連合国が発行した戦時国債を引き受けていた金融資本の圧力に屈して、ドイツに対して宣戦を布告し、**ウィルソン政権はアメリカ史上初の欧州出兵を命じました**。

「軍国主義ドイツを倒し、民主主義を広める」という名目での海外派兵はウィルソニズムと呼ばれましたが、のちの第2次世界大戦でフランクリン・ローズヴェルト政権が、ベトナム戦争でジョンソン政権が、イラク戦争でブッシュJr政権が行なったことは、このウィルソニズムの延長といえるのです。

戦場に行かされるのは一般国民、まさに「草の根」のアメリカ人です。ドイツ軍は潜水艦でアメリカ人を殺傷しましたが、アメリカ本土に攻め込んだわけではありません。アメリカにとっては「関係ない戦争」で多くのアメリカの若者が死んだのです。

ウィルソンは戦勝国の大統領としてパリ講和会議に出席し、ドイツに対する懲罰的なヴェルサイユ条約に調印しました。この条約にはウィルソンが提唱した国際連盟の規約が含まれており、アメリカは「世界の警察」として国際連盟を指導するはずでした。

ところが、ブレーキがかかります。**ブレーキとなったのは、ハミルトンが起草した合衆国憲法**。これを踏んだのは米議会上院で多数を占めていた共和党の議員たちです。
「大統領は、上院の助言と承認を得て、条約を締結する権限を有する。ただしこの場合には、上院の出席議員の3分の2の賛成を要する」（「合衆国憲法」第2条第2項）

上院はウィルソンが持ち帰ったヴェルサイユ条約の批准《ひじゅん》を否決し、国際連盟へのアメリカの加盟を阻止しました。大統領と議会、どちらが民意を得ていたかは、次の大統領選挙で明らかになりました。ウィルソン民主党は惨敗して共和党政権が発足したのです。

その後3代続く共和党政権は、1924年制定の移民法により、それまで年間100万人受け入れていた移民を15万人に制限します。また国別の受け入れ枠を設けて、非白人の受け入れを制限します。拒絶されたのは日本人と、ロシア・東欧から渡ってくるユダヤ人でした。カリフォルニア州では州法で日本人児童が公立学校から排除され、日米関係の悪化が深刻化します。

世界恐慌が「リベラル」の意味を変えた

第1次大戦中の軍需景気は、アメリカに空前の好景気をもたらしました。しかし大戦景気が終わっても、資金があり余る銀行は過剰投資を行ない、企業は大量の在庫を抱えたまま、余剰資金は株や債券に流れました——バブル崩壊は1929年10月。世界恐慌の始まりです。

共和党政権の無為無策を批判して、政権を奪回したのが**民主党のフランクリン・ローズヴェルト大統領**でした。企業には価格協定を結ばせて収益を確保させ、農家には政府との協定で生産調整と価格保証を行ない、労働者には組合の結成を法的に擁護する一方で大規模な公共事業で失業者にパンを与える。**ニューディール政策と呼ばれる一連の政策は「大きな政府」を作り上げました**が、非常時に苦しむ国民からは歓迎され、史上初の4選を実現します。

「大きな政府」による恐慌克服は、日本の高橋《たかはし》財政（高橋是清《これきよ》蔵相の積極財政）、ナチス・ドイツの4カ年計画など各国が採用しました。のちにイギリスの経済学者ケインズが理論化したので、ケインズ主義とも呼ばれます。

自由主義を意味した「リベラル」という言葉が、「大きな政府による労働者の保護」という社会主義的ニュアンスで使われるようになるのは、このニューディールの時代からです。

これに対し、西部開拓民に始まるアメリカ本来の**「草の根」個人主義を指す用語としては、「リバタリアン」**という言葉が使われるようになります。

リベラルとリバタリアンとの関係をノーラン・チャートとして図式化したのが、自身もリバタリアンである政治学者のデイヴィッド・ノーランです。

縦軸が個人の政治的自由度。上に行くほど自由になります。横軸が経済的自由度。左へ行くほど平等重視、右へ行くほど自由競争重視となります。

個人の自由を主張しつつも経済的には政府に面倒をみてもらおうというのがリベラル、経済的にも完全に自立しているのがリバタリアン、というわけです。

リベラルがさらに先鋭化したのが左翼ですが、左翼の中でも無政府主義は左上となり、共産主義は個人の自由はゼロなので、左下の全体主義に含まれます。

ノーラン・チャート

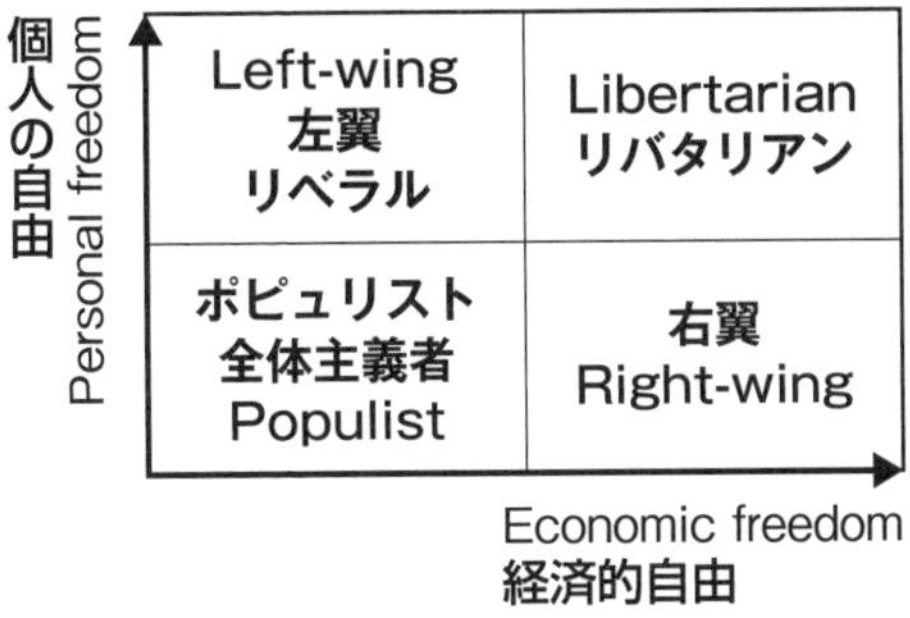

アメリカにおける伝統保守は、キリスト教を守るべき価値とし、宗教右派とも呼ばれるので右下。人工中絶や同性愛は聖書に反するとして禁止します。一方でリバタリアンは信仰も、無信仰も個人の自由と考え、伝統的、共同体的価値を軽視するので右上となるのです。

新たな敵となった共産主義と停滞するアメリカ

アジアでは日本、欧州ではヒトラーのドイツが戦争を始めると、アメリカの産業は軍需景気で再浮上しました。ウィルソンの前例があるので、チャーチルからの要請にも参戦に二の足を踏んでいたローズヴェルトでしたが、日本軍による真珠湾攻撃のおかげで世論がまとまり、「軍国主義日本、ナチス・ドイツの打倒」で挙国一致体制を築き上げます。

ヒロシマ・ナガサキの閃光《せんこう》で戦争が終わったとき、欧州とアジアは戦争で破壊し尽くされ、**無傷の大国はアメリカだけ**でした。ローズヴェルトは勝利を見届ける前に病死しますが、次の民主党トルーマン政権のもとでアメリカは国際連合の常任理事国となり、**米軍は世界各地に常駐して、ウィルソンが夢見た「世界の警察」が実現した**のです。

ここで取り締まるべき**新たな「敵」として認定されたのが、ソ連・中国・北朝鮮・ベトナム・キューバの「共産主義国」**でした。

冷戦とベトナム戦争は、膨大な軍事費をアメリカに強《し》いました。これに加えて、ニューディール以来の「大きな政府」を維持するための人件費と福祉予算が膨大な財政赤字を生み出し、回り回って増税につながったため、ケインズ主義への批判が高まります。

その急先鋒がシカゴ大学の経済学者ミルトン・フリードマン教授でした。ニューディール的な公共事業、福祉事業を民営化し、公務員を削減して財政を立て直せば、減税も可能になり、景気は回復すること、政府は通貨発行量の調整のみを通じて経済をコントロールすべきこと（マネタリズム）を主張したのです。

1970年代は、アメリカ停滞の時代でした。ソ連との冷戦は緊張が緩みつつありましたが、ベトナム戦争は事実上アメリカの敗北に終わって中国と和解せざるを得なくなり、経済では日本と西ドイツからの輸出攻勢が始まって貿易赤字に転落。73年の第1次石油危機に始まる長期の不況が続いていました。

国内ではベトナム反戦運動から「若者の反乱」が起こり、国家・家族・結婚などの伝統的な価値観が否定され、ヒッピーと呼ばれる奇抜なファッション、ドラッグ（麻薬）、ロックミュージックなどのカウンターカルチャーが若者たちを魅了しました。

「宥和外交」のリベラル民主党政権が危機を招くという皮肉

アメリカにおける「リベラル」と「保守」との対立軸の一つは、**「大きな政府」**（リベラル）**VS「小さな政府」**（保守）でした。

そしてもう一つの軸は、**共産圏との外交関係における、「宥和《ゆうわ》外交」**（リベラル）**VS「強硬外交」**（保守）というものでした。

皮肉なことに、**「宥和外交」**の**民主党政権時代には、共産圏はアメリカを甘く見て挑発的な**態度を取り、民主党トルーマン政権時に朝鮮戦争、民主党ケネディ政権時にキューバ危機が起

アメリカにおける保守とリベラルの対立軸

政治思想

●大きな政府（リベラル） ⟺ 小さな政府（保守）

共産圏に対する外交姿勢

●宥和外交（リベラル） ⟺ 強硬外交（保守）

こっています。ベトナム戦争は民主党のジョンソン政権が起こしましたが、その背景にはベトナムにおける共産勢力の台頭がありました。

逆に、**「強硬外交」の共和党政権の時代には、相手方は萎縮《いしゅく》してむしろ宥和的に**なり、軍縮交渉に応じたのです。ビキニ水爆実験を繰り返した共和党アイゼンハワー政権時にソ連はスターリン批判を行なって「雪どけ」を演出し、ニクソン政権時に中国はニクソン訪中を受け入れ、ベトナム戦争終結の環境作りに応じました。

ベトナム戦争を終わらせた共和党のニクソン大統領が側近のスキャンダル（ウォーターゲート事件）で辞任したあと、政権は清新なイメージの民主党カーター大統領が担いました。

平和主義者のカーター政権を甘く見たイランでは、ホメイニが革命を起こして親米王政が崩壊し、米大使館にデモ隊が乱入して大使館員が人質に取られます。アメリカの権威は失墜し、混乱に乗じてソ連のブレジネフ政権がアフガニスタンに侵攻したのです。

1980年アメリカ大統領選・州別選挙人獲得結果

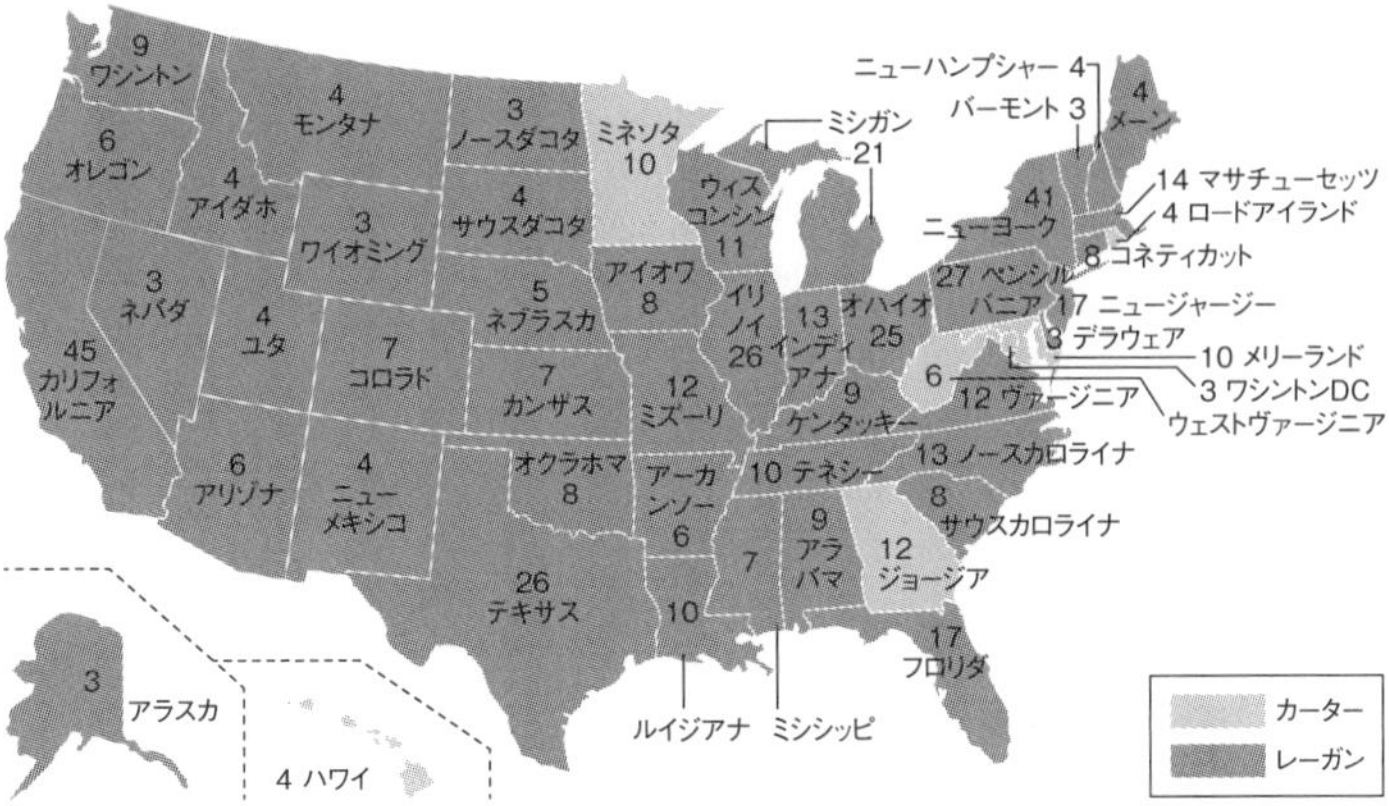

1980年大統領選挙では、共和党のレーガンが圧勝した

翌1980年の米大統領選挙で、現職のカーターを地滑り的大差で破ったのが、映画俳優出身で元カリフォルニア州知事の共和党候補、ロナルド・レーガンでした。

69歳の高齢ながら堂々たる体躯《たいく》を持ち、役者時代に鍛えた演技力で「ソ連との軍縮（デタント）は終わった。強いアメリカを再建する。ソ連は悪の帝国だ」と宣言したレーガン。公約通り大規模な軍拡を行なって、ソ連のゴルバチョフ政権を核軍縮交渉のテーブルにつかせ、冷戦終結への道筋をつけました。

国内では、ベトナム戦争の時代に破壊された**アメリカの伝統的価値、「愛国心」や「家族の結びつき」を復活させようと呼びかけます。**

経済的にはフリードマンの新自由主義を採用し、軍事費予算以外の財政支出を切り詰める一方、日本や西ドイツからの自動車輸出攻勢に対抗するため、ドル安誘導の市場介入を主要5カ国に要請する（プラザ合意）など保護主義的政策で、米産業界からも喝采《かっさい》で迎えられました。

民主党とウォール街によるグローバリズムの伸長

レーガンによって立て直されたかに思われたアメリカの産業界は復活できず、冷戦終結で需要を失った軍需産業も衰退し、代わって**アメリカ経済の牽引《けんいん》役となったのがウォール街の金融資本**でした。

民主党政権とウォール街との結びつきは、米中央銀行（連邦準備制度理事会〈FRB〉）を認可したウィルソン大統領の時代に始まりますが、公然化したのはビル・クリントン政権の時代からでした。財務長官に就任したのが、大手投資銀行ゴールドマン・サックス社のロバート・ルービン会長だったからです。これ以後、歴代政権の財務長官ポストは、ゴールドマン・サックス社の「指定席」となります。

彼らは「金融工学」と呼ばれる数学・統計学を駆使したテクノロジーで、不良債権までも証券化して販売する「マネー経済」を考案します。実際のモノを生産するのではなく、金融商品を貸し借りし、キーボードの操作だけで莫大な価値を生み出すシステムです。この結果、アメリカは空前の好景気を迎えましたが、**GDPの20％は人口の1％の投資家と巨大企業に集中し、**

実際の雇用には結びつかなかったのです。

彼らウォール街の金融資本は、多国籍企業、大手マスメディア、IT産業に巨額の投資を行ない、国境なき世界――グローバリズムを宣伝しました。**国民国家など過去の遺物であり、国境をなくして地球（グローブ）規模でのヒト・モノ・カネの流れを最大化しようという思想がグローバリズム**です。欧州連合（EU）の発足、アメリカ・カナダ・メキシコの統合による北米自由貿易協定（NAFTA）の発足、環太平洋パートナーシップ協定（TPP）構想は、グローバリズムが具現化されたものでした。

ソ連時代の社会主義経済の負の遺産を抱え込んだロシアは財政破綻し、エリツィン政権は国際通貨基金（IMF）からの緊急支援を受ける代償としてグローバリズムを受け入れました。ロシアの国有資産は二束三文でグローバリストに買い叩かれ、米露は経済的に一体化されようとしていました。**社会主義時代の無競争・高福祉に慣れたロシア国民は、アメリカ流の殺伐とした自由主義の激流の中に叩き落とされ、貧富の格差が急拡大していった**のです。

グローバリズムに立ち向かったロシア、利用した中国

この流れにストップをかけたのが、ウラディミル・プーチンでした。

党官僚、しかも秘密警察のソ連国家保安委員会（ＫＧＢ）出身のプーチンは、汚職撲滅の手腕を買われてエリツィンの後継大統領となり、「偉大なロシア」を掲げてグローバリズムからナショナリズムへと舵《かじ》を切りました。名だたる新興財閥がお取り潰しとなり、石油・ガスなど化石燃料が再国有化され、その輸出で得た収益は、福祉予算となって国民に還流しました。

政敵暗殺などＫＧＢ仕込みの暴力的手法にもかかわらず、**プーチン大統領がロシア国民から圧倒的支持を受けてきたのは、「国民のための政治」という基本線が揺るがなかったから**です。

これに激怒したグローバリストは、アメリカのＣＩＡと共謀してプーチンのロシアを国際的に孤立させようとしました。ソ連から独立したウクライナやジョージアの反ロシア感情を煽って親欧米政権を樹立させ、ＮＡＴＯに加盟させようと画策したのです。

この結果、ウクライナではＣＩＡとユダヤ人投資家ジョージ・ソロスのオープン・ソサエティ財団が支援する親西欧派が親露派に勝利しました。この結果、親露派が多く、ロシア黒海艦隊の軍港もあるクリミア半島の帰属問題が焦点となりました。クリミアが住民投票でウクライナからの独立とロシアへの帰属を決定すると、プーチンはクリミア併合を宣言し、軍港を維持しました。しかしその代償として、西側諸国から経済制裁を受けることになったのです。

一方、プーチンとは真逆の道を歩んだのが、中国共産党でした。

彼らは**「改革開放」政策と称して外資を受け入れ、ウォール街のグローバリストと同盟を組**

んだのです。江沢民とその一派（上海閥）は、中国をグローバリストの草刈り場に変え、許認可権を見返りにその利益を吸い上げました。**中共は労働者農民の党ではなく、外資の手先となったのです。**その結果起きたのは、党官僚自身の金融資本化と、すさまじい汚職でした。

これに抗議する学生運動が頂点に達して共産党の一党支配が揺らいだ1989年、中共政府は武力弾圧に転じます。この天安門事件に衝撃を受けた西側諸国は経済制裁を発動しましたが、驚くべきことに中共政権は事件後も「改革開放」政策を変えずに外資を誘惑し続け、この誘惑に屈した西側諸国は、日・米を先頭に制裁を解除し、なし崩し的に中共の犯罪を黙認したのです。**事あるごとにロシア・プーチン政権の独裁を非難するアメリカの大手メディアが、中共の独裁については多くを語らないのは、それが彼らのスポンサーの意向だからです。**

2001年の9・11テロ事件を口実に、イラン・イラク・北朝鮮を「テロ支援国家」と名指しした共和党のブッシュJr政権も、中共には常に宥和的でした。**イラク戦争で米軍が中東に釘づけの間に、中共は南シナ海や東シナ海での勢力を拡大する時間的余裕を確保できた**のです。

本当に「オバマは平和的、トランプは暴力的」だったのか

ブッシュJr政権末期の2008年、バブル化したマネー経済はついに破綻しました。リーマ

ン・ブラザーズ社の破綻に始まる金融危機はたちまち世界に波及し、怪しげな金融商品に手を出していた多くの庶民が財産を失いました。イラク戦争の泥沼化と金融危機。**アメリカはもはや、「世界の警察」どころではなくなっていた**のです。

混乱の中で迎えた08年大統領選挙。「Change」をスローガンに当選し、黒人初の米大統領となったバラク・オバマ。彼の就任演説に多くの人々は涙しました。翌09年にはノーベル平和賞を受賞しています。しかし**オバマは、与えられた2期8年間の任期を空虚な言葉と「決断しないこと」で費やした**のです。

誰でも医者にかかれる国民皆保険制度を目指すはずだった「オバマ・ケア」は、民間の保険会社への強制加入という形にねじ曲げられ、民主党内ではバーニー・サンダースら「社会主義者」が台頭する結果を招きました。

すると、「大きな政府」へと突っ走るオバマ政権に抗議するティー・パーティー運動が起こりました。独立戦争のきっかけとなったボストン茶会事件《ティー・パーティ》をもじったこの運動のスポンサーは、熱心なリバタリアンであるコーク財閥の総帥チャールズ・コークでした。政治運動さえもカネで組織できる時代になったのです。

オバマ外交は、中国の海洋進出を許す一方、中東の親ロシア政権転覆のため「アラブの春」を支援しました。この結果、リビア内戦やシリア内戦が勃発し、**大量の難民がEU諸国へ流入**

して社会不安を引き起こします。このことは、イギリスのEU離脱を招きました。

共和党政権でも民主党政権でも結局は同じ。1％の富裕層が選挙資金を用意し、テレビ広告を打ち、自分たちのための政策を実行させる——ということに多くのアメリカ国民が気づき始めました。オバマ政権下の11年には「ウォール街を占拠せよ」運動が盛り上がり、就職のない若者たち数千人が集まり、「WE ARE THE 99%」と叫んで警官隊と衝突しました。


そうした不満が渦巻く中、16年大統領選挙で共和党の泡沫候補としてドナルド・トランプが登場します。**不動産王として財を成したトランプは、選挙資金を自前で準備できたため、ウォール街のいいなりにはなりません**でした。

「アメリカを再び偉大にする（Make America Great Again）」というトランプのスローガンは、レーガンの「強いアメリカ」を思い起こさせ、民主党候補で現職国務長官だったヒラリー・クリントンを大どんでん返しで破って当選しました。**共和党支持者のみならず、中国製品の流入で工業が衰退したラストベルト**（錆《さ》びついた地域）の労働者（本来は民主党支持）が、トランプに投票したからです。


レーガンがソ連を敵と認定したように、トランプは中国共産党を敵と認定しました。

保護貿易主義への転換による国内産業の保護、メキシコ国境の「壁」建設に象徴される不法

2016年大統領選の討論会（ドナルド・トランプVSヒラリー・クリントン）

移民のシャットアウト、多国籍企業の国内回帰を促進することで、**「草の根保守」の中産階級に雇用を創出**しました。

さらには**強固な民主党支持層である黒人・ヒスパニックなど非白人の雇用状況まで改善**させ、彼らの共和党支持が史上空前のものとなったのです。

外交面では、日本の安倍首相の中国包囲構想（安全保障のダイヤモンド構想）を支持して中国包囲網の構築に本腰を入れ、シリア内戦から米軍を撤収し、アフガン内戦でも和平協定を結びました。また、イランの核開発に厳しく対処することで、イラン封じ込めでは共闘できるイスラエルとアラブ諸国との和解を促し、カタールとアラブ首長国連邦（ＵＡＥ）にイスラエルを承認させることに成功しました。

トランプ落選が象徴する「草の根保守の敗北」と「グローバリストの勝利」

このように「**アメリカの利益を第一とする**」**トランプの政策は、国家の枠を超えて利益を追求するグローバリストの利害と衝突**しました。

彼らは2016年の選挙中からトランプに対する容赦ない人格攻撃を開始し、トランプ政権発足後は「ロシアが16年選挙に介入し、トランプが有利になるよう工作した」というロシア・ゲートを告発します。野党に転落した民主党が下院でトランプ弾劾決議を可決しますが、共和党が多数の上院が否決しました。この「事件」では民主党系の特別検察官が膨大な証拠を集めましたが、トランプ本人の関与を証明できる物証がなく、空振りに終わりました。

一方、**グローバリストの大手メディアを「フェイク・ニュース」と呼ぶトランプが武器にしたのがTwitter**でした。大統領自身がスマホで情報を発信するので、大手メディアの存在自体が意味をなさなくなっていったのです。

それでも彼らグローバリストはあきらめず、トランプを1期で引きずり下ろすために最大の努力を払いました。20年の大統領選とともに始まった中国発の新型コロナウイルス感染症「C

OVID－19」の世界的流行（パンデミック）と主要都市のロックダウンは、経済における「トランプ効果」を減殺し、非白人に多い低所得者層は再び路頭に迷い、人種差別反対を掲げるブラック・ライブズ・マター（BLM）やアンティファ（反ファシスト運動）が過激化しました。彼らは**トランプ支持の「草の根保守」を「白人至上主義者」「ファシスト」と攻撃し、民主党支持を訴えた**のです。

これらの運動のスポンサーも110ページに登場したジョージ・ソロスの財団でした。ウクライナ政変や「アラブの春」でやったことを、今度はアメリカ本土でも始めたのです。

FOXテレビを除くほぼすべてのマスメディアがトランプ攻撃を再開する一方、民主党の大統領候補で前オバマ政権時代の副大統領ジョー・バイデンと、**その息子ハンターをめぐるウクライナ政府、中国政府との金銭授受疑惑については「報道しない自由」を行使**しました。

投票日には、激戦となった6州で開票をめぐるさまざまな異常が報告されました。登録された選挙人数より投票者数が多いとか、100％を超える投票があったとか、折り目のない郵送投票用紙が大量にあったとか（郵送時に封筒に入れるので、投票用紙には必ず折り目がつく）、投票機器のエラー率が69％に達したとか、投票機器がインターネットにつながっており、ハッキング可能だったとか……これらの異常が報告された激戦6州では、すべてバイデン候補が勝利し、選挙人の過半数を獲得したのです。

トランプ陣営は、不正があった州での開票中止を求めましたが、ほぼすべてのマスメディアがこれらの疑惑についても「報道しない自由」を行使し、裁判所も州議会も動きませんでした。その結果、不人気だったバイデンが「史上最高の８０００万票を獲得した」ということになったのです。

Twitter や YouTube は、選挙の不正を訴える投稿を次々に削除し、アカウントを停止していきました。**アメリカの基本理念である「言論の自由」が、ビッグテック（大手テクノロジー企業）やＧＡＦＡ（Google, Amazon, Facebook, Apple）などと呼ばれる巨大ＩＴ企業の談合によって、ついに脅かされる日がやってきた**のです。

最後の望みは、連邦議会・上下両院合同会議での集計作業でした。この作業で、議員は異議申し立てをすることができます。トランプ大統領は、議員たちを応援するため、首都ワシントンに集まるよう、Twitter で支持者に呼びかけました。

ところが開票作業の最中に、左右の過激派が連邦議事堂ビルに侵入し、大混乱を引き起こしました。このときトランプ大統領は、２キロほど離れたホワイトハウス前で演説中でした。彼が暴力行為を煽ったという事実はありません。むしろ暴力をやめて帰宅するよう呼びかける動画を収録し、Twitter で発信しました。

ところが **Twitter 社はトランプ大統領のアカウントを永久停止し、発信できなくした**のです。

大手メディアは「トランプが暴力を煽った」と一斉報道を始め、その影響を受けた連邦議会は、トランプ側の異議申し立てを却下し、バイデンの当選を承認したのです。それどころか下院は、トランプ大統領の弾劾手続きを開始しました。

任期わずかの大統領を弾劾することは無意味です。**「弾劾された」という事実だけを残して、4年後の選挙でトランプが再チャレンジできないようにした**のでしょう。弾劾は上院で否決されましたが、これらの出来事を振り返ってみれば、トランプの再選を阻止するため、すべてが仕組まれていたように見えます。

バイデン政権は、グローバリスト＋社会主義者の連合政権です。高齢のバイデンに代わり、社会主義者の副大統領カマラ・ハリスが権力を掌握する事態も現実化してきました。「草の根保守」の声は圧殺され、アメリカの分断はますます深まっていくでしょう。

20年の米大統領選挙で起こったことは、大手メディアおよびビッグテックの勝利と「草の根保守」の敗北でした。最大の敗因は、大手メディアと戦う保守陣営が、独自の情報発信プラットフォームを構築できず、民主党支持の Twitter 社や Google 社（YouTube）に依拠していたことです。いわば、敵のふんどしで相撲を取っていたわけです。

そしてこの状況は、日本における言論戦でもまったく同じなのです。

第4章

日本近代の「復古」と「保守」

既成の秩序を打ち破る二つの選択肢

第4章では、日本の保守思想の始まりについて考えます。

そもそも「保守」という言葉自体、カンサーヴァティヴ（conservative）の訳語として幕末明治期に創作された和製漢語であることは、38ページでも触れた通りです。伝統的な表現としては「復古」がありますが、こちらは「失われていた伝統を取り戻す」というニュアンスで、古き良き伝統をずっと維持するという「保守」とは微妙に違いますね。

「革命」を意味する英語のレヴォルーション（revolution）は「ぐるっと回って元の秩序に戻ること」が本来の意味で、1660年の王政復古を意味したことは55ページで説明しました。

外圧であれ、内部矛盾の噴出であれ、一つの社会がそれまでのやり方では立ち行かなくなったとき、**既成の秩序を破壊して新しいものを生み出そうとする「改革」と、古来の理想的な秩序に戻ろうとする「復古」という二つの真逆な処方箋《しょほうせん》が打ち出される**のです。

18世紀のルソーは「自然に帰れ」と叫び、19世紀のマルクスは「原始共産制」を賛美し、20世紀のヒトラーはゲルマン神話を舞台としたワグナーのオペラに耽溺《たんでき》しました。

また、21世紀初頭には中東諸国で「アラブの春」と呼ばれた若者たちの運動が起こりました。

数十年続いた独裁政権の腐敗と圧政に対し、携帯やスマホを武器としてTwitterやFacebookなどに政治的な主張、運動の様子を投稿した結果、政府のプロパガンダを垂れ流す官製メディアは力を失い、政権は次々に崩壊しました。権威主義的なアラブ世界は「改革」され、西欧型の開かれたものに変わるだろうと、欧米メディアは好意的に報じたのです。

しかし民主化によって台頭したのは、『コーラン』を絶対視し、預言者ムハンマドの時代の「復古」を目指すイスラム復古主義（欧米メディアの表現では「イスラム原理主義」）でした。

エジプトではそれまで非合法化されていたムスリム同胞団が公然と活動を始め、同胞団を支持母体とする政党が一時政権を掌握。リビアとシリアでは内戦が勃発し、イスラム過激派のイスラミック・ステイト（ＩＳ）が既存の国境を否定し、中世が蘇ったかのような苛烈な宗教戦争を展開しました。

実は、**これとよく似た状況だったのが幕末の日本**なのです。

幕末日本の「改革」と「復古」

明治維新の立役者となる志士たちに強い思想的影響を与えたことで有名な吉田《よしだ》松陰《しょういん》は、そもそもは山鹿《やまが》流兵学を学ぶ若者でした。ところが、故郷の長州を離れて江戸での遊学中に、ペリー来航という大事件に遭遇。そこで風がなくても動く巨大な「黒船」を目の当たりにした松

吉田松陰（1830～1859）「改革」と「復古」を目指し、明治維新に尽力した志士に大きな思想的影響を与えた

陰は、これまで自分が学んできた伝統的な兵学が時代遅れになったことを痛感します。

国を開き、欧米の技術を導入し、黒船を建造し、国の守りを固め、貿易を行ない、産業を起こし、国を豊かにする――こうした**軍事・産業・技術の「改革」の必要を悟った松陰でしたが、同時に西欧文明に飲み込まれないためには、日本本来の国柄《くにがら》、国体《こくたい》を明らかにする必要も感じていました。**

松陰が学んでいた山鹿流兵学の祖である江戸初期の兵学者の山鹿素行《そこう》は、実は政治学者、思想家でもありました。彼の政治思想をまとめた本が『中朝事実《ちゅうちょうじじつ》』です。

林羅山《はやしらざん》など当時の儒学者たちが、中華文明を礼賛していたことを素行は批判します。

「古代の中華はとうに滅んだ。北方の蛮族である満州人が建てた清朝は、中華ではない」

「日本は神武《じんむ》天皇以来、万世一系の皇統が続いている」

「日本こそが世界の中心となるべき文明国である」

このように説いたのです。ちなみに、タイトルの「中朝」とは中国ではなく日本のことです。

しかし、こうした素行の主張に対して江戸時代の実際はどうであったかというと、天皇は京都御所に幽閉され、形式的権威としてのみ存続し、政治・軍事・外交の全権を江戸の徳川将軍家が独占していました。また、天皇から「征夷大将軍」に叙任され、本来臣下であるべき徳川家は、まるで日本国の君主であるかのごとくふるまっていたわけです。

この現実を受けて、松陰はこう結論づけました。

「徳川は、逆賊である」「徳川を倒し、天皇に政権をお返しすべきだ」

古代の天皇親政を理想とし、その時代への「復古」を求めたのです。

「改革」と「復古」――松陰の荒ぶる魂の中でぶつかり合った二つの思想は、「尊皇攘夷《そんのうじょうい》」と「文明開化」という二つのうねりとなって爆発します。

イギリス留学を経験した伊藤博文

「かくすれば　かくなるものと知りながら　やむにやまれぬ大和魂」

二度目のペリー来航の際、ペリー提督が乗艦するポーハタン号に小舟で近づき、アメリカへの密航を企てた吉田松陰が、江戸の獄中で詠んだ歌です。当時、密航は死罪でした。

ところが、松陰は長州藩のとりなしでなんとか助命されます。いったん故郷に戻って自宅軟禁となった松陰が、叔父の玉木文之進《たまきぶんのしん》から引き継いだのが松下村塾《しょうかそんじゅく》でした。公教育制度がなかった江戸時代ですが、武士には藩校、庶民には寺子屋と呼ばれる私塾が隆盛を極め、識字率は同時代の欧米諸国を上回っていました。**松下村塾も私塾ですが、武士から庶民にまで門戸を開き、最新の国際情勢から西洋技術まで自由闊達《かったつ》に議論を行なったという点で画期的**でした。この松下村塾から、のちに明治政府の指導者となる人物が数多く輩出されたのです。

しかし、アメリカの圧力に屈し、天皇の勅許を得ずに開国に転じた幕府に対する不満が沸騰する中、幕府大老の井伊《いい》直弼《なおすけ》は反対派の粛清《しゆくせい》を始めます。いわゆる安政《あんせい》の大獄《たいごく》です。ブラックリストに載せられた松陰自身は再逮捕され、弱冠29歳で斬首《ざんしゆ》されました。

その松陰の遺骸《いがい》を引き取ったのが、松下村塾の塾生、伊藤俊輔《しゆんすけ》(のちの伊藤博文初代首相)でした。伊藤は農民出身で、父が養子縁組で足軽の伊藤家に入ったことで士分となり、松下村塾に学びました。その俊英を認めて「俊輔」の名を与えたのは、師の松陰です。

多くの幕末の志士が尊皇攘夷をスローガンに幕府や外国人に対するテロ活動に身を投じました。伊藤もイギリス公使館焼き討ち事件に加わるなど尊攘派のテロリストとして〝活躍〟します。しかし**イギリス留学の機会を得て運命が一変した**のです。

アヘン戦争で清朝を開国させたイギリスは、面従腹背《めんじゆうふくはい》を続ける幕府をすでに見限っていました。日本に新政権を樹立して自由貿易体制を受け入れさせ、イギリス製品を売る市場とするべく倒幕運動を密かに資金援助し始めます。

また、攘夷派の指導者にイギリスの実力を見せつけることで開国派に転向させようと画策も

伊藤博文（1841〜1909）　初代内閣総理大臣として、明治日本の舵取りを担った

しました。この工作活動を実際に行なったのは、アヘン戦争を引き起こしたジャーディン・マセソン商会と、その長崎代理店のグラバー商会です。

さらにその株主がロスチャイルド銀行であり、明治維新から７年後、１８７５年にスエズ運河買収で英政府に資金供与をすることになるユダヤ系の政商でした。

こうした思惑の結果、伊藤らに白羽の矢が立ち、「敵を知るため」という名目で伊藤を始め長州藩士５人のロンドン行きが決まったのです。飛行機のない時代、インド洋経由で半年がかりの長い船旅でしたが、**行く先々でイギリス国旗が翻《ひるがえ》っている光景、産業革命で活況を極めるイギリス本国を見た伊藤らは、あっさりと「攘夷」を放棄**します。

とはいえ、故郷の長州では依然として攘夷派が政権を握っていました。「攘夷を決行せよ」という孝明《こうめい》天皇の詔勅《しょうちょく》を受けた長州藩が関門海峡を封鎖し、航行中の外国艦船を砲撃した結果、英・仏・蘭・米の４カ国連合艦隊17隻が来襲して下関砲台を破壊します（下関戦争）。戦争が近いことを知った伊藤らは、急遽帰国して仲介を試みますが手遅れでした。

長州藩は兵力不足を補うため、武士以外からの募兵に踏み切り、松下村塾出身の高杉晋作《たかすぎしんさく》は農民や町人の若者を訓練して「奇兵隊」を組織しました。高杉は通訳に伊藤を伴って英軍との和平交渉にもあたり、砲台の撤去には応じたものの、賠償金は「攘夷は幕府の命に従ったものだから、幕府に要求しろ」と拒絶します。

敗戦の衝撃で攘夷派は沈黙。その後、幕府は第1次長州征伐を行ない、幕府への恭順派が一時権力を握りますが、すぐに高杉が藩内クーデタ（功山寺《こうざんじ》挙兵）を起こして長州藩の藩論を倒幕でまとめます。彼を動かしたのは、かつて師の松陰が残した「死して不朽の見込みあらばいつでも死ぬべし。生きて大業《たいぎょう》の見込みあらばいつでも生くべし（不朽の名を残せるなら死んでもよい。大きなことを成し遂げる見込みがあるなら生きよ）」という言葉でした。

高杉の挙兵を聞いて真っ先に駆けつけたのが伊藤でした。蜂起の成功により伊藤は長州藩の中枢に入り込み、その後すぐ結核により27歳で早世した高杉の遺志を継ぐことになります。ちょうどその頃、薩摩藩も「攘夷」を決行した結果、薩英戦争で大敗して攘夷は無理だと悟り、開国に転じました。その後、坂本龍馬《さかもとりょうま》の仲介で薩長同盟が成立し、グラバー商会から大量の武器を調達、明治天皇を擁立して維新の大業を成し遂げることになったのです。

第1章で紹介した「国王といえども神と法の下にある」というイギリス立憲政治を、明治維新の立役者の伊藤が留学によって見ていたことは、維新の方向性に大きな影響を与えました。

しかし、倒幕後に伊藤はドイツ派に転じ、**明治日本の法体系に直接の影響を与えたのは、英米法学ではなくドイツ法学**になるのでした。

日本法学の基盤となった、ロマン主義とドイツの保守思想

もし明治維新が半世紀早かったら、近代日本に導入されたのはナポレオン法典に結実したフランスの法体系だったでしょう。フランス革命の成果として、個人・人権・自由の擁護を掲げる思想です。日本の国体や伝統思想とはまったく相容れない思想ですから、維新は血みどろの革命となり、幕府も皇室も倒されて共和政が実現したかもしれません。

しかしナポレオンの時代は過ぎ去り、**19世紀の欧州はロマン主義と呼ばれる反動の時代**になっていました。

フランス革命を引き起こした啓蒙思想は、伝統や慣習、宗教や権威を「不合理なもの」として一蹴し、全人類共通の理性に基づく自然法、人権思想を掲げました。

これに対して**ロマン主義は、民族の土着の伝統、慣習、宗教、権威を重んじ、理性より感情に重きを置く風潮**でした。

ロマン主義の震源地は、フランス革命軍に蹂躙《じゅうりん》されたドイツでした。「自由・人権」などの

きれいごとを押しつけてくる占領軍に対して、「われらの伝統を守れ」という感情が下から湧き起こったのです。詩人のハイネやヘルダーリンは感情を揺さぶる詩を作り、言語学者のグリム兄弟は、名もなきドイツの民衆が語り伝えた童話に、民族の魂を見出しました。

そして文学・美術運動として始まったロマン主義は、学問領域にも拡大します。経済学では経済大国イギリスの利益を代弁して自由貿易主義を唱えたアダム・スミスの古典派経済学を批判し、後進国ドイツの産業を守るべく保護貿易を唱えたフリードリヒ・リストの歴史学派経済学が誕生。法学ではグローバルな自然法・ローマ法に対して、古代ゲルマン人以来のドイツ固有の慣習法を重視するサヴィニーの歴史法学が生まれました。

この歴史学派経済学、歴史法学は、ドイツにおける保守思想の背骨となります。

明治維新政府が留学生や遣欧使節を派遣したときの欧州の思想状況は、このようなものでした。イギリスからはコモン・ローと議会優位の立憲君主政を、フランスからは自然法と共和政を、ドイツからは歴史法学と君主権の強い立憲君主政を学んだのです。

そして**このような政治思想の違いが、明治政府内の権力闘争や政変に結びつきます。**

フランス派の代表格は江藤新平《えとうしんぺい》。自身に留学経験はないものの、「フランス民法（ナポレオン法典）をそのまま和訳せよ」というほどのフランスびいきで、司法卿（法務大臣）としてフランス人法学者ボアソナードを招聘《しょうへい》し、刑法典、民法典を編纂しました。しかし、大久保利《おおくぼとし》通《みち》や伊藤博文と対立を深め、明治六年の政変で西郷隆盛《さいごうたかもり》一派とともに下野。「佐賀の乱」を引き起こして政府軍に敗北し、処刑されました。

一方、イギリス派の筆頭は大隈重信《おおくましげのぶ》。大蔵卿（財務大臣）という主要ポストにありましたが、国会の早期開設を主張して慎重派の大久保・伊藤らと対立。明治十四年の政変で下野したあと、早稲田大学を創設しました。

そしてドイツ派が伊藤博文です。留学先がイギリスだった伊藤は、最初はイギリス派でした。ところが彼を大隈らのイギリス派から引き離し、ドイツ派に転向させた人物がいたのです。

それがこれから紹介する井上毅《いのうえこわし》です。

明治国家の設計者――井上毅

「鹿鳴館《ろくめいかん》時代」で有名な井上馨《かおる》や、五・一五事件の犬養毅《いぬかいつよし》と名前が紛らわしい人物ですが、**井上毅は伊藤の懐刀《ふところがたな》として明治初期の重要な法典――大日本帝国憲法、皇室典範、教育勅語、軍人勅諭の制定にことごとく関与した法務官僚**です。

井上は肥後（熊本）の下級武士の子に生まれ、藩校時習館《じしゅうかん》で漢籍を徹底的に学んだあと、幕府の要請を受けてフランス語を学びます。イギリスが薩長を支援したのに対抗し、フランスのナポレオン3世は幕府を支援していたのです。

井上毅（1844〜1895）　伊藤博文のブレーンとして日本の政治や法体系をドイツ流に導いた

司法卿江藤新平の命で司法制度調査のため訪欧した井上でしたが、フランス自然法よりドイツ歴史法学に感化され、帰国後はフランス派の江藤と袂《たもと》を分かちます。

「日本固有の歴史法学とは何か？」と考え続けた井上は、『古事記』に示された建国の理念、「憲法十七条」「御成敗式目」など日本固有の法典に、その根拠を求めるようになりました。熊本の時習館時代に叩き込んだ古典や歴史の教養が役に立ったのです。

伊藤博文には、このような古典の教養が欠けているという自覚がありました。これを補うために井上毅をブレーンとして抜擢した伊藤の懐の深さは、大したものだと思います。

1882年、伊藤博文を団長とする調査団は憲法調査のためにドイツを訪れましたが、**伊藤にドイツ行きを勧めたのは井上**でした。

10年ほど前に、フランスのナポレオン3世を破って昇竜《しょうりゅう》の勢いがあったドイツ帝国の鉄血宰相ビスマルクは、強大な皇帝権力を認め、その信任を受ける宰相が議会に縛られずに政権運営ができるという憲法体制を維持していました。ベルリン大学法学部のグナイスト教授からこのドイツ憲法の講義を受けた伊藤は、「極めて専制的である」と違和感を述べています。

このあと一行はオーストリア帝国に移り、ウィーン大学の教授でドイツ人法学者のシュタインから講義を受けます。君主大権を残しながらも、グナイストより議会政治と行政の調和を図る観点を有し、ドイツ語を解さない伊藤のために英語で講義を行なったシュタインに伊藤は感銘を受けたのでした。

伊藤はこのシュタインを日本政府の法律顧問として招聘しようと依頼したものの、高齢のシュタインは辞退します。実際の帝国憲法の起草は、伊藤と3人のブレーン（ドイツ法の井上毅、アメリカ留学組でバークを邦訳した金子堅太郎、ドイツ憲法調査に随行した伊《い》東《とう》巳《み》代治《よじ》）が、ドイツから招聘した法学者ロエスレルのアドバイスを受けながら進めることとなりました。

井上毅はブレーンとはいえ、伊藤と激しい論議を戦わせて辞表を出したことも何度もありました。**歴史法学の立場から、日本の伝統的国家体制（国体）を重視する井上と、システムとしての合理性を追求する伊藤**との論争です。二つの事例を紹介しましょう。

天皇の統治権について議論された、「治らす」論争

一つ目の「治《し》らす」論争は、日本の君主である天皇の統治権をめぐる対立でした。

伊藤は西欧の立憲君主と同様の統治権を憲法に明記し、これを国務大臣が補佐するという政体を考えていました。しかし**井上は、『古事記』などの古典研究をふまえて、天皇は西欧的な意味での権力者、統治者ではなく、「治らす」存在であると主張**します。

「治らす」は「知る」の尊敬語で、「国土を治める」という意味。さらに尊敬語の「召す」を加えれば「しろしめす」。古代天皇の正式な称号は「天下治天皇《あめのしたしろしめすすめらみこと》」でした。

天皇の統治を「治らす」といい、その語源が「知る」である。つまり天皇の統治とは臣民の生活、感情を「知り」、「察し」、その安寧《あんねい》を祈ることにあるわけで、政治権力者として自らの意思を人民に強制したり、国土を私物化したりすることではない、という意味でしょう。

「治らす」は「天皇が国土を治める」という公的な文脈でのみ使われる言葉です。たとえば豪族が私的に領地を治める場合には、「治らす」ではなく「領く《うしは》」と表現します。

天界（高天原《たかまがはら》）の天照大御神《あまてらすおおみかみ》が孫の邇邇芸命《ににぎのみこと》を日本列島（葦原《あしはら》の中《なか》つ国《くに》）に降臨させたあと、使者として建御雷神《たけみかづち》と天鳥船神《あめのとりふねのかみ》を遣わし、大国主神《おおくにぬしのかみ》に「国譲り」を迫るシーンでも、次のように書かれています。

「あなたが領《うしは》ける葦原《あしはら》の中《なか》つ国《くに》は、わが皇子の治《し》らす国である（汝之宇志波祁流《うしはける》　此葦原中國者　我御子之所知國）」（『古事記』上つ巻）

この結果、大国主神は「国譲り」を承諾し、その代償として出雲大社に祀《まつ》られるようになった、という話です。大国主神の祖先は、天照大御神の弟である須佐之男命《すさのおのみこと》。姉を悩ませた荒ぶる神であると同時に、出雲に下ってヤマタノオロチを退治し、人々を救いました。その尾から得たとされる草薙《くさなぎ》の剣は、天照大御神を象徴する鏡・勾玉《まがたま》とともに今も宮中に祀られ、皇室の正統性を示す「三種の神器」と呼ばれています。

この**鏡と勾玉が象徴する祭祀王としての天皇の力が「治《し》らす」、草薙の剣に象徴される政治権力者としての天皇の力が「領《うしは》く」**。後者は大国主神などの地方政権や豪族、のちの武家に受け継がれていきましたが、**「治らす」存在としての皇統が連綿として続いたのが日本の国体である。これが、井上毅の結論**です。だから憲法には、「日本帝国は、万世一系の天皇の治らす所なり」と書くべきだ、と井上は主張したのです。

ところが合理主義者の伊藤は、「治らす」は翻訳できない、として井上案を却下し、「大日本帝国は、万世一系の天皇これを統治す」と改めました。

伊藤の頭にあったのは、イギリス立憲政治を象徴するこの言葉だったでしょう。

「The Sovereign《サブリン》 reigns《レインズ》, but does not rule《ルール》.」

「reign（レイン）」は統治者としての権威を保つこと、「rule（ルール）」は軍事・徴税など実

「治らす」論争でみる、ニュアンスの違い

大日本帝国憲法における本来の意味		のちに誤解をされ、曲解された意味
統治者権威	——	**政治権力**
Reign	——	**Rule**
治《し》らす	——	**領《うしは》く**

際の政治権力をふるうことです。日本では一般に「君臨すれども統治せず」と訳していますが、「reign」は「統治する」ですから「統治者として君臨すれども、政治権力は行使せず」が正確な訳だと思います。

帝国憲法の第1条の「大日本帝国は、天皇これを統治す」は、「The Emperor reigns the Empire of Japan.」となり、英語としてはしっくりきます。その一方で、「治らす」という日本語に含まれていたニュアンスがそぎ落とされてしまいました。

この点について、誤解が生じることを危惧《きぐ》した伊藤は、憲法の注釈書である『帝国憲法義解《ぎげ》』を自ら執筆し、第1条についてこう説明しました（相澤理『「憲法とは何か」を伊藤博文に学ぶ 「憲法義解」現代語訳&解説』アーク出版、以降の引用は同書を参考にした）。

「『しらす』とは、すなわち統治の義に他ならない。思うに歴代天皇はその天職を重んじ、君主の徳は全国の臣民を統治することにあって、天皇個人や皇室一家のための私事ではないことを示された。これがこの憲法の基礎となすところである」

しかし、それでも「統治する」という日本語は「reign」とも「rule」とも解釈可能であり、のちにこの**帝国憲法が国粋主義者から天皇絶対主義の根拠として都合よく利用され、敗戦後は逆に、天皇主権、民権抑圧のとんでもない憲法である、という曲解を受ける原因**となりました。井上毅の原案通り「治らす」としておけば、このような曲解を避けられたと思います。

続いて、「治らす」論争にも付随する天皇の神聖不可侵条項について触れておきましょう。

「天皇の神聖不可侵」条項に対する誤った解釈

「第3条　天皇は神聖にして侵すべからず」

これは、のちに天皇＝現人神《あらひとがみ》と喧伝《けんでん》する国家主義者に悪用された有名な条文です。

しかし**本来の意味は、立憲君主政において君主が法的責任を負わず（無答責）、政府や議会が責任を負うことを定めた条文**であり、当時の欧州諸国の憲法において、よくある規定でした。

・王の身体は侵すべからず、王の執政は責に任ぜず（「ベルギー王国憲法」第63条）
・王の身体は侵すべからず（「プロイセン憲法」第43条）
・皇帝は神聖にして侵すべからず。また責に任ぜず（「オーストリア帝国憲法」4篇第1条）

ドイツ人顧問のロエスレルがこの条項を加えることを主張し、井上は反対しました。井上にとって天皇の神聖性は日本古来の伝統に基づく超法規的なもので、憲法の条文のような場所で規定されるものではなかったからです。

伊藤は両者を仲裁して、**天皇の神聖性を神話に求める一方、実際には天皇が立憲君主として機能するようにこの条項を定めました。**

「天地開闢《かいびゃく》より、天皇の神聖なる地位は定まっている（引用者注：『日本書紀』神代記）。思うに天皇は天より神のまま、至聖《しせい》にして臣民の前にあり、干犯してはならない。ゆえに君主は法律を軽視できないが、法律は君主を問責する力を持たない。不敬により君主の身体を傷つけてはならないだけでなく、議論の対象にもならない」（『帝国憲法義解』第3条）

この第3条は、国務大臣の補弼《ほひつ》責任（第55条）とセットになっています。**判子を押すのは天皇だが、政治責任は文書を作った国務大臣が負う**、という規定です。

伊藤と井上の「天皇退位」論争

二つ目の論争は、天皇の退位について法律に明記するかどうか、の議論でした。

伊藤と井上は帝国憲法と並行して、皇室典範の起草も始めます。皇室典範はいわば天皇家の家法であり、公人としての天皇の職務は憲法で定め、天皇の地位の継承や財産については皇室典範で定めることにしたのです。

ここで**井上は、天皇の退位について皇室典範に規定すべき**と考えました。

・歴代天皇の約半数が退位して上皇となっており、これが皇室の伝統である
・天皇といえども生身の人間であり、健康上その他の理由で退位することも自然である

——というのが理由です。

ところが伊藤はこれを却下します。

・天皇退位は、それ自体が政治的意味を持つ
・時の政府が、意に沿わない天皇に圧力をかけて退位を強要したり、逆に天皇ご自身が、時の政府に不満で退位を表明されたりすると、政治の混乱を招く
・過去にも天皇と摂関家、幕府との軋轢《あつれき》から、天皇が退位した例が多くある
・終身制にしてしまえば、このような問題は生じない
・健康上の問題が生じたときは、摂政をおけばよい

——というのが伊藤の考えでした。

伊藤にとって天皇とは、生身の人間というより国家機関の一部であり（のちの天皇機関説）、

システムとしていかに機能するかに関心があったのです。

２０１６（平成26）年、82歳になられた平成の御世《みよ》の天皇陛下が、老齢による健康上の不安と退位の可能性について、ビデオメッセージを発せられました。当時の安倍政権は有識者会議を開催して特例法を公布しましたが、天皇退位を今回のみの特例とするか、制度化するかで議論となりました。同じ議論を、１３０年前に井上と伊藤が戦わせていたわけです。

日本の慣習法と西洋の法体系を融合させた教育勅語

この章の最後に、教育勅語についても触れておきます。

明治天皇の勅語、という形で、国民教育の指針を示したのが教育勅語です。

江戸時代になかった公教育制度を明治政府が採用したとき、**モデルとしたのはナポレオン１世が制度化したフランスの集権的な公教育制度**でした。いわゆる学制の頒布《はんぷ》です。

しかし、制度はフランスから導入しても、教育内容はどうするか、という議論が起こります。ここで、江戸時代の藩校で行なわれていたような、儒学を中心とする漢籍の教授を中心とすべきと説いたのが、明治天皇の侍講《じこう》（家庭教師）だった元田永孚《もとだながざね》です。

元田は井上毅と同じく熊本の出身ですが、文明開化も忌避するバリバリの儒学者でした。元田を師として慕っていた明治天皇は、元田が起草した『教学聖旨《せいし》』を1879年に発布します。

「近年、知識や才能のみを重視し、文明開化の末に品行を失い、風俗を損なう者が多い」

「道徳学は、孔子を主として人々の誠実、品行を重視し、その上で各教科は才気にしたがって伸ばし、道徳から才能まで兼備して天下に広めれば、わが国独立の精神において世界に恥じることはないであろう」（『教学聖旨』）

これに対して、儒学者が明治天皇を動かしたことを警戒した合理主義者の伊藤は、『教育義』を明治天皇に建議して反撃に移ります。

「昨今の学者はたいてい漢学を学んだ者である。漢学生は口を開けば儒学的な摂理を説き、天下国家を論ずる。ゆえに転じて洋書を読むにおいてもまた、専門を極めることができず、欧州政治学の論争を好み、空論を喜び、饒舌《じょうぜつ》な政談の徒が全国に満ちるに至る」（『教育義』）

その結果、侍講は廃止されて元田は明治天皇から遠ざけられました。

そこで**復古的な元田の『教学聖旨』に代わるものとして発布されたのが『教育勅語』で、起草にあたったのが井上毅**でした。

「朕《ちん》（引用者注：天皇の一人称）思うに、わが皇室の祖先が建国したのははるかな昔であり、築いてきた道徳は深く厚い。臣民は忠孝に心を一つにして道徳の美を実現するは、わが国体の真価であり、教育の淵源もここにある」（『教育勅語』）

明治天皇の勅語として発布されたものですから、主語は天皇となります。「忠孝」など儒学的な文言がありますが、この続きを読むと**儒学というより、日本古来の伝統的な徳目が並んでいることがわかる**でしょう。

「あなたがた臣民は、父母に孝行し、兄弟は仲良くし、夫婦は仲睦《むつ》まじく、友人は信じ合い、行動を慎み、博愛を皆に及ぼし、学問を修め、手に職をつけ、知能を啓発し、道徳を高め、公益のために尽くし、世間の務めを果たし、……」（『教育勅語』）

儒学は、長幼の序列に厳しく、徹底的な男尊女卑の思想です。たとえば「弟は兄に従え」「妻は夫に従え」と説きます。「兄弟は仲良く」「夫婦は仲睦まじく」なんていいません。

ちなみに、ここで登場する「臣民」（subject）とは君主国の民のことで、共和国の場合には「市民」（citizen）となります。

「憲法を遵守し、非常時には勇気を奮って公のために尽くし、永遠の皇運を補佐すべし。以上のようなことは朕の忠良なる臣民のみならず、あなたがたの祖先の遺風を顕彰することにもなる。……」（『教育勅語』）

この部分も儒学とは無関係であり、フランス革命に始まる西欧型近代国民国家の、国民としての義務を明記したものです。非常時を戦時と考えれば徴兵の義務と解釈できますが、そもそも国民皆兵制度を始めたのは、フランス革命政権でした。

「この道は実にわが皇室の祖先の遺訓であり、子孫も臣民もともに遵守すべきところであり、昔も今も、国の内外を問わず、間違いないことである。朕もあなたがた臣民と共にしっかり心に留め、みなその徳を一つにすることを切に希望する」（『教育勅語』）

ここでは天皇が臣民に義務を課すのではなく、天皇も臣民とともにこの勅諭の精神に従う、と書いてあります。同時に編纂された大日本帝国憲法でも、天皇は無制限の権力を持つのではなく、憲法遵守義務を負っています。

以上見てきたように、**井上毅が起草した大日本帝国憲法と教育勅語は、『古事記』以来の日**

本の統治理念や慣習法に、西欧の法体系や国民の義務を接ぎ木した、芸術作品ともいうべきものでした。そのため、様々な解釈が可能でしたが、起草者である伊藤博文ら明治の元勲が存命中には、阿吽《あうん》の呼吸でうまく運用されていました。

このバランスが崩れるのは、**１９０９年に伊藤がハルビンで暗殺され、明治末から大正初期に他の元勲も次々に他界したあとのことで、帝国憲法と教育勅語の恣意的な解釈が行なわれるようになります。**

国粋主義者は『国体の本義』（文部省編）で天皇を絶対君主、現人神に祭り上げようとし、学校教育では『教育勅語』が宗教の聖典のように扱われました。

この異様な空気の中で、井上や伊藤が設計した日本型保守主義を守ろうとした勇気ある人たちもいました。これについては次章で語ります。

第1部

第5章

天皇機関説と超国家主義

解釈改憲で政治体制を変容させてきた戦前の日本

前章では、一つの社会が危機に瀕《ひん》したとき、未来に理想を掲げて伝統を破壊しようとする「改革」と、遠い過去に理想を見出してそこへ戻ろうとする「復古」という逆方向の動きが生まれる、ということをお伝えしました。

江戸時代後期の「尊皇攘夷《そんのうじょうい》」という復古運動に始まった明治維新は、**近代欧米文明の導入（文明開化）という「改革」**に帰結しました。

また、井上毅は『古事記』の神話が伝える**日本の伝統的国家体制（国体）**と、フランス革命以後に**西欧諸国が採用した立憲君主政体**とを手品のように融合させ、大日本帝国憲法として結実させました。

そして明治期に政権を担った「元老」と呼ばれる維新の功労者たち――伊藤博文、山県有朋《やまがたありとも》、桂《かつら》太郎《たろう》、西園寺公望《さいおんじきんもち》などは、**徳川幕藩体制を破壊した「改革」の推進力**であり、明治になってからは**帝国憲法体制を護持する「保守」派**に役割を変えました。

政治は、元老だけがすべてを決めるわけではありません。憲法上は「枢密院」という組織があり、元老のほかに国務大臣を加え、憲法改正や緊急勅令、条約締結など重要事項に関する決定権を持ちました。しかし、次期首相の推薦のような生臭い問題は、枢密院では扱いません。

元老は憲法上の規定がなく、天皇の個人的アドバイザーにすぎませんが、定期的に会議を開き、首相候補を天皇に推薦することで隠然たる力を保持したのです。

憲法の起草者である伊藤博文自身が、首相に四度就《っ》いたあと、元老として首相を指名するキングメーカーの役割を務めました。合理主義者の伊藤は、元老の地位をあえて憲法に規定しないことで、フリーハンドを確保しようとしたのでしょう。

こうした**妥協の産物である帝国憲法の条文は、いかようにも解釈ができ、運用によって官僚主導の権威主義的統治も、議会の多数党が内閣を組織する議院内閣制も可能**でした。

実際、大正期には帝国憲法下でイギリス型の議院内閣制が実現し、「憲政の常道」とか「大正デモクラシー」とか呼ばれています。


この帝国憲法体制を守ろうとする現状維持派を「保守」と規定すると、これを破壊しようとする立場には二つの方向性がありました。

一つは、**『古事記』などの神話世界を理想化し、天皇を「現人神《あらひとがみ》」として絶対視する「復古」の立場**。人間が作った憲法で神権を制限するなどもってのほか、ということになります。国学者や神道家に始まり、軍人教育を通じて軍の内部に浸透していきました。

もう一つは、**ルソーが掲げた人民主権論や、マルクスが掲げた階級闘争理論を日本社会にあ**

てはめる「革命」の立場。天皇を「財閥や地主の頭目」「人民の敵」と見なして打倒しようとします。幸徳秋水《こうとくしゅうすい》らの無政府主義者や、日本共産党の活動家の立場であり、現状に不満を持つ労働者・貧農層に拡散する可能性を秘めていました。

こうした中で体制側は、第1次世界大戦の戦後不況とロシア革命の成功で勢いづく「革命」派を危険視し、普通選挙法（労働者・貧農層への選挙権付与）で懐柔《かいじゅう》すると同時に、治安維持法を制定して「国体の変革」＝「天皇制の打倒」を主張する政党の活動を禁じ、この運動を封じ込めることに成功しました。

しかしもう一つの運動、天皇を絶対視する「復古」主義に対しては治安維持法を適用できません。北一輝《きたいっき》ら一部の社会主義者はこれを隠れ蓑《みの》とし、天皇親政のもとで独裁政権を樹立し、社会主義を実現しようと画策します。これがいわゆる「昭和維新」の運動です。

彼らの影響力が軍の若手将校らに深く浸透した結果、五・一五事件で大正デモクラシーはあっけなく崩壊。昭和恐慌を背景に、復古主義的憲法解釈のもと、軍の発言権が増大していきました。**ヒトラーはワイマール憲法を停止して独裁権力を握りましたが、大日本帝国憲法は一字一句変えられず、いわば解釈改憲によって軍事政権への道が開かれた**のです。

第5章では、大正期から1945年の敗戦を迎えるまでの**保守主義と復古主義（超国家主義）との対立**を扱います。

古代ギリシアから続く国家に対する二つのとらえ方

では、まず日本における保守主義と復古主義の対立を説明する前提として、第2章でも取り上げた「国家」というものに対するとらえ方の変遷について見ていきましょう。

早くから、国家の存在を一つの生命体、もしくは人体になぞらえていたのは古代ギリシアの哲学者プラトンでした。「若者たちを堕落させた」と訴えられ、民衆裁判で有罪判決を受けた師のソクラテスが毒杯をあおって死んだあと、アテネの民主政治を嫌悪するようになったプラトンは、理想国家として「哲人政治」を提唱します。

道徳的にも理知的にも優れた指導者（哲人）が、道徳心に欠けて感情に流されやすい民衆を指導するのが正しい国家のあり方であり、民衆が多数決で哲人を葬るようなアテネの現状は「衆愚《しゅうぐ》政治」だ、とプラトンは考えたのです。

プラトン的国家観によれば、**個人は共同体（国家）の一員として生まれ、教育されるのであって、いかなる職業に就くにせよ、共同体の中の不可欠な一部として機能する**ことになります。たとえるならば、胎児のもとになる幹細胞が、胎児の成長に伴って目・肝臓・筋肉・皮膚などに分化する、というイメージです。いずれの器官も人体の一部として、他の器官と協働しながら機能しうるのであり、人体から切り離された段階で死を迎えます。

これは国家もまた同じであり、人体を超越して司令塔の脳だけが存在できないように、国家の指導者も国家全体の一部、一器官である。そして、脳と内臓や手足の違いが機能の違いにすぎないように、各国民の身分・職業の違いも役割の違いにすぎないと考えたわけです。

このような**プラトン的な国家観を「国家有機体説」**といいます（64ページの図参照）。

プラトン的国家有機体説はアリストテレスに受け継がれ、中世のカトリック教会の国家観として受容されました。第1章でも述べた「国王といえども神と法の下にある」という慣習法（コモン・ロー）に基づくイギリス保守主義の国家観は、厳密にはこれとは別系統なのですが、共同体としての国家を個人より優先する点で、国家有機体説に極めて近いものです。

これに対して、同じく古代ギリシアの哲学者で個人主義者のエピクロスは、原子が集まって物質を構成するように、**人はまず個人として存在し、個人の集合体が合意によって国家を形成すると考えました。**個人の必要を満たすために国家があるのであって、その逆ではない。個人が国家のために奉仕するなどもってのほか、となります。

このような**エピクロス的な国家観を「原子論的国家観」**と呼びます。

「王権神授説」VS「社会契約説」VS「国家有機体説」

第1章でもお伝えした通り、古代ローマ帝政の末期、コンスタンティヌス帝はミラノ勅令でキリスト教を公認し、天上のイエスから地上の権力を付与された皇帝として君臨しました。

その後、中世のバルカン半島を治めた東ローマ帝国では、歴代皇帝は「神の代理人」として政教両権を握り、この体制はロシア帝国に受け継がれます。また、西ローマ帝国滅亡後の西欧世界では皇帝不在が長く続いたため、カトリック教会の首長であるローマ教皇が「神の代理人」と称し、各国の王の上に君臨しました。

そうした教皇を中心としたカトリック世界を批判する形で、西欧の近代はマルティン・ルターの宗教改革から始まります。その結果、教皇を頂点とするカトリック教会の権威が衰退し、反対に国王に権力が集中していく中で、伝統的な国家有機体説に代わる新しい国家観が提示されました。それが**「国王主権論」**です。

「主権」（サーヴァンティ）とは、「何人《なんぴと》にも制限されない最高の権力」を意味する言葉です。この概念は、フランスの法学者ジャン・ボダンが提唱し、フランス絶対王政を正当化しました。**王権は無制限であり、その上にはいかなる法も権力も存在しない**、という思想です。

この**国王主権論を聖書の恣意的な解釈によって正当化したのが「王権神授説」**です。かつてのローマ皇帝、そして衰えた教皇に代わって、ついに**国王が「神の代理人」となった**のです。

このフランス流王権神授説をイギリスに持ち込んだのが、ステュアート王朝でした。

ジェームズ1世は1609年に「王が神とよばれるのは正しい。そのわけは、王が地上において神の権力にも似た権力をふるっているからである。……王はすべての臣民のあらゆる場合の裁き手であり、しかも神以外の何者にも責任を負わない」という議会演説を行ないました。

しかし、**王権神授説はイギリスの伝統である慣習法（コモン・ロー）的国家観との深刻な対立を招き、イギリス革命を引き起こした**ことは、第1章でも説明しました。

一方、ピューリタン革命の混乱を避けてフランスに亡命した法学者ホッブズは、社会契約説を唱えました。ばらばらの個人が争っている「万人の万人に対する闘争」状態では、個人の生命・財産・自由などの自然権（人権）を守れない。だから人民が相互に契約を結んで争いをやめ、国家を形成して主権者（王）を選んだのだ、と説明したのです。

国家有機体説を否定した王権神授説。その王権神授説に対して、**「主権が神に由来するのではなく、人民に由来する」と説いたのがホッブズの新しさ**でした。

他方、**「ばらばらの個人が集まって国家を形成した」という点は、エピクロス以来の原子論的国家観**を受け継いでおり、ホッブズの主著『リヴァイアサン』の表紙にも、人民の集合体が国家権力（主権者）を構成するという寓意《ぐうい》が示されています。

ちなみに、ホッブズの社会契約説は「人民が国家を形成して王を選んだ」としているうえで、

『リヴァイアサン』の表紙絵。無数の人間によって王冠をかぶった巨人が形成されており、「人民の集合体の合意が国家権力を構成している」というホッブズの主張が表わされている

当初社会契約説の立場で絶対王政を擁護するものとなっていました。

とはいえ、社会契約説は論理的帰結として、「人民の合意によって王を選ぶ」＝「人民の合意によって王を廃位にもできる」ともいえます。

そしてこれを明言したのが**ジョン・ロックの『統治二論』**でした。

ロックは、『旧約聖書』を根拠に王権神授説を唱えた法学者ロバート・フィルマーの『家父長権論』を批判し、**「王が主権を濫用して自然権を脅かす場合、人民はこれに抵抗できる」という革命権**を唱えました。イギリスの名誉革命は暴君に対する抵抗権の行使であった、と正当化したのです。

しかし、18世紀末になると、社会契約で

生まれたフランス革命政権においても、ジャコバン派の独裁と恐怖政治、ナポレオンの欧州侵略を生んだことへの反省から揺り戻しが起こり始めます。ここに至って、社会契約説に代わるもう一つの国家形成の理論——**国家有機体説が19世紀に再評価されたの**です。

国家有機体説は、フランス国外でも、ドイツ観念論を集大成した哲学者へーゲルや、イギリス保守主義の哲学者エドマンド・バーク、「国家の存続には一定の生存圏が必要である」と主張するドイツ地政学の祖ラッツェルらが支持をしました。

また、ドイツの法学界では**「国家は会社のような法人である」と説くゲオルグ・イェリネックの「国家法人説」**が登場します。ウィーン大学、ハイデルベルク大学で教鞭《きょうべん》をとったイェリネックは国王主権論を明確に否定。「国家主権を持つのは法人としての国家そのものであり、君主はその執行機関にすぎない」と説明し、立憲君主政を法学の立場から正当化しました。

天皇権力は絶対だったか？

それでは、いよいよ日本に話を向けましょう。

近代日本国家の建設について、どういう国家観で行なわれたのかというと、フランス型の社会契約説ではなく、ドイツ型の国家有機体説、国家法人説でうまく説明できます。**天皇の統治権を認めつつ、その権限を憲法の範囲内とし、内閣の補弼《ほひつ》を必要とするという大日本帝国憲法**

の規定そのものが、国家有機体説・国家法人説に基づくものでした。

ドイツに留学した日本人法学者たちは、国家有機体説や、これに対立する国王主権論を学んで帰国。彼らの多くは法務官僚となり、あるいは大学の法学部で教鞭をとるようになります。しかし、国家有機体説にせよ、国王主権論にせよ、いずれも血みどろの宗教戦争と革命を繰り返した西欧諸国において、君主の権力をいかに制限するか、または制限し得ないか、を論じた学説でした。これをそのまま日本社会に適用すると無理が生じます。

とはいえ君主の地位を定めないと、独立主権国家として他の列強から認めてもらえないという必要性に迫られました。その結果、帝国憲法の起草者たちは日本の伝統によりなじみやすい国家有機体説を採ったわけです。これ以降敗戦まで、**この国家有機体説的な大日本帝国憲法を守っていこうとする立場が「保守」**となります。

では、結果として国家有機体説を採用する以前の、明治時代より前の日本社会における天皇とはどんな存在だったのでしょうか？

そもそも江戸時代までの日本で、天皇の地位に関する学問的な議論が起こらなかったのは、「天皇が神格化され、批判できなかったから」ではないのです。

天皇が、秦の始皇帝のような専制君主だったことはありません。わずかに、神話の時代に武烈《ぶれつ》天皇という暴君が登場するくらいです。古代においても豪族連合政権の盟主でしたし、10世紀には藤原摂関家に政治権力を奪われ、12世紀以降は武家政権が事実上、統治してきました。

政治権力を持たない天皇家が存続できたのは、天照大御神の子孫として神々を祀る神道の大神官としての宗教的権威、霊威《れいい》に基づくもので、その立場はローマ教皇に比すべきものです。

時の政治権力者は、「摂政・関白」あるいは「太政大臣」「征夷大将軍」などの官職を天皇から授与されることを望み、自らが天皇の地位に就くことはありませんでした。神仏を恐れず、比叡山を焼き討ちにした織田信長でさえ、天皇には指一本触れようとしませんでした。

専制君主・天皇親政ではなく、第4章でも挙げた天皇が「治《し》らす」姿が1000年以上続いてきた日本の伝統的統治体制であり、「国柄」「国体」というべきものなのです。

日本版「王権神授説」の始まり

その一方で、**神話とも紐づけながらその世界観への復古を理想とし、天皇を崇拝して死も厭《いと》わないという激烈な尊皇思想が、中世のある段階から登場**します。これを中国の朱子学の影響だと見抜いたのが山本七平《やまもとしちへい》でした（『現人神の創作者たち〈上・下〉』ちくま文庫）（第3部393ページ参照）。

鎌倉時代、モンゴル帝国がユーラシア大陸を席巻《せっけん》しました。中国南部を統治していた南宋はモンゴルに侵略され、ついに滅亡します。この南宋で、伝統的な儒学の教えを先鋭的な排外主義に作り変えたのが朱熹《しゅき》という学者で、その思想が朱子学です。

朱子学は、**主君と臣下の区別を重んじる「大義名分論」**、**中華（文明）と夷狄《いてき》（蛮族）を厳しく峻別《しゅんべつ》する「華夷《かい》の別」**という二つのキーワードで要約できます。

謀反人や夷狄による政権奪取は天が定めた「大義に反する」から絶対に認めない、たとえ武力で屈しても精神において屈することはない、という不屈の精神は、モンゴルの侵略を受け続けた中国人の心をとらえました。

南宋からの亡命者は鎌倉時代の日本にも来ており、彼らが日本にこの朱子学を伝えたのです。

南宋の滅亡と前後して、モンゴルの侵略の手が日本にも伸びてきた結果、日本ナショナリズムに火がつきました。日蓮《にちれん》は『立正安国論《りっしょうあんこくろん》』で日本仏教の堕落が夷狄の侵略を招くと予言し、モンゴル軍に大打撃を与えた暴風は「神風《かみかぜ》」と呼ばれるようになりました。

朱熹（1130〜1200）　南宋の儒学者で、のちに中華ナショナリズムの芽生えにもつながる朱子学を創始した

また、北畠親房《きたばたけちかふさ》が「大日本は神国なり」で始まる『神皇正統記《じんのうしょうとうき》』を書いたのは、モンゴル撃退から半世紀後のことでした。日本は南北朝の内乱の最中であり、後醍醐《ごだいご》天皇に忠誠を誓って壮絶な最期を遂げた楠木正《くすのきまさ》

成《しげ》が、「忠臣」としてもてはやされました。

モンゴル帝国が南宋を侵略したのと同じ構図は、17世紀の明清交代でも繰り返されました。つまり、朱子学を重んじた明朝が滅び、満州族が建てた清朝が中国全土を支配下に置いたのです。このとき長崎に来航した明朝の亡命者の中に朱舜水《しゆしゆんすい》という学者がいました。噂を聞いた水戸藩主の徳川光圀《みつくに》は朱舜水を江戸に招き、また水戸藩の事業として、『大日本史』の編纂を開始しました。これは、神武天皇から後小松《ごこまつ》天皇まで百代の治世について**「万世一系の天皇が日本を統治した」という朱子学的大義名分論で貫いた大著**で、完成したのは実に1906（明治39）年でした。

この『大日本史』編纂のため江戸時代末期の水戸藩に集まった学者たち――会沢正志斎《あいざわせいしさい》、藤田東湖《ふじたとうこ》らのグループを「水戸学」といいますが、19世紀になり、水戸沖にも外国船が出没するようになると、**彼らの中から復古的な「尊皇攘夷」思想が登場する**のです。ペリー来航の直前、吉田松陰は水戸を訪れ、会沢正志斎から教えを受けています。

水戸徳川家は、徳川将軍家の分家、御三家の一つです。徳川幕藩体制を護持するのが本来の役割でしたが、藩内に過激な尊皇攘夷派を抱え込むことになったわけです。

藩主の徳川斉昭《なりあき》は水戸学を信奉して攘夷を主張したため、幕府の大老井伊直弼に睨《にら》まれて安政の大獄で蟄居《ちつきよ》を命じられます。これに激昂《げつこう》した藩内の過激派は、桜田門外で井伊直弼を殺害します。また幕府に攘夷を迫るため筑波山で挙兵し、孝明天皇に直訴するため京都へ向かいますが、途中の敦賀《つるが》で幕府軍によって制圧（天狗党《てんぐとう》の乱）、藩内でも尊攘派に対する粛清が行なわれ、多くの人材を失いました。このあたりが伊藤博文ら尊攘派が開国派に転じて維新を決行した長州藩との違いです。

しかし**水戸学の復古的なファナティシズム（熱狂、狂信）は、維新以後の欧米崇拝に対する反動として深く沈潜《ちんせん》し、1930年代になって再び爆発することになる**のです。

天皇機関説問題に見る日本版「国家有機体説」VS「王権神授説」

美濃部達吉（1873〜1948）　国家有機体説に基づく天皇機関説を発表した

ドイツに留学した法学者で、東京帝国大学法学部教授となった美濃部達吉は、1912年に天皇機関説を発表します。この**天皇機関説は、国家有機体説・国家法人説から導かれたもの**でした。**大日本帝国が主権を保持し、天皇はその最高機関である**、という学説です。

「国家が有機体であるというのは畢竟《ひっきょう》、国家が団体であるというのと同じ意味に帰するので、即《すなわ》ち国家があたかも人間其《そ》の他の有機体の如く生活力を有して絶えず生長発達し、或《あるい》は元気の盛《さかん》なこともあれば、或は老衰することもあり、各種の機関を備へて其の機関に依《よ》って活動するものであることを言い表わすものに外《ほか》ならぬのであります」（美濃部達吉『憲法講話』）

一方、東京帝国大学で美濃部の同僚だった上杉慎吉《うえすぎしんきち》は、ドイツのハイデルベルク大学に留学して国家法人説のイェリネックに学んだあと、「国家法人説は日本の国体に合わず」とこれを放棄して**天皇主権説**を説くようになりました。

上杉が美濃部を激烈に論難すると、美濃部は冷静かつ徹底的に反駁《はんばく》し、東京帝大の学生たちも二派に分かれました。

フィルマーの王権神授説が『旧約聖書』に基づいたように、**上杉の天皇主権説は論証不可能な『古事記』の神話に基づく復古的なもの**で、学問というより信仰でした。論理的明晰《めいせき》さでは美濃部の天皇機関説が圧倒的であり、学内論争は上杉の敗北に終わります。上杉の憲法論は時代遅れとみなされ、**美濃部の憲法論が学界の「正統派」の地位を得た**のです。

それでも熱狂的に上杉説を信奉し、美濃部を国賊と罵《ののし》る学生たちもいました。彼らは興国同志会（のち国本社）を結成して平沼騏一郎《ひらぬまきいちろう》、東郷平八郎《とうごうへいはちろう》ら、政府と軍の大物に接近します。また、昭和恐慌による政情不安が続く中、別のグループは日蓮宗僧侶の井上日召《にっしょう》とともに血盟団を結成し、１９３２年に前蔵相井上準之助《じゅんのすけ》、三井財閥の理事長団琢磨《だんたくま》を射殺するというテロリズムに走りました。

先行き不安の中で勃興する復古的ナショナリズム

　蒙古襲来を予言した日蓮以来、日蓮宗は終末論と復古的なナショナリズム、熱狂主義を特徴とする多くの分派を生み出してきました。明治初期には日蓮宗僧侶だった田中智学《たなかちがく》が国柱会《こくちゅうかい》を立ち上げます。日本は道義国家として世界の模範となるべき資格があり、この精神で世界統一を図るという壮大なプランを立ち上げ、「八紘一宇《はっこういちう》」という言葉を作ったのがこの人です。

　この田中智学の門下生に、東北地方が生んだ2人の天才、岩手県の宮沢賢治《みやざわけんじ》と、山形県の石《いし》原莞爾《わらかんじ》がいました。宮沢賢治は国柱会の思想を『銀河鉄道の夜』などの美しい童話で表現し、石原莞爾は関東軍参謀として満州に「王道楽土」を建設しようと、満州事変を決行しました。

　満州事変は、当面の経済危機を戦争景気で打開すると同時に、将来の世界最終戦争（覇道国家アメリカと、王道国家日本との戦い）で、超大国アメリカに勝利するため、満州の資源を確保して自給自足体制を確立する、という遠大な目的がありました。

　他方、佐渡出身の思想家北一輝は、1919年に『日本改造法案大綱』を著わします。出版直後に禁書となったこの本で北は、帝国憲法停止と天皇親政の実現、財閥解体、農地改革、私有財産の制限、普通選挙実施、植民地における参政権の付与などを訴えました。のちのGHQ改革を先取りしたような過激な改革を、天皇親政のもとで行なう、というわけです。この北の思想は、陸軍の皇道派と呼ばれるグループに浸透し、のちに二・二六事件を引き起こします。

先行き不透明な長期不況、伝統的価値観の崩壊という閉塞的状況下で、東京帝大の上杉慎吉、血盟団の井上日召、関東軍の石原莞爾、国家社会主義者の北一輝といった人々が、古代神話と紐づいた復古的理想社会の実現に向けて走り始めたのが、昭和初期の日本でした。

満州事変の成功と国際連盟の無策は、この閉塞状況を打開してくれたかに見えました。失業者や若者たちは満蒙開拓団として送り込まれ、**「日本は、やはり大した国だ」という高揚感で国民が一体**となります。

国際世論を気にして満州国の承認を拒んだ犬養毅首相が、五・一五事件で青年将校に射殺されたときには、犯人グループへの助命嘆願書が殺到するほどでした。ナショナリズムの勃興は、軍が世論を引きずったのではなく、世論が軍を後押ししたのです。

国体明徴声明によって敗北が決まった「国家有機体説」

帝国憲法は「天皇ハ陸海軍ヲ統帥《とうすい》ス」(「大日本帝国憲法」第11条)と、天皇の統帥権を定めています。

日本軍はドイツ軍のシステムを導入し、人事や会計を扱う軍政部（陸軍省・海軍省）と、作戦を立案する統帥部（陸軍参謀本部・海軍軍令部）とに分かれていました。

軍政部の陸軍大臣・海軍大臣は内閣（政府）のメンバーですから、天皇に助言（帷幄《いあくじょう》上奏《そう》）できます。それに対して、作戦に関する事項は統帥部の陸軍参謀総長・海軍軍令部長が天皇に助言（輔翼《ほよく》）することになっていました。

しかし、いくら「天皇ハ陸海軍ヲ統帥ス」といっても、実際の軍事に関して天皇は素人ですから、**事実上、軍事の作戦については統帥部の決定を追認する形になった**のです。

この仕組みが、天皇の名のもとでの統帥部の独走を許すことにつながりました。**統帥部は、帝国憲法が定めた「天皇の統帥権」を拡大解釈して、軍事に対する政府の介入を拒む**ようになります。その動きが表面化したのが、ロンドン海軍軍縮条約においてです。

第１次世界大戦以降の国際的な軍縮の流れの中、まず１９２１～22年のワシントン会議で主力艦（戦艦）の対米英保有率を６割に制限する条約が締結されました。すると、条約の抜け穴であった補助艦（巡洋艦・駆逐艦・潜水艦）の建造が各国で激化し、今度は１９３０年のロンドン海軍軍縮会議で補助艦の対米英保有率を６・９７５割に制限する決定がなされます。

時の浜口雄幸《はまぐちおさち》内閣は、協調外交の観点からこの条約に調印しますが、これが**統帥部の意志に**

反して内閣が兵力を削減した、として海軍軍令部が「統帥権の干犯《かんぱん》だ」と抗議したのです。

その後は、陸軍が満州で起こした軍事行動も、統帥権の名のもとに、政府の承認なしに行なわれました。昭和天皇自身は軍の独断に不快感を持たれましたが、最終的には統帥部の助言に従いました。もし天皇が軍の決定を無視して行動すれば憲法違反となってしまうため、帝国憲法が定めた立憲君主としての立場を堅持したのです。

天皇機関説の美濃部達吉は、軍縮条約に絡む統帥権干犯問題について、憲法学者の立場から「軍令部長が天皇に助言できるのは、統帥権についてであり、編成権には及ばないこと」「軍の編成・国防について定めることを輔弼する機能は内閣に属するもので、軍令部に属するものではないこと」「軍縮条約の締結は、純然たる国務上のことで、内閣の輔弼事項であること」などと述べ、浜口内閣を擁護しました。

しかしこの見解の結果、「統帥権の干犯」という言葉はその後も一人歩きし、1932年に美濃部が貴族院議員となって以降も、軍部や右翼、立憲民政党政権の打倒を目指す野党の立憲政友会から集中砲火を浴びるようになります。そして**かつて東京帝大の学内論争として決着していた天皇機関説が、政治問題として持ち出されることになった**のです。

ロンドン海軍軍縮会議に際して海軍部内をまとめて条約締結に貢献した海軍大将の岡田啓介《おかだけいすけ》

が、1934年に立憲民政党を準与党にして首相となりました。岡田は美濃部に同情的でしたが、軍部強硬派や国家主義団体からの圧力に抗し切れなくなり、美濃部に貴族院議員を辞任させることで決着を図ります。

さらに、この問題を再燃させないために翌35年に「国体明徴《めいちょう》声明」を発表しました。

「我が国体は天孫降臨の際、下し賜える御神勅《ごしんちょく》に依り昭示せらるる所にして、万世一系の天皇、国を統治し給い……。……憲法第一条には、大日本帝国は万世一系の天皇之《これ》を統治すと明示し給う。即ち大日本帝国統治の大権は厳として天皇に存すること明かなり。もしそれ統治権が天皇に存せずして、天皇は之《これ》を行使する為《ため》の機関なりと為《な》すがごときは、これ全く万邦無比《ばんぽうむひ》なる我が国体の本義をあやまるものなり」（「国体明徴声明」）

この国体明徴声明によって、天皇家の主権は天照大御神が皇孫の邇邇芸命《ににぎのみこと》を九州の高千穂《たかちほ》の峰に降臨させた際に発した「御神勅」に由来するものである、という**復古的な日本版「王権神授説」が政府の公式声明となった**わけです。

つまり**天皇機関説問題とは、保守的な国家有機体説と復古的な王権神授説との対立であり、学問的には前者が勝利したものの、政治的には後者が勝利を収めた**のです。

これを聞いた昭和天皇は本庄繁《ほんじょうしげる》侍従武官長に対し、「自分は肉体的にはおまえたちと変わる所がないのに、神というのはおかしいではないか」と語っています。

この直後、二・二六事件が発生します。陸軍の主流派で、将来の総力戦に備えて財閥とも連携し、憲法の枠内で合法的に統制経済を進めようとする「統制派」に対し、クーデタで政権を掌握し、憲法を停止して天皇親政のもと社会主義国家を建設しようとする「皇道派」が決起したのです。

しかし皇道派は致命的な判断ミスをしていました。彼らが擁立しようとした昭和天皇自身が帝国憲法を保守する「護憲派」であり、「朕自ら近衛兵を率いて、これが鎮圧にあたらん」と決意表明されたほど二・二六事件の首謀者たちに対して怒り、彼らを反乱軍と見なして鎮圧を命じたからです。

皇道派は一掃され、北一輝も黒幕として処刑されました。このあとの陸軍は統制派の東條英《とうじょうひで》機《き》を頂点として憲法を骨抜きにしながら中国戦線を際限なく拡大し、海軍もこれに負けじと対米開戦を計画することとなります。

皇道派とチュチェ思想

もし二・二六事件で皇道派が勝利していたら日本はどうなっていたか？

ヒントになる国があります。北朝鮮です。

天皇機関説問題に火がついた頃、中央大学法学部で学ぶ黄長燁《ファンジャンヨプ》という朝鮮出身の若者がいました。日本の敗戦後、朝鮮労働党に入党した彼は、モスクワ大学哲学科留学を経て、金日成に抜擢され、平壌の金日成総合大学総長、朝鮮労働党中央委員を歴任しました。金日成の著作の多くを、ゴーストライターとして執筆したのがこの黄長燁でした。

1960年代、北朝鮮の「後援者」だった中ソの対立が激化したのを機に、金日成は労働党内部の親ソ派、親中派を粛清し、自主独立国家の建設を目指します。これに応えて、チュチェ（主体）思想を理論化したのが、黄長燁でした。

チュチェ思想は、私の理解する限りでは次の3点に要約されます。

1. 革命と建設の主体は、民衆である
2. 民衆は、指導者のもとに団結しなければ、帝国主義に勝てない
3. 朝鮮は、指導者と民衆が結びついた有機的な生命体である

これは実は国家有機体説なのです。朝鮮労働党の当初の指導原理は、社会契約説から発展したマルクス・レーニン主義というより、むしろ天皇機関説に近かったのです。金日成のもとで社会主義国家を建設し、政治的独立と経済的平等を実現するというプランは、国家有機体説と

社会主義の折衷《せっちゅう》という点でまるで北一輝です。

ところが70年代以降、独裁体制を完成した金日成は、彼自身への個人崇拝はおろか、息子金正日への世代を超えた忠誠を求めるようになります。

朝鮮の自主独立を掲げたチュチェ思想が、金正日への権力世襲により、金ファミリーへの崇拝を強制する「教義」へとすり替えられていくのを見て、黄長燁は耐えがたいものを感じていたようです。**天皇機関説を唱えた美濃部達吉が、天皇崇拝を強制する復古的な超国家主義者に攻撃されたのと同じような状況**が、おそらく平壌で起こったのでしょう。その差は、日本では皇道派が敗れましたが、北朝鮮では金ファミリーへの絶対的崇拝が実際のものとなったことでした。

97年、日本でチュチェ思想について講演した帰途、北京に立ち寄った黄長燁は、韓国大使館に駆け込みます。平壌に残した家族が収容所送りになるのを覚悟しての亡命でした。

以後、十数年間、韓国の情報機関に保護されながら、金日成・金正日体制を批判する活動を続けましたが、冷戦終結後、北朝鮮への「太陽政策」を続けた金大中《キムデジュン》、盧武鉉《ノムヒョン》政権下では活動を禁じられ、事実上の軟禁生活を送りました。

金正日は、黄長燁暗殺部隊を韓国に送り込みますが暗殺に失敗。黄長燁は2010年に病死しました。

昭和天皇ご自身が否定した日本版「王権神授説」

1945年、大日本帝国は壊滅的な敗北を喫し、米軍の占領下に置かれました。天皇崇拝と戦線拡大を煽った国家主義者の多くは民主主義者、あるいは共産主義者に転向して生き残り、それができなかった少数の者は自決しました。

敗戦後、初の新年を迎えた46年1月1日。昭和天皇の年頭の詔勅が新聞の一面を飾りました。冒頭で明治天皇の五箇条の御誓文を引用し、戦災からの復興に苦しむ国民をいたわりつつ、新日本建設の意思を示し、最後をこう結んでいます。

「朕と爾《なんじ》ら国民との間の紐帯《ちゅうたい》は、終始相互の信頼と敬愛とに依りて結ばれ、単なる神話と伝説とに依りて生ぜるものに非《あら》ず。天皇を以《もっ》て現御神《あきつみかみ》とし、かつ日本国民を以て他の民族に優越せる民族にして、延《ひい》て世界を支配すべき運命を有すとの架空なる観念に基くものに非ず。……朕は、朕の信頼する国民が朕と其《そ》の心を一にして、自ら奮い、自ら励まし、以て此の大業を成就せんことを庶幾《こいねが》う」

原文はGHQ教育課長ハロルド・ヘンダーソンと、学習院大学教授レジナルド・ブライスが英文で起草し、昭和天皇ご自身や幣原《しではら》喜《き》重郎《じゅうろう》首相の意向を反映して修正したものです。

「神だった天皇を人間にした」とGHQは宣伝しました。しかし**実際には、日本の国体にそぐわなかった王権神授説を排除し、君民一体の日本古来の国家観に戻ることを宣言したもの**です。

北一輝や二・二六事件の将校たちが目指した天皇親政国家が実現し、1945年の敗戦を迎えたとしたら、そのときは天皇の敗戦責任が問われ、皇室廃絶になっていたでしょう。

GHQが起草した日本国憲法の第1条から第8条までは天皇の地位と国事行為に関する規定です。戦争放棄と戦力不保持の第9条については改憲論議が盛んですが、冒頭の第8条までについては、多くの国民の支持を得ていると思います。

第1条の「象徴」という表現も絶妙で、政治権力を持たずに「治《し》らす」存在であった天皇の伝統的立場を、うまく表現していると思います。

天皇を「国家元首」と規定せよ、という声もありますが、今でも外国は天皇を「元首」とみなして礼遇しているのですからあえて憲法に書く必要はありませんし、**「元首」として政治権力を帯びさせることは、むしろ将来の天皇の地位を危うくする**ことにつながります。

名状しがたいものにはあえて名付けない。これが日本の伝統にもマッチしており、これでよいのだと思います。

第2部

敗戦後日本の保守政治史

日本の戦後、そして現在に続く「保守」や「リベラル」といった思想史を紐解くには、どうしても権力闘争を含んだ政治史というものに触れざるを得ません。

言葉の意味での「保守」とは伝統や慣習を重んじて急激な変化を望まない考え方であり、「リベラル」とは自由に変化を受け入れる考え方であると、第1部第1章の冒頭でお伝えしました。

ところが、たとえば「憲法」一つとっても、保守勢力が改憲という名の現状変化を望んでおり、リベラル勢力が護憲を訴えて現状維持を望んでいます。つまり日本においては、本来の「保守」「リベラル」の言葉の意味と実態にねじれが生じているわけです。そもそもソ連や中国が平和主義であったかを考えれば、本来社会主義と平和主義がセットなものでないことはわかるでしょう。日本でこの二つがセットになった背景には、政治的思惑に基づく動きがあったのです。

また、一方の保守政党だと認識されている自民党においても、派閥によってその色は異なり、時の政権によって親米・親中・対米従属・対米自立など、その性格が大きく変わります。こうした性格の差も、実は少なからず政治的な系譜が関係しているのです。

では、この一見わかりづらい戦後日本の「保守」事情はなぜ発生し、どのように変化していったのか――。いささか「保守」思想そのものというよりも、戦後の権力闘争史の様相を呈しますが、誰が権力を握ったのかによって、日本の「保守」「リベラル」が大きく影響を受けてきたことは紛れもない事実なので、政治史と絡めて「保守」「リベラル」の変遷を見ていきましょう。次のページにある自民党の派閥の流れも参照しながら、第2部を読んでみてください。

自民党内で旧民主党系（鳩山派）の流れを汲む派閥の主な変遷

鳩山一郎

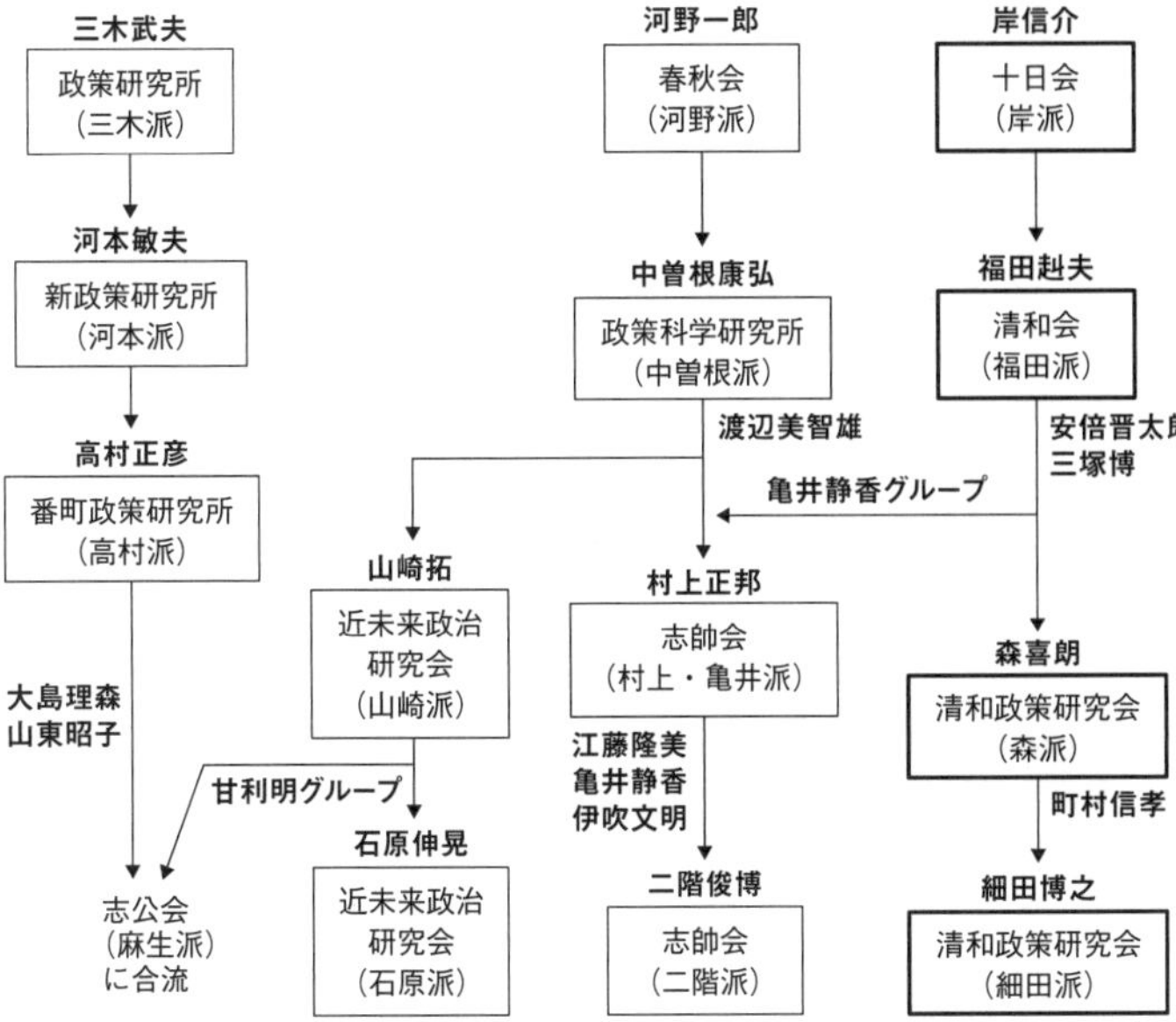

※人物名は派閥の領袖の意

自民党内で旧自由党系（吉田派）の流れを汲む派閥の主な変遷

吉田茂

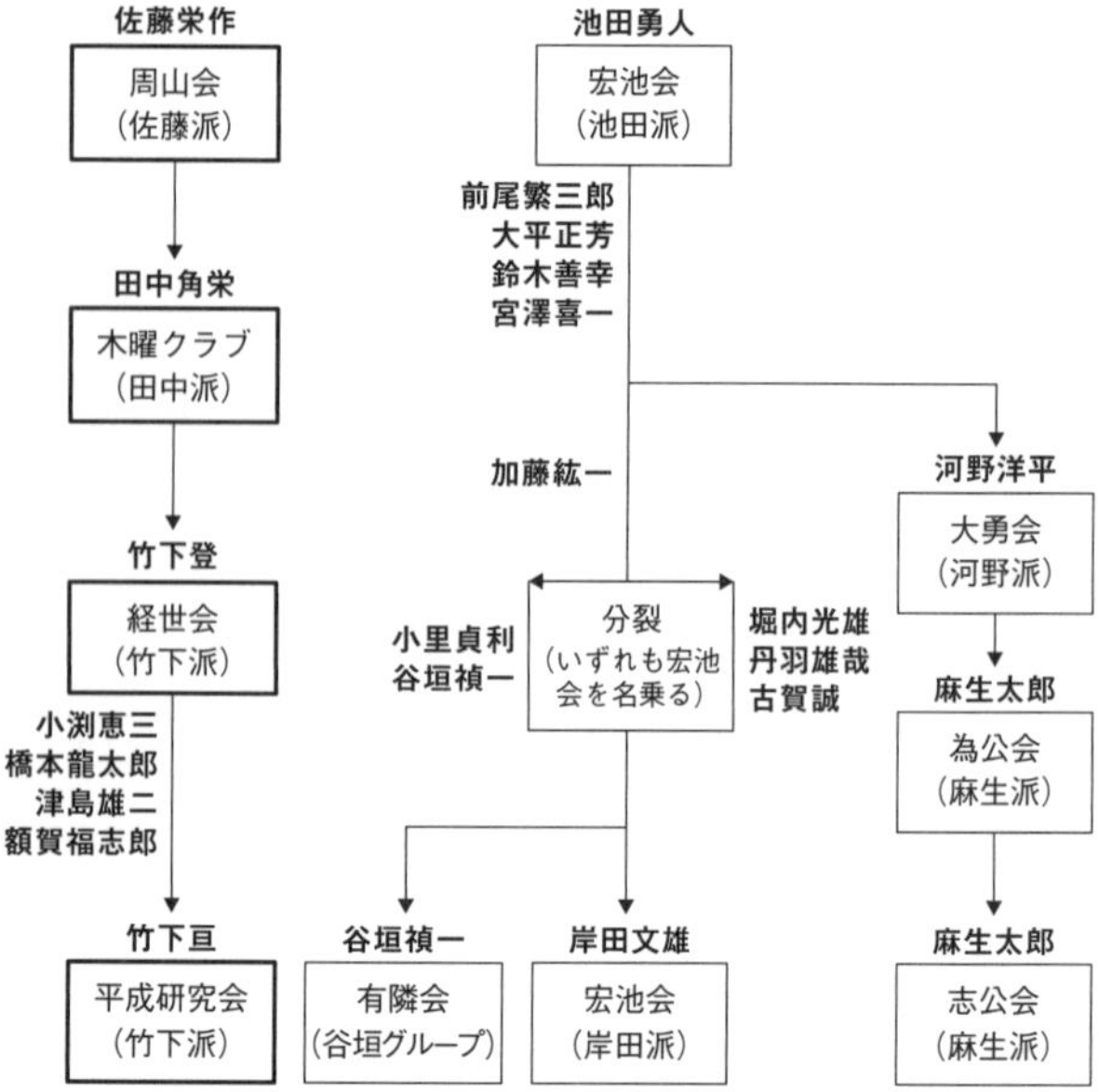

※人物名は派閥の領袖の意

第2部

第6章

敗戦から安保闘争まで

アメリカ追従によってスタートした破滅からの復興

「戦後」はすでに70年を過ぎ、日本人の圧倒的多数が戦後生まれ、戦後教育を受けた世代となりました。明治維新という「改革」がやがて体制化したように、ＧＨＱ指令に始まる「戦後改革」もすでに体制化し、「保守」すべき対象となりました。

その一方で、21世紀に入ると「戦後保守」からの脱却を目指そうとする運動も活発となり、小泉政権や安倍政権の成立につながりました。

第6章では、**敗戦から安保闘争までの日本を舞台に、保守とリベラルの変質**について考えます。

近代日本は二度にわたる国家存亡の危機に直面し、**国のあり方を根本的に作り変えることで生き残りを図りました。**

一度目はペリー来航に始まる幕末の危機でしたが、日本人自らの手で近代ヨーロッパの立憲君主政体を学び、日本古来の国体をこれに融合させて、大日本帝国憲法を制定しました。また、イギリスとロシアという二大列強の対立をうまく利用し、世界最大の海軍国イギリスと日英同盟を結んで日露戦争に勝利しました。

二度目は、アメリカの対日経済制裁に始まり、破局的な敗北と米軍による占領で終わった危機でした。真珠湾攻撃を命じた政府・軍の首脳で、４年後に国土が灰燼《かいじん》に帰し、最初の核兵器が使用されることを予見できた人はいません。危機の発生から破局までが急転直下だったため、対応できなかったのです。アメリカの軍事力・経済力を見くびった結果といえるでしょう。

軍民合わせて３００万人が犠牲となり、世界第3位だった海軍を喪失したのみならず、建国以来、はじめて外国軍隊に占領され、主権を喪失したのです。日本人は茫然《ぼうぜん》自失《じしつ》となりました。明治以来のありとあらゆる努力が、水泡に帰したように思えたのです。

この状況において、国家再生のためには新しいモデルが必要でした。**日本人はそのモデルを、恐るべき敵であったアメリカに求めた**のです。

「ストックホルム症候群」という精神医学の概念があります。１９７3年にスウェーデンで起こった銀行強盗で、銀行員数名が人質として監禁され、死の恐怖に怯《おび》えて数日間を過ごした事件がありました。事件は結局、警察が突入して犯人を逮捕しますが、この間、人質となっていた被害者が、犯人を擁護するような言動を繰り返したのです。この事例から、極度の恐怖を体験した人間は、加害者を自分と同一視することで恐怖を免れるという心理的メカニズムがあることが理論化されました。日常的に夫から虐待を受ける妻、親から虐待を受ける子どもがなかなか被害を訴えようとしないのも、同じメカニズムによるものです。

連日連夜の空爆を受け、原爆を投下され、米軍に軍事占領された日本人の深層心理に、同じメカニズムが働いたと私は見ています。アメリカという悪魔にこれ以上蹂躙《じゅうりん》されないためには、アメリカを理想国家として賞賛し、アメリカと一体になるしかない……。

これは日本人の集団的な無意識として働いたものですから、文献として残っているわけではありません。しかし**この無意識は、意識化されない限り、戦後日本人に世代を超えて強迫的に受け継がれていく**のです。

アメリカの圧力のもと作られた日本国憲法

ＧＨＱは、敗戦後の日本国民がいまだ昭和天皇に尊崇の念を抱き、秩序を保っていることに注目し、**天皇を元首とする大日本帝国の形を残したまま、間接統治をする**ことにしました。政府や国会の上に置かれたＧＨＱから、超法規的な「ＧＨＱ指令」が発せられ、日本政府にこれを実行させたのです。**ナチス国家を完全に解体し、直接軍政を敷いたドイツとは対照的**です。

ＧＨＱの統治下で内閣を組織したのは、皇族出身の東《ひがし》久邇宮《くにのみや》稔彦王《なるひこおう》、元外交官の幣原《しではら》喜《き》重《じゅう》郎《ろう》、同じく元外交官の吉田《よしだ》茂《しげる》の順番です。

幣原は、大正デモクラシー期に長く外相を務め、ワシントン海軍軍縮条約をまとめて軍と対立したことが、ＧＨＱに評価されました。この「英語ができる平和主義者」幣原のもとで、日本の交戦権を制限する新憲法を制定させることになりました。

戦時国際法の基準とされるハーグ陸戦条約は、こう定めています。

「第43条　国の権力が事実上占領者の手に移りたる上は、占領者は、絶対的の支障なき限り、**占領地の現行法律を尊重**して、なるべく公共の秩序および生活を回復確保するため、施し得べき一切の手段を尽すべし」

アメリカの日本占領は、１９５１年のサンフランシスコ平和条約発効まで続きました。この間、占領者アメリカには、ハーグ陸戦条約に基づいて**占領地日本の現行憲法を尊重する**、という国際法上の義務があったのです。

したがって、ＧＨＱが日本の憲法を制定することはできません。そこで**マッカーサーは、幣原内閣に圧力をかけ、日本政府自らの意思で新憲法を起草したように見せかけた**のです。

この「圧力」とは、つまり公職追放と検閲（プレスコード）です。

公職追放は、戦時下の軍と政府の要人、思想家など「軍国主義者」に始まり、ＧＨＱを批判する者すべてを公職から解雇しました。空襲で産業が壊滅し、戦地からの帰還兵がどっと戻ってきたため、失業率が異常に高かった当時の日本で職を失うことは飢餓《きが》と直面することを意味します。幣原内閣は、組閣の直後に幣原首相、吉田外相ら3名を除く全閣僚を公職追放され、親英米派の幣原も「マックのやつ、理不尽だ」とうめきます。

マッカーサーは幣原を呼び、「天皇は残すから、戦争放棄を新憲法に書け」と命令します。このとき幣原は、「1928年のケロッグ・ブリアン条約（不戦条約）のような条文を入れたい」と答えます。この話がのちに拡大解釈されて「9条の幣原提案」説が生まれました。

しかし**幣原内閣が作成した改正案（松本試案）は、帝国憲法を微修正したもので、戦争放棄条項などというものはありません。**マッカーサーはこれを却下し、GHQ民政局のホイットニー局長に直接、憲法起草を命じたのです。ホイットニーは民政局のアメリカ人スタッフ数名を集めて、日本国憲法を起草することを命じます。彼らは約1週間で合衆国憲法、ワイマール憲法、スターリン憲法など各国憲法や国際条約を参考にしてマッカーサー草案を作成しました。

ホイットニーは、外相公邸で吉田外相と会談。英文のマッカーサー草案を提示して「新憲法の参考にせよ」「受け入れなければ、あなた方も公職追放する」と圧力をかけたのです。

日本側が英文草案を読んでいる間、アメリカ人たちは晴天の庭に出ました。やがて吉田の側近の白洲次郎《しらすじろう》が呼びに行くと、「俺たちはAtomic Sunshineを浴びてるんだ」とホイットニーが答えます。ちょうど半年前のAtomic Bomb（原子爆弾）の暗示でした（片岡鉄哉『日本永久占領』講談社＋α文庫）。

こうして圧力によりGHQ案をほぼ丸呑みした日本国憲法案が幣原内閣の手で提示され、その是非を問う衆院選が行なわれた結果、新憲法に反対する鳩山一郎《はとやまいちろう》の自由党が第1党になり、幣原内閣は総辞職。対してGHQは、鳩山を「軍国主義者」として公職追放し、吉田茂に組閣させ、帝国議会に新憲法を承認させました。反対する議員はもちろん公職追放されたままです。**「国民主権と言論の自由」を保障する憲法を、主権喪失・言論統制下で制定した**わけです。

「神」の心変わり

こうして「アメリカ」は批判を許さない「絶対的な正義」となりましたが、**米ソ冷戦の進展とともにアメリカの対日政策が180度転換**します。

マッカーサー（1880〜1964）　占領初期には日本の非武装化を、朝鮮戦争勃発後には日本の再軍備を進めた

占領当初、ダグラス・マッカーサーが率いるGHQは、日本が二度と軍事大国化してアメリカの脅威とならないように、日本の戦争犯罪を徹底的に糾弾し、戦争指導者を東京裁判で死刑を含む実刑に処し、「軍国主義者」を公職から追放しました。

また、非武装と交戦権否定を定めた9条を含む日本国憲法の原案を起草して公布させることで、自主防衛を許さず、日本防衛は駐留米軍が担うこととしました。

しかし欧州をドイツ軍の占領から解放したソ連が、戦後も東欧諸国に駐留して共産党政権を建てて衛星国化したため、アメリカとソ連との間で世界分割をめぐる覇権争いが発生します。核兵器を保有した米ソ両軍は直接の戦火は交えず、長期の睨み合いが続きます。「冷戦」の始まりです。

日本戦後史は、この米ソ冷戦という大きな枠の中で考えることではじめて理解できるのです。

朝鮮戦争に始まる日米安保体制

冷戦はアジアに波及し、大日本帝国から解放された朝鮮は米ソ両軍に分割占領され、北緯38度線の南の米軍占領地に大韓民国、北のソ連軍占領地に北朝鮮が成立。**1950年にはソ連製の兵器で武装した朝鮮人民軍が韓国に侵攻し、朝鮮戦争が始まります。**ソウルは1週間で陥落し、釜山《プサン》に退避した韓国の李承晩《イスンマン》大統領は、米軍の介入を求めます。

アジアにおける米軍の主力部隊は日本占領軍であり、司令官はマッカーサーでした。トルーマン大統領は発足して間もない国連安全保障理事会の開催を求め、北朝鮮を侵略国と認定して武力制裁を容認する決議の採択を求めました。

拒否権を持つ五大国のうち、NATO加盟の同盟国である米・英・仏が武力制裁に賛成し、国共内戦中で中国の国連代表権を握っていた国民政府（台湾）も賛成、北朝鮮側に立って拒否権を行使するはずだったソ連のスターリンは、アメリカとの核戦争を恐れて採決を棄権します。

この結果、**対北朝鮮武力制裁決議案が安保理で可決され、日本駐留米軍が国連の旗のもとに朝鮮半島へ出兵する**こととなりました。

50年9月15日、マッカーサーは仁川《インチョン》上陸作戦を決行して北朝鮮軍を分断、逆に北朝鮮領内へ侵攻します。ソ連は不介入を堅持し、中国共産党の毛沢東《もうたくとう》政権は北朝鮮支援のため軍事介入しますが、アメリカとの全面戦争を恐れたため、正規軍を「義勇軍」の名前で派兵しました。

この「義勇軍」の物量作戦で米軍は38度線に押し戻されたまま戦線は膠着《こうちゃく》。焦ったマッカーサーは中国本土への核攻撃を繰り返し主張したため、シビリアンコントロール違反としてトルーマン大統領に解任されます。

こうした状況に、もはや米軍には日本の占領統治に人員と経費を費やすゆとりはありませんでした。アメリカの対日政策はここで大転換し、**日本占領の終結と日本の主権回復を急ぐとともに、独立後の日本を米陣営につなぎとめておくため、米軍の日本駐留を可能にする条約の締結が必要**と考えました。

米軍と北朝鮮軍の膠着状態が続く中、米西海岸に飛んだ吉田茂首相は、51年9月8日に**連合国48カ国とサンフランシスコ平和条約に調印し、日本の主権回復が決定**しました。同日夕方、サンフランシスコ市内の第6軍司令部に呼ばれた吉田首相は、日米安全保障条約に調印、米駐留軍が「在日米軍」として主権回復後も日本の基地を使用できるようになったのです。

朝鮮戦争は、それから2年後の53年、板門店《パンムンジョム》で休戦協定が結ばれ、分断国家のまま今日に至ります。韓国はアメリカと相互防衛条約を締結し、日本同様に米軍の駐留を受け入れるとともに、徴兵制を敷いて北朝鮮軍の再侵攻に備えるようになりました。

朝鮮戦争中、トルーマン大統領から解任された直後のマッカーサーは、51年5月3日の米上院の軍事外交合同委員会で、「共産中国に対する封鎖作戦は、大戦中に日本に対して行なったものと同じものか?」と問われ、こう証言しています。

「彼ら（日本人）には、綿も、羊毛も、石油製品も、錫《すず》も、天然ゴムもなく、その他多くの資源が欠乏していました。それらすべてのものは、アジアの海域に存在していたのです。彼らが恐れたのは、これらの供給が断たれた場合、日本では1000万人から1200万人の失業者が生まれるということでした。したがって、彼らが戦争を始めた最大の目的は、安全保障上の必要だったのです」

「太平洋において、アメリカが過去100年間に犯した最大の政治的過ちは、中国において共産主義者を強大化させたことだと私は考えます」（『東京裁判却下未提出弁護側資料　第八巻』国書刊行会）

3年前に処刑した東條英機元首相が東京裁判で行なった弁明と、マッカーサー証言とが同じ結論になっているのは皮肉なことです。**アメリカにとっての日本は、「打倒すべき敵」から、「共産主義に対する防波堤」へと180度変わった**のです。

これに伴い、ＧＨＱの内部でも勢力の交代がありました。軍国主義撲滅のため共産党を利用し、日本国憲法を起草した民政局（ＧＳ）のホイットニー局長、ケーディス次長に代わって、情報機関である参謀部第２部（Ｇ２）のウィロビー部長が力を持つようになります。「赤狩りのウィロビー」とあだ名され、マッカーサーが「親愛なるファシスト」と呼んだ**ウィロビーは、日本の再軍備を進め、同時に共産主義運動を取り締まります。**いわゆる「逆コース」（戦後日本において、民主化・非軍事化に逆行した動き）を指導したのがこのウィロビー部長です。

「警察予備隊」の名で再軍備が認められ、旧帝国陸海軍の職業軍人が再び軍務に就き、朝鮮戦争では機雷除去の任務に当たりました。警察予備隊はのちに「保安隊」、「自衛隊」と改称します。吉田内閣は、米軍から供与された軍艦を「護衛艦」、戦車を「特車」、歩兵隊を「普通科」と呼ぶことで戦力不保持を定める日本国憲法との矛盾を糊塗《こと》しようとしましたが、これは欺瞞《ぎまん》以外の何物でもありません。

国会でも学界でも、「国際情勢が変わったのだから防衛力は必要であり、憲法を修正しよう」という現実的な議論にはならずに、「自衛隊は、戦力か否か？」という不毛な論争が続いたのは、日本防衛という「リアル」は、在日米軍に丸投げすることが可能だったからです。

米占領軍が当初与えてくれた「平和憲法」を護持するのが「戦後リベラル」の社会党と朝日新聞。在日米軍に頼って日米安保体制を護持するのが「戦後保守」の自民党と読売新聞。

戦後の保革対立とは、アメリカという「神の御意志」をいかに解釈するかという神学論争だったといえるでしょう。

パクス・アメリカーナへの従属

古代の地中海世界は、ローマ帝国の圧倒的な軍事力によって長期の平和（パクス）が保たれ、パクス・ロマーナ（ローマの平和）と呼ばれました。

ローマ軍に征服されたブリタニア（今のイングランド）先住民の部族長は、「ローマ人は廃《はい》墟《きょ》を作って、これをパクスと呼ぶ」という言葉を残しています。

まさに「力による平和」です。

1945年以降、圧倒的な数の核兵器を保有することで無言の睨みを利かせ、独立国といえどもアメリカに従属させることで、アメリカ中心の国際秩序と平和を維持してきた体制を、これになぞらえて「**パクス・アメリカーナ**」といいます。

米ソ戦争がついに起らなかったのはなぜか。スターリンが朝鮮戦争に介入しなかったのはなぜか。毛沢東が中国軍を「義勇兵」と称して中国政府としての介入ではないといい張ったのはなぜか。北朝鮮がその後韓国に再侵攻しなかったのはなぜか。

それは、**世界最大の核保有国であるアメリカを恐れたから**です。アメリカは、朝鮮戦争勃発のわずか5年前に、広島と長崎にためらいもなく原子爆弾を投下した国だからです。

日本は、米軍によって徹底的に叩きのめされ、強制的にパクス・アメリカーナに組み込まれ、さらに**サンフランシスコ平和条約と日米安全保障条約によってその従属的な地位を固定された**のでした。

同じ敗戦国の西ドイツの場合、大戦末期に米ソ両軍によって分割占領され、ソ連軍によるベルリン封鎖で緊張が高まりました。戦争は回避され、東西ドイツは分断国家になっています。38度線と同様に東西ドイツの国境では両軍が対峙《たいじ》し、両国ともに徴兵制を実施しました。

西ドイツ国内では、親米派のキリスト教民主同盟（ＣＤＵ）を率いるアデナウアー首相が、パリ協定を54年に結んで主権を回復、翌年ＮＡＴＯに加盟してドイツ国防軍を再建し、米軍の駐留も認めます。東ドイツに駐留するソ連軍という「目の前の敵」に対抗するには、そうするしかなかったのです。

一方、西ドイツの最大野党で労働組合を基盤とする親ソ派の社会民主党（ＳＰＤ）の内部では激論が続きましたが、59年の党大会でマルクス主義を放棄し、国防軍の保持とＮＡＴＯ加盟を軸とする現実路線が承認されました（バート・ゴーデスベルク綱領）。この結果、ＳＰＤ政権になっても**外交政策は変わらない、という安心感が西ドイツ国民に浸透し、66年にはＣＤＵとの大連立政権に参加し、今に続く二大政党制が確立した**のです。

同じ敗戦国の日本で、自民党の一党支配（裏を返せば野党第1党の万年野党化）が常態化したのはなぜか、西ドイツと比較して考えてみましょう。

戦後すぐに日本が二大政党制になれなかった理由

「自由民主党」はその名の通り、「吉田自由党」と「鳩山民主党」とが１９５５年に保守合同をしたことで生まれた政党です。

鳩山一郎は、「宇宙人」と呼ばれた鳩山由紀夫の祖父。立憲政友会の政治家として犬養毅内閣、斎藤《さいとう》実《まこと》内閣の文部大臣を務めました。敗戦後、日本自由党を結成しましたが、ＧＨＱの強権に批判的だったため、また文部大臣時代に言論弾圧事件（滝川事件）に関与し、統帥権干犯問題で軍を支持した「軍国主義者」としてＧＨＱのブラックリストに載せられます。

一方の吉田茂は駐英大使を務めた外交官で、親英米派として日独伊三国同盟に反対し、日米開戦後は早期終戦工作に動いたことが露見して45年に投獄されていたため、マッカーサーの覚えがめでたく、占領下の東久邇内閣、幣原内閣で外相を務めます。外相といっても国家主権を

吉田茂〔右〕(1878〜1967)と鳩山一郎〔左〕(1883〜1959)　現在に続く自由民主党結党の端緒を開いた

奪われた日本で、交渉相手となるのはGHQだけでした。吉田は新憲法の起草を始めとする困難な折衝にあたり、宰相への道を進みます。

親米派外交官の吉田は日本の非武装化に賛成であり、米軍が日本の防衛を肩代わりしてくれるならそれも結構、超大国アメリカに安全保障を丸投げし、その間に日本は全力で経済復興すべき、というドライな考え方でした。**「対米従属、軽武装、経済優先」のこの考え方を「吉田ドクトリン」といいます。のちに自民党の「保守本流」を支えた思想**です。

46年4月、GHQ占領下、検閲下での初の衆院選が行なわれ、新憲法の是非が争点となりました。「軍国主義者」の公職追放が進む一方、初の女性参政権が認められました。

この選挙で第1党になった**日本自由党の総裁は、マッカーサー憲法に反対する「民族派」の鳩山一郎**でした。第2党は、戦前の立憲民政党の流れをくむ日本進歩党。さらに、治安維持法が撤廃されて社会主義政党が合法化され、日本社会党が第3党に躍進したほか、日本共産党がはじめて国会に議席を持ちました。

ここでGHQが介入します。民主主義の手続きを踏んで選ばれた第1党の党首鳩山を、超法規的存在のGHQが公職追放したのです。この国の主権者が誰であるのか、まざまざと思い知らせた事件でした。

鳩山を失った日本自由党は、親米派の吉田茂を新たな総裁に迎えて「吉田自由党」が発足。吉田がはじめて内閣を組織します。鳩山は「吉田に内閣を盗まれた」と衝撃を受け、直後に脳梗塞《こうそく》を発症します。鳩山は軽井沢で静養生活に入り、その政治生命は絶たれたかに見えました。

やがてGHQの威光を笠に着る吉田の独断専行がワンマン宰相と揶揄《やゆ》されるようになり、これに不満を持つ**自由党内の芦田均《あしだひとし》ら「反米保守派」は自由党を離党し、戦前の立憲民政党の流れをくむ日本進歩党と合流して「芦田民主党」を立ち上げました。**

こうして保守陣営が分裂する中で行なわれることとなった47年の衆院選では日本社会党が第

1946年の衆院選における獲得議席数

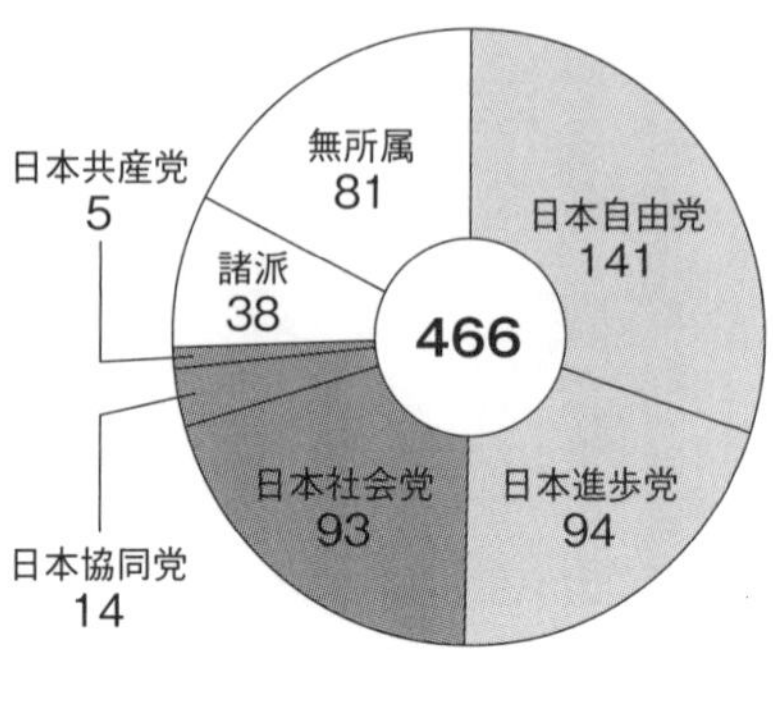

1党になり、片山哲《かたやまてつ》が首相指名を受けます。**日本史上初の社会主義政権の発足**です。

過半数を持たない片山社会党は、「反吉田」の芦田民主党と連立を組んで過半数を確保しましたが、重要産業の公社・公団化など社会主義政策を進める片山社会党と、これに反発する芦田民主党の抗争が激化して1年で内閣総辞職。芦田が首相を引き継ぎますが、閣僚の汚職事件（昭和電工事件）で半年後に内閣総辞職。ワンマン吉田が首相に復帰します。

1950年時点での保守陣営内の対立

吉田自由党（親米保守・護憲）

VS

鳩山民主党（反米保守・改憲）

50年、朝鮮戦争の勃発でアメリカの対日政策が転換すると公職追放が解除され、健康も回復した鳩山が政界に復帰。**芦田に代わって「反吉田派」の保守陣営を率いる**ことになりました。**鳩山民主党の旗印は、「民族独立」「自主憲法制定」**です。

このまま政権交代可能な二大政党制となれば、日本の民主主義はよりダイナミックなものとなっていたでしょう。ところが**両党はいずれも過半数に届かず、日本社会党という大野党が存在していた**のです。マルクス主義と決別した西ドイツの社会民主党と違って、日本社会党は社会主義革命の旗を捨てず、ソ連から物心両面の支援を受け続けました。

ドイツでは、「ベルリンの壁の向こう側」、朝鮮では「38度線の向こう側」へ行ってしまった人たちが、日本では「こちら側」で資本主義社会の豊かな生活を享受したまま革命を夢想しており、その言動は自己否定と「あちら側」への礼賛に終始してきたのです。

国会の中にも見えない「ベルリンの壁」、見えない「38度線」が存在するため、その境界線をはさんで行なわれる議論には妥協というものがなく、はじめから結論ありきでいくら説明しても理解されず、やむを得ず与党側が採決に移ると「強行採決だ！」とデモをやる。その頂点が、後述する安保闘争だったわけですが、国会論議の不毛は今も続いています。多数決を否定するなら、暴力革命と全体主義に行き着くしかありません。

自民党一党支配──「55年体制」の起源

1951年、**アメリカ主導の対日講和条約をめぐって日本社会党は左右に分裂**します。社会党の内部にも「日本の平和は在日米軍のプレゼンスによって維持されている」と気づいた人たちがいて、日米安保体制を容認すべきだと主張する「右派」を形成しました。

鳩山民主党政権下での55年総選挙は鳩山民主党が圧勝。社会党は左右に分裂して票を分け合い、第3党、第4党に転落してしまいます。

その結果、「左右の社会党が再統一すれば156議席となり、第2党に躍進できる」という

1955年の衆院選における獲得議席数

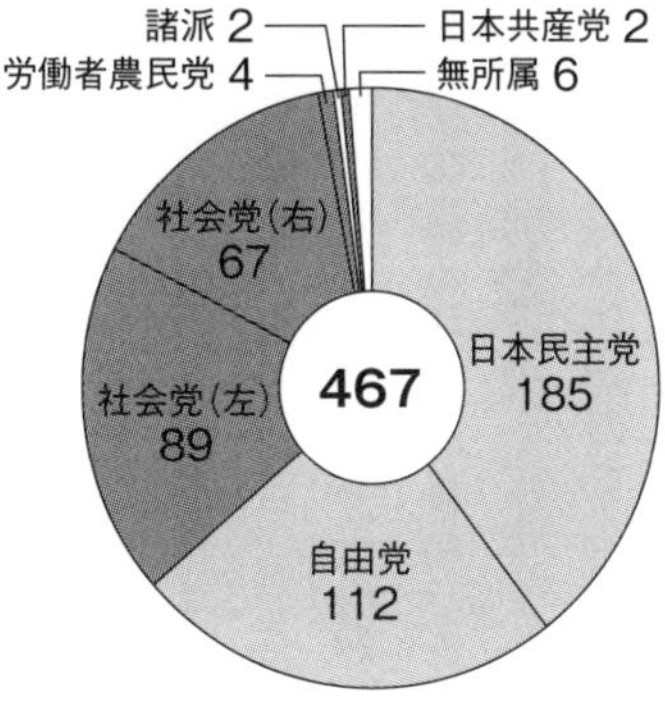

1955年の社会党再統一と保守合同を受けての衆議院の議席数

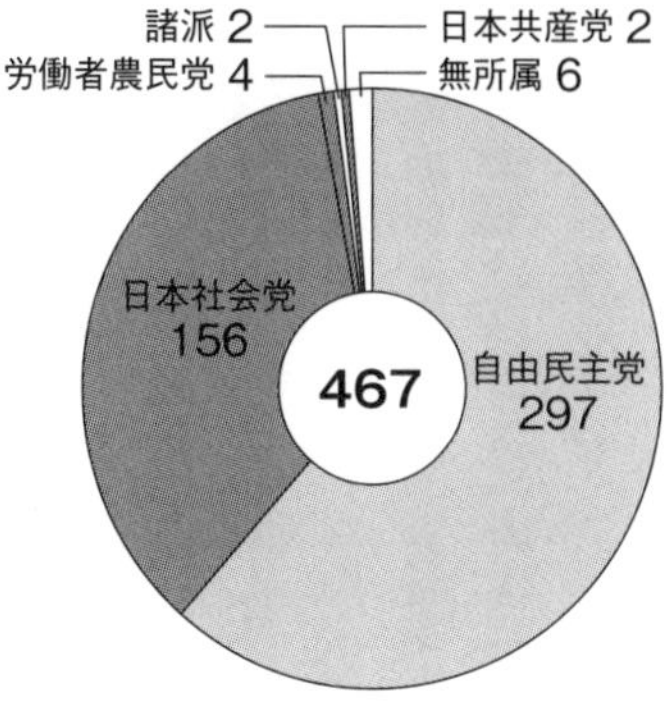

打算のもと、**55年10月の党大会で日本社会党は再統一しました。**

一方、ソ連の代理人のような政党が再統一されて国会で3分の1を制すという状況に、「もはや、吉田と鳩山で争っている場合ではない」と保守陣営は色めき立ちます。

こうして**55年11月、鳩山民主党は自由党と合同党大会を開き、自由民主党の結党を宣言しました。**いわゆる**保守合同**です。その背景として、社会党政権による国有化を恐れる財界、ソ連の影響力拡大を恐れるアメリカがこの動きを後押ししたのはいうまでもありません。

脳梗塞という「時限爆弾」を抱える鳩山には残された時間はわずかでした。持論である「自主憲法制定」を自民党の党是《とうぜ》に盛り込んだものの、その実現の前には衆議院で3分の1を占める日本社会党が立ちはだかります。

とはいえ、もう一つの「対米自立外交」は可能性が見えてきました。ソ連共産党の独裁者スターリンが死に、後継者のフルシチョフがスターリン批判を行ない、「米ソの平和共存」を打ち出したからです。

56年、厳寒のモスクワに飛んだ鳩山首相は、ブルガーニン首相との首脳会談に望み、**ソ連の対日参戦以来の戦争状態を終結して国交を再開しました（日ソ共同宣言）**。ソ連軍によってシベリアで抑留、強制労働を課せられていた旧日本兵60万人はすでに10％が死亡していましたが、生存者の帰還が始まったのもこの直後からです。千島列島の領土問題が棚上げされたことは禍《か》根《こん》を残しましたが、シベリア抑留者の帰還を実現した鳩山の業績は評価されるべきと考えます。帰国後、精魂尽きたように鳩山は政界を去り、59年に他界しました。

日本社会党と空想的平和主義

日本社会党の鈴木《すずき》茂三郎《もさぶろう》委員長が「非武装中立」を掲げ、「青年よ再び銃をとるな」と訴えたことは、反戦気分が強かった当時の世論に大きくアピールしました。

まだテレビが普及しておらず、新聞とラジオだけが伝える朝鮮戦争の動向は、日本国民にとって遠くの雷鳴のようなものでした。むしろ「朝鮮特需」といわれた軍需景気に沸く日本では、戦災からの復興が第一であり、新たな戦争に巻き込まれることなどまっぴら御免。要するに、日々の生活に追われて何も考えたくない、というのが大方の世論だったのです。

1955年の再統一以後、**日本社会党の主導権を握ったのは多数派の左派**でした。社会党員の多くは労働組合からのたたき上げですが、左派の中核に「社会主義協会」という共産党以上のバリバリのマルクス主義者の組織があり、政策決定権を握っていました。この結果、**日本社会党は「護憲」「日米安保条約破棄」「非武装中立」を党是とした**のです。

社会主義協会の指導者向坂逸郎《さきさかいつろう》は、九州大学でマルクス主義経済学を教え、岩波文庫版の『共産党宣言』を翻訳した人物です。60年代にはソ連を二度訪れて歓迎され、ソ連軍のチェコ侵攻（「プラハの春」弾圧）に際してもソ連の侵略行為を公然と支持しました。

独自路線に転じた日本共産党がソ連を「社会帝国主義」と批判したのに対し、日本社会党を仕切っていたのはソ連べったりの向坂でしたから、ソ連は日本社会党に政権を取らせるため、あらゆる工作を行ないました。

ソ連の情報機関であるKGBの工作員として東京でスパイ活動を行ない、79年にアメリカへ亡命したレフチェンコ元少佐は、米下院情報特別委員会で「社会党の外交政策とソ連の外交政策がまさにウリ二つと言っていいくらい似ていた。国際部の工作の結果、……ソ連の外交政策の青写真をそのまま党の方針にしていたのは、世界中でも日本社会党だけだった」（『文藝春秋』93年6月号）と証言しています。

後述するように、米CIAも自民党への支援工作を行なってきました。**戦後の日本政界は、アメリカとソ連、のちには中国が手を突っ込み、各党は超大国の代理戦争を演じていた**のです。

岸信介――民族派保守の復権

対米従属からの脱却を目指し、志半ばで倒れた鳩山一郎の後継者は、岸信介《きしのぶすけ》でした。叔父は松岡洋右《まつおかようすけ》外相。実弟の佐藤栄作《さとうえいさく》と孫の安倍晋三《あべしんぞう》はいずれも首相となっています。

東京帝国大学法学部在籍中に、天皇主権説を主張した上杉慎吉門下の学生グループのリーダーとして美濃部の天皇機関説を攻撃。農商務省に入省してソ連型計画経済の導入を目指す「革新官僚」となり、満州国に配属されて五カ年計画を実施しました。関東軍参謀長だった東條英機は岸の有能を認め、東條内閣組閣にあたり岸を商工相、のち軍需次官に任命しました。

しかし大戦末期、サイパン島が陥落すると、「米軍の本土空襲が始まれば、閣僚として責任を果たせなくなる。その前に講和を」と東條首相に要求し、閣内不一致で東條内閣を崩壊させます。東條首相配下の憲兵隊長が岸邸に怒鳴り込みますが、岸は逆に一喝してこれを退散させています。

戦後、戦犯容疑で岸を巣鴨プリズンに投獄したGHQでしたが、岸の「東條内閣打倒」の行動に注目し、不起訴のまま釈放しています。

アメリカは、敗戦国日本を一刻も早く経済復興させ、西側陣営の一員として応分の負担を負わせようとしていました。鳩山のようなイデオロギー先行の政治家ではなく、優秀な行政官を日本の首相に据えようとしていたのです。岸はまさに適任でした。

モスクワから帰国した鳩山一郎が辞職したあと、自民党総裁に選ばれた石橋湛山《いしばしたんざん》も在任2カ月で急病のため退陣し、1957年、岸信介が後継総裁に選出されました。

岸は、米大統領との首脳会談を求め、日本側の要求を提示しました。

1. 不平等な日米安保条約を、より平等なものとすること
2. 在日米軍の縮小と、これを補うための自衛隊の増強
3. 米軍の施政下にある沖縄と小笠原諸島の10年以内の返還

これは「対米従属を続け、軽武装で経済発展に専念する」という吉田ドクトリンからの転換でしたが、アメリカにおける政権交代が岸を後押ししました。現実主義的な共和党アイゼンハワーが、イデオロギー先行のリベラルな民主党トルーマンに代わって政権を握ったからです。

吉田はトルーマン大統領とは一度も会っていません。同格の相手とはみなされなかったので

岸信介（1896～1987）　改憲派で、対米従属脱却を目指した鳩山一郎の後を継いだ

す。一方、57年に訪米した岸はアイゼンハワー大統領とゴルフコースを回り、一緒にシャワーを浴びています。大歓待されたのです。

このときの日米共同声明では、次のことが確認されました。

1．安保条約改定の作業に着手すること
2．在日米軍のうち陸軍を撤収すること
3．沖縄と小笠原での日本の潜在主権を認めること

岸の要望は通ったのです。

これ以後、60年の安保改正まで日米両国間での折衝が続きました。

日米安保条約改定と安保闘争

ＧＨＱの占領下で吉田がサンフランシスコ平和条約と同時に結ばされた**旧安保条約は、その内容から「片務的」と称されました。**

1．日本は米軍基地を提供する義務があるが、アメリカには日本防衛の義務がない
2．アメリカは日本政府に相談なく、在日米軍基地を使用できる
3．在日米軍は、日本における内乱鎮圧のため、治安出動ができる

これらの条件があったからです。

つまり、朝鮮戦争の兵站《へいたん》として在日米軍基地を使いたかったアメリカの都合で結ばれた条約ですから、今後アメリカが世界で展開するであろう新たな戦争の際に、日本政府が賛成しようがしまいが、在日米軍基地は勝手に使われるということだったのです。

これに対して吉田は、日本がアメリカの戦争に巻き込まれないようにするため、同じアメリカが日本に与えた日本国憲法の第9条を武器にしました。

「わが国は戦力を持たず、交戦権もございません。基地は提供しますが、出兵はできません」というのが「吉田ドクトリン」の本質です。

一方、**岸は日本が自主防衛の能力を持つことで、日米安保条約をより対等なものへ改めようと決意**します。2年にわたる日米交渉の結果、改定案がまとまりました。

1．アメリカは、日本防衛の義務を負い、日本は米軍基地を提供する

2．在日米軍の配備、緊急時の基地使用については、日米が事前協議をする
3．「内乱条項」を削除する

なお、核兵器の日本持ち込みについては、軍事戦略上これを秘密にしたい米海軍の要請を受け、明文化しない（否定も肯定もしない）ことになりました。否定すれば核抑止力が働かなくなって敵対国からの攻撃リスクが高まりますし、肯定すれば核アレルギーの強い日本国内で反核運動に火がつくことが目に見えていたからです。

こうして60年1月、岸は再び訪米し、新安保条約に調印。あとは両国議会の批准《ひじゅん》を待って、アイゼンハワー大統領が初訪日するという日程が決まりました。

この新安保条約は、それまで従属関係だった日米関係を変えました。自衛隊がアメリカに駐留するわけではありませんから対等とはいえませんが、ほんの少し、対等に近づけたのです。

安保闘争と岸の退陣

ところが、日米安保条約や自衛隊の存在自体を「憲法違反」と見なす日本社会党から見れば、「憲法9条に従って安保条約は破棄し、自衛隊は解散すべき」ものであり、これを改定して延長するなど言語道断という論理になります。日本社会党と支持母体の日本労働組合総評議会

（総評）、日本共産党、全日本学生自治会総連合（全学連。共産党から分派した新左翼が牛耳《ぎゅうじ》っていた）が、「安保改定阻止」の一斉行動に出ました。

他方、国会内では日本社会党が審議時間を引き延ばし、国会の周辺では労働組合と全学連がデモを繰り返し、普及し始めた白黒テレビがこれを大きく報道しました。

これに業を煮やした自民党側は1960年5月19日、衆議院での審議を打ち切ります。採決を妨害する社会党議員が議場に立てこもると、警官隊を投入してこれを排除し、翌日未明に自民党の賛成多数で新安保条約は批准されました。

マスコミはこれを「強行採決」と報道、翌日からのデモは暴力的となります。

60年6月15日、国会突入を図った全学連の学生たちと機動隊が衝突します。東京大学3年生で共産主義者同盟（ブント）の活動家だった樺《かんば》美智子《みちこ》さんが胸部圧迫で死亡したほか、双方合わせて数千人が負傷しました。学生側は「機動隊による暴行だ」とヒートアップします。

アイゼンハワー大統領はフィリピンまで来ていましたが、身の安全を考慮して東京訪問はあきらめ、韓国へ向かいました。新安保条約の成立を見届けた岸内閣は、混乱の責任をとって総辞職します。

半年後、池田勇人《いけだはやと》内閣のもとで行なわれた衆議院選挙で、**自民党は287議席から296議**

席に躍進。逆に安保闘争を指導した日本社会党からは、安保賛成派が離党して民社党を結成し、166議席から145議席に減らします。国会前で荒れ狂うデモ隊は、ものいわぬ大衆（サイレント・マジョリティー）の動向を反映していなかった——どこかで見たような光景です。

当時5歳だった安倍晋三は、兄と一緒に「アンポ、はんたーい！」とデモ隊の真似をする自分をニコニコと眺める祖父岸信介との対話を覚えていると語ります。

「『アンポってなぁに？』と聞くと、『日本をアメリカに守ってもらうための条約だよ。なんでみんな反対するのかわからない』——そんなやりとりをしたことをかすかに覚えている」（『週刊ポスト』2015年5月22日号）

この幼児が、祖父の遺志を継ぐことになるのは、それから半世紀後のことです。

第２部

第7章

高度経済成長の時代

農村が、過激な共産主義から保守に転じた理由

1960年の安保闘争をピークとして「政治の季節」は終わり、「所得倍増」を唱える池田勇人内閣のもとで「経済の季節」が始まりました……という物語が、これまで戦後史の常識として語られてきました。では、**高度経済成長とはいったい何だったのか？ 日本の政治思想にいかなる影響を与えたのか**。第7章では、高度経済成長に舵《かじ》を切った池田勇人と、後継者の佐藤栄作について検証してみたいと思います。

安保闘争が高揚した60年当時の日本人の国民所得は、やっと50万円に達したばかりでした。これは日米戦争開戦前の40年の水準と同じです。1人当たりの国民所得が300万円を超えている現代日本人には想像を絶する話ですが、戦災でどん底まで落ちた日本経済が、ようやく戦前の水準に戻ったのです。今日の南アフリカやリビアと同じレベルの生活水準であり、これでよく超大国アメリカと4年も戦ったなぁ……と呆《あき》れるばかりです。

「メシが食えない」状況は富裕層への憎悪をかき立て、労働運動・社会主義運動を激化させます。**ソ連型社会主義を礼賛する日本社会党が最大野党となり、資本主義そのものを攻撃する日本共産党が躍進を続けたのは、この貧困が原因でした。**46年に皇居前広場で行なわれた食糧メ

終戦直後の闇市の様子

ーデーのデモでは「国体はゴジされたぞ。朕《ちん》はたらふく食っとるぞ、ナンジ臣民、飢《う》えて死ね」というプラカードが掲げられました。これは、人民の怒りを天皇に向けようとする日本共産党のプロパガンダでした。

戦場となった欧州諸国でも事情は同じでした。戦後行なわれた選挙で共産党、社会党が躍進し、ソ連軍の占領下に置かれた東欧諸国では、次々に共産党政権が樹立されました。西欧諸国でも、イギリス労働党やフランス社会党、西ドイツの社会民主党が、二大政党の一つとして政権を担当するようになります。

ソ連の影響力拡大を恐れるアメリカは、核兵器でソ連軍を牽制《けんせい》すると同時に、**各国への大規模な経済援助によって貧困を撲滅し、共産主義拡大の根を絶とう**としました。

欧州諸国に対する無償経済援助のマーシャル・プラン、日本・ドイツの占領地に対する有償援助のガリオア資金を供与したのです。アメリカが最大の出資国である世界銀行も、各国のインフラ投資を低利融資で助けました。戦後日本の経済復興は、朝鮮戦争の特需に加え、経済大国アメリカからの莫大な資金流入で可能になったわけですが、これは**米ソの冷戦という世界史全体の枠組みによって、アメリカ側についた日本が受益者となった**、という構図です。

戦前の世界恐慌期に際してアメリカで失業対策として行なわれた**ニューディール政策とは、政府の支出による大規模公共事業、国営企業の設立、「大きな政府」を是とする政策**でした。ソ連で始まったばかりの社会主義計画経済（五カ年計画）を、水で薄めてアメリカでも実施し、**自由競争にブレーキをかけた**のです。このような経済政策は、修正資本主義とかケインズ主義などと呼ばれ、同時期の日本（高橋是清蔵相）やドイツ（ヒトラー政権のシャハト経済相）などでも実施され、デフレ克服と失業対策に一定の成果をあげました。

計画経済の実験は満州国でも行なわれ、商工省の「革新派」官僚岸信介が主導したことは前章で触れました。戦後、岸を戦犯容疑で投獄したGHQの政策立案チームは、ニューディーラーと呼ばれる修正資本主義者でした。経済政策では岸と一緒だったといえます。

ニューディーラーが行なった社会主義的諸改革、特に農地改革は、江戸時代以来の地主・小作制度を解体し、大量の自作農を創出することに成功し、さらに農地法で農地売買を許可制にして、大規模農家の復活を阻止しました。

国民の多数が農業人口だった時代に、農村の貧困は社会不安の温床《おんしょう》でした。**共産主義運動も、北一輝《きたいっき》らの国家社会主義運動も、この温床から生まれた**ものでした。

GHQを「解放軍」と呼び、その強権による「民主化」改革を歓迎していた日本共産党ですが、農地改革で自らの存立基盤を崩されていったことに気づくのが遅れました。

農地改革の結果、守るべき土地を手に入れた農民たちは、急速に保守化していきました。共産党が掲げる土地国有化などもってのほかです。彼らは選挙のたびに保守政党に投票するようになりました。農協（現JA）はこうして、自民党の強固な支持基盤となっていきます。

60年安保闘争が、国会周辺と大学のキャンパス周辺で盛り上がったとき、農村でこれに呼応する動きは皆無でした。

「過激な革命運動を阻止するのに最も効果があるのは警察力ではなく経済政策である」と鋭敏に見抜いたのは、革新官僚出身の岸信介首相その人でした。

60年の新安保条約を成立させたあと、混乱の責任をとって首相を辞任した岸の後継者となったのが大蔵官僚出身の政治家、池田勇人でした。日本は、まさにこの池田時代に、豊かな先進国へと生まれ変わったのです。

池田勇人とは何者か？　話はGHQの占領時代に戻ります。

「吉田学校」の2人

GHQに公職追放された鳩山一郎に代わって、GHQの「お気に入り」として政権を握った吉田茂には悩みがありました。外務官僚出身の吉田には、自分の手足となって働く子飼いの子分がいなかったのです。

海千山千《うみせんやません》の自由党の幹部たちは、吉田のいうことを聞きません。また、選挙対策や派閥政治には長けている一方、実務能力という面では欠如している人間も多かったのです。

こうした状況の中、「日本の復興と独立には、実務能力が必要だ」と考えた吉田は、各省庁の官僚や都道府県知事に声をかけていきます。派閥を嫌った吉田はこの政策チームを「吉田学校」と呼びましたが、**実質的な「吉田派」の形成**でした。

「吉田学校」の双璧となったのが、大蔵次官の池田勇人と運輸次官の佐藤栄作でした。いずれも岸退陣後の1960年代に内閣を組織し、日本の高度経済成長を担った人物です。

のちに2人は袂《たもと》を分かち、「吉田学校」は**池田派の宏池会《こうちかい》（自称「保守本流」）**と**佐藤派（のちの田中派、経世会《けいせいかい》）**とに分裂します。

「大きな政府」としての経済政策を主導した池田勇人

池田勇人は、広島県の造り酒屋の末子に生まれ、熊本の第五高等学校に進みました。五高の受験の際に、山口県の造り酒屋出身の佐藤栄作とたまたま同宿となり、受験後に仲間数名と痛飲しています。佐藤がその後、東京帝国大学法学部に進んだのに対し、池田は東京帝大受験に失敗し、京都帝国大学に進みました。

卒業後は大蔵省（現財務省）に入省しますが、東大法学部卒がエリートコースを保証する大蔵省にあって、「京大卒」という学歴は池田の足かせとなりました。

池田勇人（1899～1965）　大蔵官僚から政治家に転じ、吉田のブレーンを経て首相となった

函館、宇都宮と地方の税務署長を転々としますが、突然、手足の皮膚に水泡ができて猛烈なかゆみに襲われる免疫異常の難病に侵され、大蔵省を退職せざるを得なくなります。

以後5年間の療養生活を強《し》いられ、介護疲れから新妻も急死するという不幸が続きます。時に満州事変が始まった１９３０年代、30代前半の池田は失意のどん底にありました。

しかし、ここから奇跡の生還を果たすと、34歳で大蔵省に復職、地方の税務署長に戻ります。中国との戦争が長期化し、財源確保が国運を制するという状況の中、池田の徹底的な徴税ぶりは本省でもようやく認められ、45年、主税局長に昇進しました。大蔵次官、主計局長に次ぐ省内ナンバー3です。池田勇人、45歳でした。

敗戦後はＧＨＱの経済科学局（ＥＳＳ）に呼び出されて税務の相談役となり、第1次吉田内閣のもとで大蔵次官（省内ナンバー1）に昇進します。数字を丸暗記できる池田の才能に、吉田もＧＨＱの軍人たちも魅了されました。大蔵省ビルがＧＨＱに接収されたため、四谷の小学校を間借りして、破綻した日本財政の再建に取り組みました。この間、**吉田茂に声をかけられて「吉田学校」入りし、政治家への転身を決断、48歳で大蔵省を退職し、故郷の広島で衆院選に初当選**します。

49年、ＧＨＱは日本のハイパーインフレを抑え込むため、前デトロイト銀行総裁のジョゼフ・ドッジを送り込んできました。**経済財政問題に疎《うと》い吉田はこのドッジに対抗するため、一年生議員の池田勇人を大蔵大臣に抜擢**します。このとき池田は秘書官として、同郷で英語が堪能な宮澤《みやざわ》喜《き》一《いち》（のちの首相）を抜擢し、ドッジを迎えました。

復興を加速するため赤字国債を出しても公共投資をやりたい池田の意向に反し、ドッジはインフレ対策と財政再建を命じ、厳しい緊縮財政を強要します。ＧＨＱの命令は絶対でした。

池田蔵相はこれに従い、公共投資削減、公務員の解雇などを断行しました。このデフレ政策によって財政は均衡したものの、失業者はさらに増え、倒産自殺が相次ぐ中、記者会見で池田が「中小企業の倒産はやむを得ない」「貧乏人は麦を食え」と発言したため、マスコミから猛烈なバッシングを受けます。

池田蔵相の個々の政策について深入りするのは本書のテーマと外れますので差し控えますが、次の三つは記憶されるべきでしょう。

・**住宅金融公庫の創設**……公的機関である公庫が、民間人に住宅購入資金を低利融資
・**大蔵省資金運用部を創設**……大蔵省の資金運用部が、郵便貯金や年金積立金を道路公団、住宅都市整備公団などの特殊法人（準国営企業）に融資して、公共事業を加速させた
・**経済産業省の前身である通商産業省（通産省）を発足**……商工省を再編した巨大官庁。輸出の拡大、鉱工業製品の生産と流通の監督、中小企業の指導、専売事業など業務は多岐にわたり、政府主導の経済成長実現に寄与した

いずれも**ニューディール型の「大きな政府」が主導する修正資本主義**です。第4次吉田内閣では、池田自身が通産大臣に就任し、「日本株式会社」の陣頭指揮をとりました。

のち90年代以降の橋本行革、小泉構造改革で「非効率」「汚職の温床」とやり玉にあがり、

サンフランシスコ平和条約に調印する吉田茂首相の背後、一番左が池田勇人蔵相

改廃された政策の多くが、池田時代の産物だったのです。しかし**民間経済が弱いときには、政府主導の経済政策がむしろ効率がいい**のは、「開発独裁」と呼ばれた韓国やシンガポール、インドネシアなどの経済政策でも証明されています。

朝鮮戦争が始まった50年、ドッジ・プランの再交渉を名目に、通訳の宮澤補佐官とともに訪米した池田蔵相は、「独立後も米軍駐留を認める」という吉田首相のメッセージをアチソン国務長官に伝え、日米講和への動きを加速させました。

翌年、サンフランシスコ平和条約に署名する吉田首相の後ろに、池田の姿もありました。首相と外相を兼ねる吉田は、自分の後継者として池田を印象づけたかったのでしょう。

同日夜、日米安保条約調印。吉田は池田に、「君の経歴に傷がつくといけないから、私だけがサインする」と1人で米陸軍基地の調印会場に向かいました。

米軍の駐留を認める安保条約については、政権内部でも強い批判があったからです。

池田勇人による国防と教育の施策

朝鮮戦争はアメリカの外交政策を一変させました。「主敵」である共産主義勢力（ソ連・中国・北朝鮮）に対抗するため、同盟国（西欧諸国と日本）に対する軍事援助を強化することになったのです。米議会はマーシャル・プランに代わる相互安全保障法（ＭＳＡ）を制定し、同盟国への経済援助を通じて軍事費増大を支援することを定めました。

日本に対しては、マッカーサーのもとで制定された日本国憲法で禁止したはずの再軍備、しかも10個師団35万人の兵力を持つことを要求し、そのための経済援助を惜しまないという意向を伝えてきました。

これに対して「援助はありがたいが軽武装にとどめたい」というのが吉田首相の本音でした。朝鮮戦争勃発後にマッカーサーの指令で創設された警察予備隊は、サンフランシスコ平和条約締結後に保安隊と改称していましたが、本土防衛に最低限の装備しか持たず、吉田首相も国会で「保安隊は弱体で軍隊にあたらず、憲法９条に違反しない」と答弁しています。

吉田の特使として再び渡米した池田は**ロバートソン国務次官補と会談し、アメリカの余剰農産物を援助品として受け取り、それを転売した資金で保安隊を増強する**ことで合意しました。

この結果、日米相互防衛援助協定（MSA協定）が結ばれ、自衛隊が発足します。MSA協定で日本に大量に送られたアメリカ産の余剰農産物——小麦や脱脂粉乳は、学校給食用に配給されました。日本人にパン食が普及したのはこのときからですが、日本の小麦農家が壊滅し、食料輸入の6割を輸入に頼るようになったのも、このMSA協定の影響です。

自衛隊の発足につながった池田・ロバートソン会談では、**「日本政府は教育および広報によって日本に愛国心と自衛のための自発的精神が成長するような空気を助長することに第一の責任をもつ」ことで両者は合意**しました。このあたりに池田の国家観を窺《うかが》い知ることができます。

社会党と連携して対米講和や再軍備に断固反対し、「教え子を再び戦場に送るな」キャンペーンを続けた日本教職員組合（日教組）の教育行政への影響力を排除するため、教育委員会が公選制から任命制になり、1958年の学習指導要領には国旗・国歌が明記されました。**リベラル側がいう「教育の逆コース」の転換点を作ったのも、実は池田**だったのです。

「保守本流」宏池会の立ち上げ

自他共に認める吉田の後継者として、自由党の人事権を握る幹事長となった池田ですが、「反吉田派」の芦田均の裏切りによって保守陣営は分裂。日本社会党の片山哲に政権を奪われ、冷や飯を食う結果となりました。このときの遺恨は、その後も尾を引きます。

片山・芦田内閣が短命に終わったあと、**「反吉田派」**を糾合したのは**公職追放を解除された鳩山一郎であり、鳩山政権を支えたのが岸信介**でした。

大蔵官僚出身の池田と商工官僚出身の岸は、ともに統制経済的発想をする実務家で、アメリカとの同盟の枠内で防衛力強化を図るという現実主義者です。本来ならば意気投合するはずですが、保守陣営内のどろどろした派閥抗争の中で、敵対関係になってしまったのです。

また**岸の実弟が佐藤栄作であったため、「吉田学校」内部での池田派と佐藤派との対立も顕在化**していきます。


鳩山民主党政権に、野党自由党が合流する形で行なわれた「保守合同」は、吉田と池田にとって不本意なものでした。モスクワ帰りの鳩山が辞職したあと、2カ月で終わった石橋湛山内閣は、派閥均衡の意味で池田を蔵相に起用します。しかし体調不良の石橋から政権を引き継いだ岸は、内閣改造のタイミングで池田を蔵相から外しました。**池田は岸に干された**のです。

岸が弟の佐藤栄作に禅譲《ぜんじょう》した場合、自分の出番はなくなると悟った池田は、自らの派閥を立ち上げることを決意し、**「吉田学校」内を佐藤と分けて「宏池会」を結成**しました。**吉田自由党の直系という意味で「保守本流」と自称**し、のちに大平正芳《おおひらまさよし》、鈴木善幸《すずきぜんこう》、宮澤喜一の各首相を出すことになる派閥です。

60年安保闘争で政権基盤が揺れる岸首相から通産大臣に任命された池田は、自衛隊の治安出動を要求します。岸はこれを却下し、自らの退陣と引き換えに混乱を収拾しました。国会を包囲するデモ隊を見ながら、池田は**「貧困の放置」が社会不安を生むことを痛感**します。

所得倍増計画がもたらした貧困からの脱却

自民党総裁選の結果、ポスト岸の総裁となった池田は、ついに首相に就任しました。「所得倍増計画」と4年後の東京五輪の成功を訴えて衆院選に踏み切った池田は、自民党を圧勝させます。

安保反対デモは潮が引くように沈静化し、学生たちは学業に、労働者は職場に戻りました。10年間で国民総生産（GNP）を倍の26兆円にするという所得倍増計画は、「月給が倍になる」という具体的イメージとして国民に流布しました。「デモなんかやってる場合ではない、働こう」というインセンティブとなったのです。

具体的政策としては、次のようなものが進められました。

・**太平洋ベルトに工業地帯の建設**……高速道路、新幹線、港湾などの集中的なインフラ投資を行ない、原料の輸入と製品の輸出を容易にする巨大コンビナート群を建設した

１人当たり実質国民所得の推移

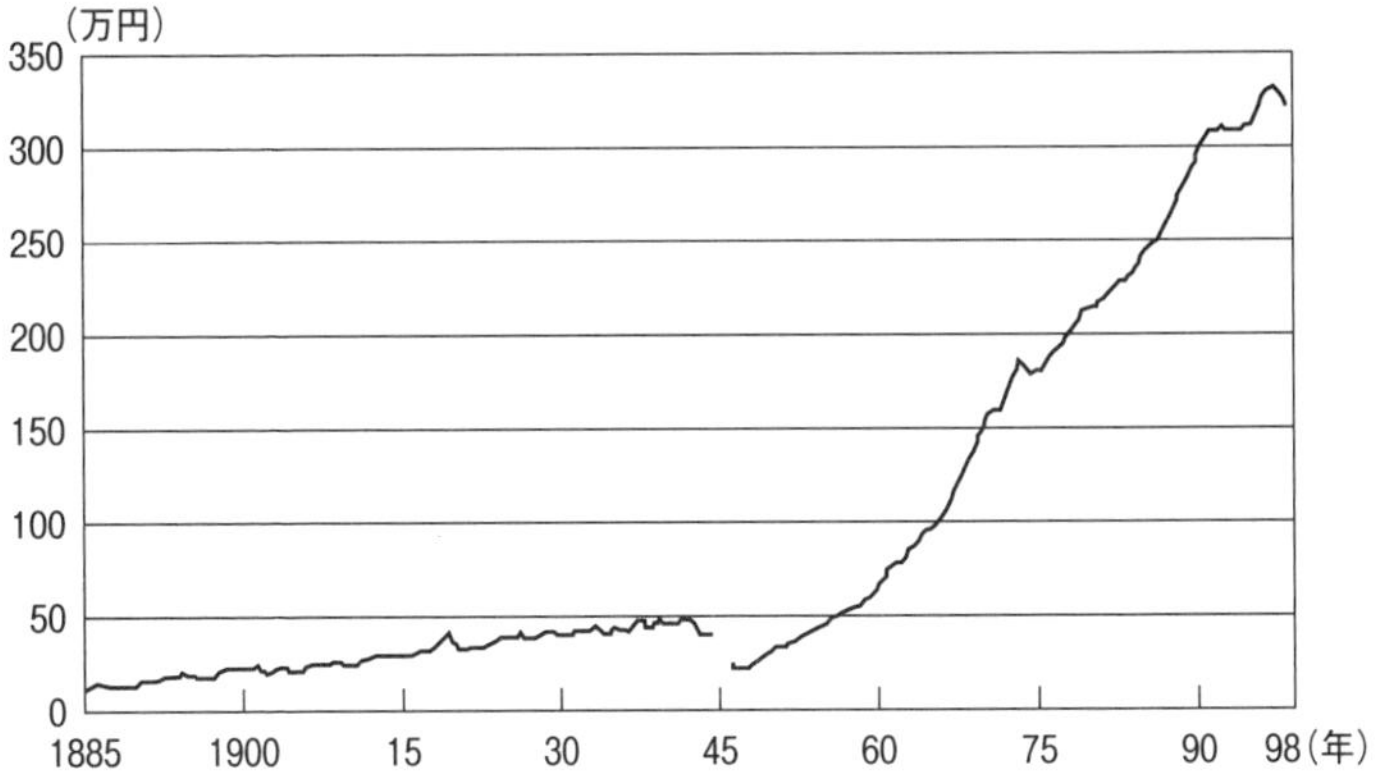

内閣府ホームページ（https://www5.cao.go.jp/j-j/wp/wp-je00/wp-je00bun-2-0-1z.html）をもとに作成

・**農業の機械化、大規模化**……人口の40％を占める農林水産人口を半分に減らし、余剰労働力を太平洋ベルトに集めて雇用を確保した
・**国民皆保険、国民皆年金制度**……医療費と年金を国家が保証することで老後の不安をなくし、国民の購買力を高めた

この結果、農村部から太平洋ベルトへ高卒生が流れて集団就職が行なわれ、大都市圏近郊には日本住宅公団が大量の公団住宅を建設し、街からは失業者や路上生活者の姿が消え、街並みも一変しました。私の両親もローンを組んで埼玉に公団住宅を買い、安定した生活を営めるようになりました。

生産第一の所得倍増計画が自然環境を破壊して四日市《よっかいち》ぜんそくなどの公害病を生み出し、若年労働者が流出した農村で過疎化が深刻化し、不足分を輸入に頼った結果、食料自給率がますます下がっていった、というマイナス面も無視はできませんが、とにかく**日本は貧困から脱却**しました。

1973年の第1次石油危機まで年率10％以上の経済成長が続いた結果、先進国の仲間入りをすることができたのです。

1940年に誘致していながら戦争のため延期された東京五輪を、24年後の64年に開催できたことは、所得倍増計画の成功を世界に誇示する晴れ舞台となりました。

しかしこのとき池田は咽頭《いんとう》ガンを発症しており、開会式には出席したものの、試合は病室のテレビで観戦し、閉会式の翌日に退陣表明を行ないました。

池田が後継者に指名したのは、「吉田学校」の同期生で岸の弟である佐藤栄作でした。

佐藤栄作とは何者か？

山口県田布施町《たぶせちょう》の造り酒屋、佐藤家には三兄弟がいました。

長男の市郎《いちろう》は海軍兵学校、海軍大学校を首席で卒業し、海軍中将にまで進んだ秀才。次男の信介は婿養子だった父の実家である岸家の養子となり、東京帝国大学法学部、商工省の官僚、満州国の官僚、公職追放を経て首相になりました。

華々しい経歴の兄たちを見ながら成長した末っ子の栄作は、東京帝国大学法学部を卒業後、親戚で満鉄理事だった松岡洋右の紹介で鉄道省（のちの運輸省）に入省。兄の信介とは違って政治活動を控えたのでGHQの公職追放を免れ、運輸次官に昇進します。

吉田茂に見出されて「**吉田学校**」**入り**し、五高で同期だった池田勇人と再会。**運輸省を退職して政治家に転身し、吉田内閣の内閣官房長官に抜擢**されます。挫折の連続だった池田勇人とは対照的な世渡り上手です。

唯一のピンチは、自由党の幹事数名が造船業界からの収賄《しゅうわい》容疑で逮捕された「造船疑獄」でした。検察庁は自由党幹事長である佐藤の逮捕状も出しましたが、犬養健《たける》法相（犬養毅元首相の子息）が「重要法案審議中」を理由に指揮権を発動し、逮捕を阻止しました。この事件で第5次吉田内閣は総辞職、佐藤は在宅起訴されますが、国連加盟の恩赦で免罪となります。

佐藤栄作（1901〜1975）　岸信介の弟でもあり、運輸官僚から吉田茂に見出されて政界入りし、のちに首相となった

兄信介が政界に復帰すると自民党に参加し、**岸政権では池田に代わって大蔵大臣に就任**。池田政権では通産大臣として所得倍増計画を支えますが、「安定成長」路線を掲げて**経済成長第一主義の池田首相に批判的立場**をとりました。

ところが、その後最大のライバルと目していた池田が病気引退を発表し、自分が後継者に指名されます。まさに強運の持ち主といえるでしょう。

佐藤内閣は歴代2位の長期政権となりました。日本経済の高度成長は続いており、国民は政治闘争より安定を求めていました。東京五輪の最中の64年に原爆実験に成功した中国では、毛沢東が親ソ派、親米派を粛清する文化大革命を開始し、ベトナム戦争に軍事介入した**アメリカは、中国に対する防波堤として日本と韓国を重視**していました。

佐藤内閣の業績は、次の3点です。

・**日韓基本条約（1965年）**……韓国（朴正熙《パクチヨンヒ》政権）を承認して北朝鮮を承認しない、という立場を明確にした。韓国が求める戦時賠償は拒否し、代わりに5億ドルの経済協力を行なう

・**「非核三原則」提唱（1967年）**……「核兵器を持たず、作らず、持ち込ませず」の三原則

・**沖縄返還（1972年）**……敗戦以来、米軍の占領下に置かれてドルが流通していた沖縄を、米軍駐留の継続を条件に、日本政府の施政下に復帰させた

「非核三原則」と佐藤栄作が残した負の遺産

核武装した毛沢東の中国はアメリカとの核戦争も辞せずと緊張をエスカレートさせており、

北朝鮮などとは比較にならない脅威でした。迎撃ミサイルシステムがない時代に、敵に核ミサイル攻撃をためらわせる最も効果的な方法は、「即座に核ミサイル攻撃で反撃する」と脅す核抑止力でした。

このことは、米ソが核戦争を回避した１９６２年のキューバ危機で証明され、事実、ソ連はアメリカからの核攻撃を恐れて、キューバの核ミサイルを撤去したのです。

一方、核ミサイルを持たない日本は、米軍の核ミサイルの反撃能力に頼るしかありません。**64年に訪米した佐藤首相は、ジョンソン大統領との会談で日本の核武装の可能性に言及**します。

驚いたジョンソンは日本の核武装に反対しますが、「アメリカが外部からのいかなる武力攻撃に対しても日本を防衛するという安保条約に基づく誓約を遵守する決意」という表現で、曖《あい》昧《まい》ながらもアメリカの核戦力を日本防衛のために使う可能性をほのめかしました。

いわゆる**「核の傘」を、日本の上に差し伸べた**のです。

具体的には、在日米軍基地に中距離核ミサイルを持ち込むか、核ミサイル搭載の米艦船が日本近海を航行し、ときには日本の港に出入りする可能性も出てきます。日本社会党と共産党がこれにかみつきます。

これに対して佐藤は、67年の衆議院予算員会でこう答弁しています。

「この際私どもが忘れてはならないことは、わが国の平和憲法であります。また核に対する基本的な原則であります。核は保有しない、核は製造もしない、核を持ち込まないというこの核に対する三原則、その平和憲法のもと、この核に対する三原則のもと、そのもとにおいて日本の安全はどうしたらいいのか、これが私に課せられた責任でございます」（衆議院予算委員会議事録　67年12月11日）

この**佐藤首相の政府答弁として始まった「非核三原則」**は、その後の国会決議で「国是」とされ、今も日本政府の手足を縛っています。

沖縄返還にあたり、衆議院は「非核三原則を沖縄にも適用する」との付帯決議をしましたが、佐藤の密使としてニクソン大統領との沖縄返還交渉にあたった国際政治学者の若泉敬《わかいずみけい》が、「有事の際の核持ち込みについて日米間で合意があった」と証言しています（『他策ナカリシヲ信ゼムト欲ス』文藝春秋）。２０１４年、安倍首相は「核持ち込みの密約を政府が否定してきたのは誤りだった」と公式に認めました。

佐藤自身は核抑止力が必要だと十分に理解し、アメリカとも協議しているのに、国会論戦では正面からの議論を避け、世論に受けがいい空想的平和主義を語って批判をかわしたのです。「核持ち込みを公表すれば、安保闘争並みの猛烈な反基地運動が起こり、日米安保体制を揺るがし、ひいては中国を利することになる。であれば、この問題は日米間の密約として公表せず、国民には非核三原則の夢を見させておこう……」と佐藤は考えたのでしょう。

佐藤のずるいのはこういうところです。正面突破を図って辞職に追い込まれた兄岸信介を反面教師にしたのでしょう。佐藤長期政権を可能にしたのも、このずるさなのでしょう。

佐藤の仮面はノルウェーのノーベル平和賞委員会をもあざむき、退任後の1974年に佐藤はノーベル平和賞を受賞しました。この受賞は辞退すべきだったと、私は思います。

兄岸信介にはないこのずるさを、佐藤は吉田から学んだのだと思います。吉田茂は日本の防衛に日米安保体制と再軍備が必要だと理解しつつ、国際情勢の変化から日本の再軍備が必要であると世論を説得して憲法改正に着手しようとはせず、「自衛隊は軍隊ではなく、憲法9条に違反しない」という詭弁《きべん》を弄《ろう》して、ふわふわした世論に迎合したのです。

国民には空想的平和主義という「顕教《けんきょう》」を振りまきつつ、核兵器を含む抑止力の維持という「密教《みっきょう》」を堅持する。この分裂状態を深刻化させた吉田茂と佐藤栄作の罪は重い、と私は考えます。彼らは「顕教」を一時の方便と考えていましたが、彼らの後継者たちはやがて「顕教」と「密教」との区別がつかなくなり、安保政策を迷走させることになるのです（282ページ参照）。

72年6月、沖縄返還を花道に、佐藤は自ら8年にわたる長期政権の幕を下ろしました。マスコミ受けが悪く、新聞嫌いの佐藤は、退任の会見をNHKテレビの前で行なうつもりでしたが、

新聞記者を追い出し、テレビカメラの前だけで演説をした佐藤栄作首相の退任会見（1972年6月17日）

新聞記者が詰め掛けたため不機嫌になり、「偏向している新聞は嫌いだ、私は直接国民に語りかけたいんだ」と記者を全員追い出してから会見を始めました。

この1カ月前、佐藤派の番頭格だった新潟出身の田中角栄《たなかかくえい》が「木曜クラブ」と称して事実上の田中派を旗揚げします。佐藤は、兄岸信介の派閥を受け継いだ東大卒、大蔵官僚出身の福田《ふくだ》赳夫《たけお》を後継指名するつもりでしたが、「小学校卒」「土建屋出身」の田中角栄はこれに反旗を翻《ひるがえ》します。

「角福戦争」といわれた激烈な権力闘争の末、自民党総裁、首相に上り詰めたのは田中角栄でした。その背後には、中国の対日政界工作があったのです。

第2部

第8章

田中角栄の時代

田中角栄のライバルで、「対米従属・軽武装」路線の福田赳夫

「吉田学校」門下生である、大蔵官僚の池田勇人と運輸官僚の佐藤栄作が築いた官僚政権は、池田の後輩である大蔵官僚の福田赳夫が引き継ぐはずでした。

ところが、いかにもエリート然とした福田の前に立ちはだかったのが、田中角栄でした。田中角栄内閣は、在任わずか2年の短期政権でしたが、田中は引退後も「目白の闇将軍」「キングメーカー」として超法規的な権力を握り、歴代首相の首をすげ替えていきます。田中のあとは竹下登《たけしたのぼる》、小沢一郎《おざわいちろう》がキングメーカーとなり、のちに小泉純一郎《こいずみじゅんいちろう》がこのシステムを「ぶっ壊す」まで続きました。

第8章では、**田中角栄という戦後史の巨人の足跡をたどり、角栄が目指したものとその功罪について、ライバルの福田赳夫と比較しながら考察**してみましょう。

福田赳夫は、上州（群馬県）で代々、名主（庄屋）を務めた豪農の家に生まれました。群馬の名門旧制高崎中学（現高崎高校）に入学すると「開校以来の神童」と呼ばれ、東京帝国大学法学部を経て、大蔵省主計局入りしています。テスト勉強に秀でた、典型的な官僚タイプの人間です。3年間の在英日本大使館勤務の間に世界恐慌を目撃し、帰国後は陸軍省担当の主計官

に昇進しました。

大蔵省（現財務省）は予算編成担当の主計局と税務担当の主税局に分かれています。予算編成権を握って他の省庁を従わせる主計局が優位に立ち、主計局長→大蔵事務次官というのが出世コースです。ちなみに、池田勇人が配属されたのは主税局のほうでした。

予算編成権を握る主計局は、軍拡を要求する軍部にとっても最重要官庁です。まだ30代の福田主計官は、もみ手をしてすり寄ってくる将軍たちを鼻であしらいました。

敗戦後、福田は主計局長となり、将来の事務次官を待望されました。ところが、昭和電工事件に巻き込まれ、逮捕されます。判決は無罪でしたが大蔵省を退官。それまで挫折知らずだった福田には、痛恨の極みだったでしょう。

福田赳夫(1905〜1995)　当初岸派に属し、佐藤政権下でも重用されて次期首相に目されたが、角福戦争で田中に敗れ、首相就任が遅れた

失意の福田を拾ったのが岸信介でした。エリート官僚ながら公職追放の憂き目にあった岸は、福田に何か通じるものを感じたのかもしれません。

1952年の衆院選で初当選し、**岸内閣のもとで政策を立案する自民党政調会長に就任**。池田内閣の功績である国民皆保険制度は、政調会長時代の福田が立案したものでした。

その後、**佐藤長期政権のもとで大蔵大臣・党幹事**

長を経験した福田は、佐藤首相の事実上の後継者とみなされ、外務大臣に任命されます。

この外相時代に書いた論文「平和大国日本の課題」の中で、福田は**「改憲・再軍備」の岸路線からの決別**を宣言しました。

「日本は二度と軍事大国の道を歩まず、中ソなど周辺諸国とも平和共存していく」――のちに「福田ドクトリン」にもつながるこの方針は、全方位外交として一見対米自立型にも見えますが、その実は、改憲はせずにアメリカの「核の傘」の下での国家運営を前提とした**「対米従属・軽武装」の「吉田ドクトリン」への回帰**を意味しています。既定路線の踏襲あるいは墨守《ぼくしゅ》は、官僚が最も得意とするところです。

しかし現実の国際政治は、そう甘くはありません。

中ソ対立は、69年の沿海州ダマンスキー島での武力衝突に発展しており、毛沢東はソ連に対抗すべく、対米関係の改善を望みます。一方、ベトナム戦争の泥沼を脱したいアメリカも、北ベトナムを支援する中国との関係改善を模索していました。ニクソン大統領の特使として北京に飛んだキッシンジャーは、ニクソン訪中による米中首脳会談の確約を毛沢東に取りつけます。

「アメリカは中華人民共和国を承認せず、台湾を中華民国とみなす」という国是を、米政府自らがひっくり返したのです。日本に事前通告はありませんでした。

福田の「全方位平和外交」のもととなった吉田ドクトリンは、アメリカが日本を保護下に置き、中ソと対峙した50年代の国際関係を反映したものです。その後の中国の核武装を前にして、佐藤栄作は理想論としての「憲法9条」「非核三原則」を掲げつつも、リアリズムとしては米軍の核持ち込みを容認し、中ソの脅威に対する核抑止力を担保するという芸当を続けました。

これに対して、理想論を金科《きんか》玉条《ぎょくじょう》とし、日本防衛のためのリアリズムをまったく見ない福田赳夫の時代錯誤、外交センスの欠如は特筆すべきだと思います。**「保守」とは旧体制の墨守ではなく、時代の変化に応じて緩やかに体制を変革していくこと**です。この点、福田赳夫は保守政治家ではありません。

時の政局（権力闘争）を見る目も福田には欠如していました。佐藤首相からの禅譲によって後継首相となるという福田の夢は、田中角栄という正体不明の政治家によって叩き潰《つぶ》されます。

これ以後、「角福戦争」と呼ばれる自民党内の熾烈《しれつ》な権力闘争が続き、福田が首相に上り詰めるのは、6年後の76年まで遅れることとなりました。

小学校出の土建屋から、佐藤派の実力者となった田中角栄

田中角栄は、新潟県柏崎《かしわざき》近くの小村で、極貧農家に生まれました。義務教育（高等小学校。現在の中学校）で抜群の成績を収めますが、学費を払えないため旧制中学（現在の高校）進学を断念し、土木建設会社に住み込みで就職します。はじめから、**福田赳夫とは別世界に生きてきた**わけです。

田中角栄(1918〜1993)　学歴のハンデがありながら、建設業での成功をもとに議員としてのし上がり、首相となって「今太閤《いまたいこう》」とも称された

働きながら中央工学校の夜間部に通い、建設事務所を立ち上げます。徴兵されて満州の騎兵隊に配属されますが、肺炎を患ったため除隊。田中土建工業は理研コンツェルンから多くの仕事を請け負って中堅企業に成長し、敗戦を迎えます。

戦後は日本進歩党の議員に献金したことから政界入りを請われ、**日本国憲法下の最初の衆院選で初当選**。吉田自由党に移籍した田中は、独特のダミ声で「群馬県との境の三国峠《みくにとうげ》を崩して日本海を埋め立て、佐渡まで地続きにする」とぶち上げ、職を求める地元新潟の若者たちを熱狂させました。炭鉱国管疑獄で収賄罪に問われ、一時逮捕された田中ですが、再選を目指して獄中から衆院選に立つと、前回の倍の得票で当選しました。のちに判決も無罪が確定し、田中は自信を深めます。

新幹線も高速道路もなかった新潟など日本海側は「裏日本」と呼ばれ、池田内閣が進めた高度経済成長は太平洋ベルトを潤《うるお》したものの、日本海側は取り残されていました。佐渡出身の北一輝は、かつて国家社会主義による現状打開を目指しましたが、**田中角栄はニューディール型の大規模な土木事業によって新潟の発展を実現しようとした**のです。

衆議院では建設委員会に所属し、30本以上の議員立法を提案します。池田内閣が実現した日本道路公団の設立や、道路建設の財源にガソリン税をあてる道路特定財源制度は、田中が提案したものです。のちに「コンピュータ付きブルドーザー」と評される田中のエネルギッシュな政策実行能力は、一議員の時代から全満開花していたのです。

こうして吉田のブレーンとして頭角を現わした田中は自民党の結党に加わり、地元新潟の長岡鉄道の社長として招かれ、長岡線の電化を推進して支持を広げます。

岸内閣では郵政大臣に就任。戦後初の30代の国務大臣となりました。ちょうどテレビ放送が始まった時期で、新聞社とテレビ局を系列化し、民間テレビ放送の許認可権を握った田中郵政大臣は、マスコミを影響下に置きました。**池田内閣と佐藤内閣では政調会長、大蔵大臣、党幹事長、通産大臣を歴任し、福田赳夫の対抗馬として存在感を強めます。**

真逆の経済観を持った2人の角福戦争

岸派出身の福田に対し、佐藤派に属していた田中ですが、経済政策でも対照的でした。元大蔵官僚として**国家財政の均衡を最重視し、税収の範囲内での公共投資、均衡財政による安定成長を目指す福田**に対し、地方の貧困を救うためには、**赤字国債を出してでも大規模公共投資を続けて高度成長を維持すべき、というケインズ経済学的な積極財政論が田中**の立場です。この戦略をまとめたのが1972年に田中が発表した政策綱領「日本列島改造論」でした。

池田内閣時に田中が蔵相に就任した当初、東大出の大蔵官僚たちは田中を見下していました。しかし、田中は大蔵省に乗り込むと「大臣室のドアはいつでも開けておく。我と思わんものは誰でも来い。上司の許可はいらない。仕事をどんどんやってくれ。責任はオレがとる」と挨拶《あいさつ》。大臣室に来た官僚の経歴から家族構成まで暗記し、気軽に声をかけたため、絶大な人望を獲得します。長く中小企業の社長を務め、社員の面倒を見てきた田中が培ってきた才能でした。

72年、佐藤長期政権に陰りが見え始めると、佐藤から福田への禅譲を阻止するために、田中は佐藤派内で同志を募って木曜クラブ（田中派）を立ち上げ、佐藤派の3分の2を掌握して独立します。佐藤は何もいわず、後継指名もしないまま引退しました。

その結果、ポスト佐藤を決める同年の自民党総裁選は熾烈を極めることとなり、**福田と同郷（群馬）である中曽根康弘《なかそねやすひろ》が、田中側に寝返ったことで田中が勝利**します。

このあと、群馬では福田VS中曽根の「上州戦争」が延々と続くことになります。

田中訪中と、自民党親中派の誕生

1972年7月7日、田中角栄内閣が発足。**田中はただちに中華人民共和国との国交樹立交**

渉に臨みました。アメリカは難色を示しますが、ニクソン訪中の直後だけに反対はできません。

一方自民党内部でも、田中の中国接近を警戒する勢力がありました。岸派解散後に福田赳夫が勢力を引き継いだ福田派です。反共を掲げる台湾の蒋介石《しょうかいせき》政権との友好関係を維持すべきだ、という立場です。**角福戦争は、親中派と新台湾派との対立、という面もあった**のです。

田中は台湾を切り捨てて訪中し、毛沢東主席、周恩来《しゅうおんらい》首相から「熱烈歓迎」を受けました。中国は、文化大革命と呼ばれる事実上の内乱で毛沢東が勝利したものの、生産は停滞し、国民は疲弊し切っていました。中国再建には、日本からの投資が不可欠だったのです。

そして、72年9月29日、両国首脳は日中共同声明にサインします。

・日本国政府は、中華人民共和国政府（共産党政権）が中国の唯一の合法政府であることを承認する
・中華人民共和国政府は、**台湾が中華人民共和国の領土の不可分の一部であること**を重ねて**表明**する。日本国政府は、この中華人民共和国政府の**立場**を十分**理解**し、**尊重**し、ポツダム宣言第8項（※）に基づく立場を堅持する
・中華人民共和国政府は、中日両国国民の友好のために、日本国に対する戦争賠償の請求を**放棄**することを宣言する
（※）ポツダム宣言第8項……日本が、満州・台湾を中華民国へ返還することを定めた43年の

カイロ宣言の条項を履行するよう、再確認する規定

中国側がこだわったのは、台湾に存在する中華民国政府の否認と、台湾が中華人民共和国領であることの確認でした。日本側はこれに抵抗し、「台湾が中華人民共和国領である」という中国側の主張を「理解し、尊重する」という曖昧な表現で日中両国は妥協しました。

なお、**すでに中国は尖閣《せんかく》領有権を主張し始めていましたが、共同声明には尖閣問題は盛り込まれていません。当時の中国海軍には、尖閣を奪う能力がなかったから**です。

また、戦時賠償の放棄にも注目すべきです。首脳会談で「先の戦争では迷惑をかけた」と田中が発言したのを受け、周恩来が「〝迷惑をかけた〟とは中国では、女性のスカートに水をかけたときに使う言葉だ」と反論しました。結局、共同声明では「日本側は過去において、日本国が戦争を通じて中国国民に重大な損害を与えた責任を痛感し、深く反省する」との文言で妥協し、中国側は賠償請求も取り下げました。

毛沢東は田中に「(周恩来との)喧嘩《けんか》は済みましたか? 〝迷惑をかけた〟の使い方は、あなたのほうが上手ですね」とジョークを飛ばしています。

毛沢東は、64年に日本社会党(佐々木更三《さ さ き こうぞう》委員長)の訪中団に接見した際にも、「過去において、日本軍国主義が中国を侵略し、みなさんに多大の損害をもたらしました。われわれはみな、非常に申し訳なく思っております」という佐々木委員長の発言を受け、こう答えています。

「何も申し訳なく思うことはありません。**日本軍国主義は中国に大きな利益をもたらし、中国人民に権力を奪取させてくれました。**みなさんの皇軍なしには、われわれが権力を奪取することは不可能だったのです。この点で、私とみなさんは、意見を異にしており、われわれ両者の間には矛盾がありますね」と毛沢東は答え、場を和《なご》ませます。

日本軍の中国侵攻のおかげで、蔣介石の国民政府は共産党弾圧を停止し、国共が合作してともに日本と戦うようになった、だから日本軍に感謝する、という論法です。

中国政府が、日中戦争の「歴史問題」を外交カードとして使うようになるのは、80年代の中曽根首相の靖国神社参拝問題からです。毛沢東時代の中国は、むしろ日中間の「歴史問題」を終わらせようと必死でした。**日本からの投資を呼び込むことが最優先だったから**です。

田中が訪中した中国は、今の中国ではありません。企業はすべて国営であり、市民はみな人民服を着て、自転車で通勤していました。「日中友好」が中国共産党の方針でしたから、「反日教育」も行なわれず、日本人は行く先々で温かく迎えられました。上野動物園に贈られたパンダのつがい、カンカンとランランを見るために、長蛇の列ができました。

親日的で、賃金が安く、開発の余地が無限にある隣の大国・中国。

高度経済成長の限界と、第１次石油危機に始まるインフレに苦しむ日本企業の経営者が、「これからは中国だ！」と雪崩《なだれ》を打って対中投資を始めたのは、無理からぬことでした。

田中にとって中国は、「巨大な裏日本」でした。「日本列島改造」もいつかは終わる。そのあと、日本企業が打って出るのは中国だ。中国の開発は何十年かけても終わらない。日本企業にはいくらでも仕事があるし、中国人民は日本に感謝し続けるだろう、と。

「日本列島改造」で潤う土木建設業界が、田中派の政治資金供給源となっていましたが、中国進出企業がこれに続きました。こうして、田中派の巨大な集金マシーンが動き始めました。**親米政党として出発した自民党の中に、田中派という親中派が産声をあげた**のです

対米自立を目指した田中外交

アメリカをまったく信用していない、という意味でも、田中角栄は自民党の首相として異色でした。福田が唱えた「全方位外交」は対米従属を前提とした口先だけのものでしたが、**田中の外交は、アメリカの意向を無視して中ソとの関係改善を目指すもの**でした。

モスクワを訪問した**田中はブレジネフ書記長と会談して「両国間の未解決問題」に北方四島の領有権問題を含むという確約を求め、ブレジネフに「ダー（イエス）」と答えさせました。**日本首相のソ連訪問は「反米派」の鳩山一郎以来でした。

田中訪中の翌1973年に起きた第1次石油危機は、イスラエルとアラブ諸国との第4次中東戦争に際し、アラブの産油国がイスラエル支援の西側諸国に対する石油禁輸を発表し、便乗

した石油輸出国機構（ＯＰＥＣ）が、原油価格を大幅に引き上げたために発生した、世界的インフレ現象です。石油資源を中東の産油国に依存する日本産業界にとっては死活問題でした。そこで**田中は通産官僚をブレーンに起用して、資源輸入先の多角化を図ります。**

73年９月、欧州を歴訪した田中はフランスのポンピドー大統領と会談し、フランスが進める濃縮ウラン工場の共同経営で合意。ヒース首相とは北海油田の共同開発で合意します。加えて翌74年には、東南アジアとオーストラリアを歴訪し、産油国インドネシアではサウジアラビア高官も交えて、**アメリカを排除した資源協定の締結の交渉に乗り出しました。**

ところが降って湧いたような反日暴動が発生し、日章旗が引きずり下ろされ、日本企業や日本車が襲撃されます。田中は滞在先のホテルから一歩も出られなくなりました。

インドネシアは65年の政変で建国の父スカルノ大統領が失脚し、親米派のスハルト将軍の独裁のもとで外資導入に転換した結果、日本を筆頭とする外国企業の急激な進出を招きました。外資導入による貧富の格差の拡大とスハルト独裁への反発が、74年の反日暴動につながったというのが一般的な説明です。

しかし、田中の資源外交を妨害するため米ＣＩＡが暴動を演出した、という可能性もあります。当時のＣＩＡはクーデタ・メーカーの異名をとり、73年にはチリでピノチェト将軍の軍事クーデタを支援し、反米的なアジェンデ政権を倒しました。79年の韓国朴正煕大統領の暗殺に関わっている可能性もあります。朴大統領は独自の核開発を進めていたからです。

ニクソン政権のキッシンジャー補佐官は気心の知れた対米従属派の福田政権を望んでおり、田中政権にははじめから懐疑的でした。のちに公開された米大使館から本国宛ての公電には、「にわか成金であることからくるタナカの虚飾や尊大さ」に日本人は気づかず、人気がある、と分析。キッシンジャーは、「田中は生涯、本当のことを口から発したことが一度もない」と不信感をあらわにしています。

ハワイで行なわれた日米首脳会談で、日中国交を実現する気があると田中に聞かされたあと、国務省内部での会議で、「あらゆる裏切り者の中で、ジャップ（日本人の蔑称《べっしょう》）が最悪だ」とキッシンジャーは罵倒《ばとう》しています。

ニクソン大統領が、CIAによる野党民主党の選挙対策本部への盗聴事件に関与したというウォーターゲート事件（この事件も闇が深いのですが、深入りはしません）で辞職に追い込まれたあと、副大統領のフォードが大統領に昇格すると、キッシンジャーは国務長官として政権を支えます。

ヘンリー・キッシンジャーはナチス政権下のドイツからアメリカへ亡命したユダヤ人で、米中和解を実現した戦後アメリカを代表する外交官です。その半面、人種的偏見とでもいうべき日本嫌いと中国びいきで知られ、米国務省（外務省）に長く隠然たる影響力を与えてきました。

中国政府が彼を利用してきたのは、いうまでもありません。

ロッキード事件でついえた「反米独立派」の政治生命

１９７４年の『文藝春秋』11月特別号は、「田中政権を問い直す」という特集を組み、作家立花隆《たちばなたかし》の記事「田中角栄研究――その金脈と人脈」を載せました。田中のファミリー企業が信濃川河川敷の土地を４億円で買収、建設省の工事後に１００億円で売却した、という内容です。**欧米メディアがこれを速報し、田中は外国人記者を前に事実無根を訴えますが、内閣支持率が急落、野党は証人喚問を求め、問題発覚からわずか2カ月で内閣総辞職に追い込まれました。**

田中金権疑惑で世論の逆風が強まる中、自民党は弱小派閥の長老三木武夫《みきたけお》を次期総裁に担ぐことで、批判をかわそうとしました。「クリーン三木」の登場です。

首相退任後も田中は依然として自民党内最大の田中派の「親分」であり、潤沢な企業献金を「子分」に分配して影響力を保ちました。目白の私邸には同派所属の議員たちが日参し、ここに「目白の闇将軍」が出現したのです。

田中派の強さは直接的にはカネの力によるものですが、もう一つは反米ナショナリズムにあると思います。かつて安保闘争の原動力となった反米ナショナリズムは、独自外交を志向して倒された田中への共感となって残ったのです。

しかし、76年、田中に対する新たな攻撃の火の手があがります。ロッキード事件です。米大手航空機メーカーのロッキード社が、全日空（ANA）への旅客機「トライスター」、海上自衛隊への対潜哨戒機《しょうかいき》「P3C」の受注を工作し、当時の田中角栄首相に巨額の賄賂《わいろ》を支払った、という疑惑です。

米議会の公聴会で証言したロッキード社のコーチャン副会長らが、代理店の丸紅や国際興業、右翼の大物児玉誉士夫《こだまよしお》などを通じて21億円を支払い、当時の田中首相には5億円が渡ったと証言しました。

三木首相は事件の徹底解明を指示し、フォード政権のキッシンジャー国務長官は捜査資料提供に合意。東京地検特捜部は7月27日、受託収賄と外為法違反《がいため》容疑で田中を逮捕しました。田中は保釈金を支払って収監は免れ、83年に東京地裁から有罪判決が下るとただちに東京高裁へ控訴。87年に棄却されると最高裁に上訴、93年の田中の死で、裁判は打ち切られました。

ロッキード事件は、結果的に田中角栄という民族派の指導者の政治生命を絶ち、アメリカにより従順な福田・大平政権を発足させた、という政治的効果を生みました。これはキッシンジャーや国際石油資本（メジャー）が望んだことでもあり、政治的謀略の匂いがします。田中が5億円を受け取ったのが事実だとしても、もともと金権体質の田中にエサをまいたロッキード社が、米政府の意向を受けて動いていた可能性もあるでしょう。

田中は有罪判決後も目白の私邸から自民党に睨みを利かせますが、さすがに影響力の衰えは隠せません。やがて「田中派の金庫番」として派閥運営のノウハウを学んできた竹下登が、85年に創政会《そうせいかい》（のちの竹下派・経世会）を立ち上げます。側近の裏切りにショックを受けた田中は、この「竹下クーデター」からわずか20日後に脳梗塞で倒れました。

そして田中の怨念《おんねん》は、娘の田中眞紀子《まきこ》や田中の秘蔵っ子だった小沢一郎に受け継がれます。**彼らが反米ナショナリズムを受け継いだのはよいのですが、その反動から中国にはまったく無批判になってしまい、「ただの親中派」「中国の手先」に成り下がった**のは、残念なことです。

ダッカ事件と尖閣で禍根を残した福田内閣

話をいま一度、田中が倒れるよりも9年前、ロッキード事件後からスタートしましょう。

当時、アメリカとつるんで田中前首相を逮捕させた三木に対する自民党内の怒りは田中派だけに留まらず、1976年には「三木おろし」が一気に進みます。そして、三木内閣が同年の衆院選に敗北して総辞職すると、**岸派（清和会）の流れを継ぐ福田赳夫と、池田派（宏池会）の流れを継ぐ大平正芳の「大福密約」が成立。**福田を自民党総裁、大平を幹事長とし、2年以内に福田が大平に禅譲する、という内容で、ようやくここに福田首相が実現しました。

福田赳夫内閣はわずか2年。この間、78年8月に日中平和友好条約を結びます。翌年の米中国交樹立を目指していたアメリカのカーター政権は反対せず、妨害もありませんでした。毛沢東は3年前に他界し、中国の最高実力者になった鄧小平《とうしょうへい》が、外資受け入れの改革開放政策をぶち上げたばかりでした。

その一方で、**78年4月には中国の武装漁船１００隻あまりが五星紅旗《ごせいこうき》を掲げて尖閣周辺の海域で領海侵犯を繰り返しました。これは、中国側による初の威嚇《いかく》行動です。**平和友好条約発効後の10月に訪日した鄧小平は、微笑みながら「(尖閣の)問題は10年棚上げしてもかまわない。次世代の人間は、皆が受け入れる方法を見つけるだろう」といいました。**福田はこのとき厳重な抗議も反論もせず、その結果「尖閣棚上げ論」が既成事実化されて、将来に禍根を残す**ことになりました。

この前年、パリ発羽田行きの日航機を日本赤軍(左翼過激派)がハイジャックし、バングラデシュのダッカ空港に着陸。奥平《おくだいら》純三《じゅんぞう》ら、日本で服役中のメンバー9名の釈放と、身代金16億円を要求しました。

福田首相は「一人の生命は地球より重い」という意味不明の声明を発し、「超法規的措置」としてテロリスト9名の釈放と、身代金支払いに応じます。同機は乗客を降ろしてダッカを離陸し、アルジェリアの革命政権に投降しました。このとき釈放された奥平は、88年にイタリアのナポリで起こった米軍施設への自動車爆弾テロの容疑者として国際指名手配されています。**中国に屈し、テロリストに屈する——世界戦略を持たない福田赳夫の「全方位外交」とは、とにかく争いを避けて相手の要求を受け入れる、という「全方位従属外交」のことだったようです。**

大平との間で交わしていた「2年間は福田政権、その後は大平に禅譲する」という大福密約でしたが、約束の2年を前に政権運営に自信を見せた福田は、大平への禅譲を拒否して続投の意思を示したため、密約は崩壊します。これに目をつけた田中は、大平を支援することで福田内閣の倒閣を図りました。

田中の逮捕後も自民党最大派閥であった田中派が、どちらにつくかで政権は決まります。自民党総裁選で１１０票の大差をつけられて落選した福田は、「天の声にも変な声がある」との迷言を残して退陣しました。

モスクワ五輪をボイコットした「鈍牛」大平正芳

大平正芳は、香川県の農家の出身で、大家族で豊かではないものの、父は村会議員でした。子どもの頃、腸チフスで生死の境をさまよったことからキリスト教（聖公会＝イギリス国教会系の教派）に改宗し、高松高等商業学校を出て就職後、23歳で東京商科大学（現一橋大学）に進学します。同郷の大蔵次官津島壽一《つしまじゆいち》の縁で**大蔵省に入省し、税務畑を歴任**しました。この間、満州に出向し、その後も中国出張を繰り返して外交センスを磨きます。

大病、東大閥でない、大蔵省税務監督局、という大平の経歴は、先輩の大蔵官僚池田勇人によく似ています。**池田は朴訥《ぼくとつ》な大平をかわいがり、秘書官に抜擢**します。同じく池田の秘書官としてライバル関係になるのが、のちの首相宮澤喜一でした。

池田内閣では広報役の内閣官房長官、外務大臣を歴任し、貿易事務所の設置など日中国交樹立への地固めをしました。また、**佐藤内閣では通産大臣、田中内閣では外務大臣・大蔵大臣を歴任。池田の宏池会を引き継いで、清和会の福田赳夫と「ポスト田中」を争います。**「三木おろし」の後、「大福密約」で福田に首相の座を譲ったのは、大蔵省の先輩である福田に大平が花をもたせる形で妥協したのです。

ところが2年後に、福田は禅譲の約束を反故《ほご》にしました。**田中派の全面支援を受け、1978年の総裁選で福田を破った大平は、ついに首相の座を手に入れます。**

翌79年は、ホメイニのイラン革命で親米王政が崩壊し、イスラム革命の波及を恐れたソ連のブレジネフ政権がアフガニスタンに侵攻するという激動の年でした。

デタントと呼ばれた米ソの和解ムードは一気に冷却化し（新冷戦）、「強いアメリカ」を掲げたロナルド・レーガンが80年の大統領選を制します。

リアリストの大平は、アメリカをはじめて「同盟国」と呼び、防衛費増額の要求に応えました。80年のモスクワ五輪を西側諸国とともにボイコットし、日本を明確に西側陣営として位置づけます。**これは「福田全方位外交」の放棄**であり、この路線は次の中曽根政権にも受け継がれました。

また、ソ連と激しく対立する中国との連携を強め、政府開発援助（ODA）として有償無償の対中経済援助を行ない、日本企業の対中投資を加速しました。小泉内閣まで続いた円借款《しゃっかん》の総額は、総計で6兆円に達します。**結果的に、西側諸国と中国による対ソ包囲網はソ連経済を崩壊させ、ゴルバチョフ政権の登場と冷戦終結を促した**のです。

大平正芳（1910〜1980）　大蔵官僚から政治家に転じ、池田の宏池会を引き継いで首相になった

79年の衆院選で自民党が敗れると、福田は大平に退陣を要求し、大平越しの田中との角福戦争も再開されます。「四十日抗争」と呼ばれるこのバトルでも、最終的に大派閥の田中派に支えられた大平が福田政権の復活を阻止しました。しかし福田派の怨念は残り、挙党体制は不可能となります。
80年5月16日、野党の日本社会党が大平内閣不信任案

を衆議院に提出すると、自民党内の福田派・三木派らの「反大平」非主流派の議員が不信任案決議を欠席したため、可決されてしまいます。このときの大平のぼう然とした顔を、私は今でもよく覚えています。

不信任決議を受けた首相には、内閣総辞職をするか、衆議院解散・総選挙に打って出るかの二つに一つしか道はありません。政権発足2年、やり残したことが多すぎました。70歳の大平は、衆議院解散・総選挙に打って出ます。

5月30日、東京・新宿の街頭で第一声を挙げた大平は胸の痛みを感じ、翌日、緊急入院しました。そこから闘病わずか2週間、6月12日に心筋梗塞で大平は他界します。現職首相の死去は、五・一五事件で犬養首相が射殺されて以来でした。大平が見ることはなかった選挙結果は、自民党の圧勝に終わりました。大平への同情票が多く、「弔《とむら》い合戦」と呼ばれました。

パッとしない風貌《ふうぼう》に「あー」「うー」が多い独特のしゃべり方のため、芸人にモノマネされ、「香川の鈍牛《どんぎゅう》」と揶揄された大平正芳ですが、実は頭脳明晰でユーモアがありました。訪米時に日本の捕鯨問題でアメリカ人記者に問い詰められると、「クジラは大きすぎて、私の手には負えません」と切り返し、記者団を爆笑させています。

大平は、戦後、数少ない真正の保守政治家であり、池田と並ぶ名宰相になるはずでした。福田赳夫とのつまらぬ党内抗争にエネルギーを使い果たし、早すぎる死を迎えました。

大平の遺志は、中曽根康弘、小泉純一郎が受け継ぐことになります。

第2部

第9章

レーガン・中曽根時代

対米従属という現実の中で、自立を模索した中曽根康弘

「青年将校」「風見鶏」「不沈空母」「大勲位」——これらは中曽根康弘からイメージされる言葉です。好き嫌いは別として、敗戦後の日本を代表する保守政治家であることは間違いありません。米ソ冷戦が終結に向かう1980年代後半、この国の舵取りをしたのが中曽根康弘でした。

中曽根は、田中角栄と同じ1918年5月に生を享《う》け、47年に政治家としてのキャリアを歩み始めました。54歳の若さで首相となり、アメリカの「虎の尾」を踏んで短期政権に終わった田中角栄とは対照的に、長い雌伏期間を経て角栄の10年後に首相となり、レーガン大統領との蜜月を演出します。

では、中曽根康弘とは何者だったのか。これが第9章のテーマです。

中曽根康弘は、群馬県高崎市の豊かな材木商の子に生まれ、旧制高崎中学（現高崎高校）、旧制静岡高校（現静岡大学）、東京帝国大学法学部政治学科に進みます。高崎中学の先輩には、のちに「上州戦争」を戦うことになる福田赳夫がいました。福田は大蔵省入りしますが、**中曽根は内務省に採用**されます。内務省は、地方行政と警察を所管する巨大官庁でした。

日米開戦直前の41年、中曽根康弘は海軍の主計士官として志願し、連合艦隊の母港である広

島県呉《くれ》の鎮守府に配属されます。士官不足に悩む陸海軍は、大卒のエリート官僚を士官として抜擢していました。「主計」とは「Accountant」の訳で、会計士、計理士とも訳します。

海軍主計士官は港での物資の積み出しの管理が仕事であり、艦隊勤務の場合でも艦の沈没時には書類を保全して脱出する義務があったことから、敵弾の直撃さえ受けなければ生存率は高かったといわれます。

しかし中曽根は、開戦直後に蘭領東インド（現インドネシア）のボルネオ島に上陸し、オランダ軍の飛行場を奪取する作戦命令を受けます。上陸時に、敵海軍の攻撃を受けて多くの輸送船が撃沈され、中曽根が乗った「台東丸」も砲撃を受けて阿鼻叫喚《あびきょうかん》の地獄となりました。

一兵卒として陸軍に徴兵され、満州に配属された田中角栄が戦争体験をほとんど語らなかったのに対し、中曽根はこのボルネオ島での体験を繰り返し語り、句を詠んでいます。

友を焼く　鉄板担ぐ　夏の浜
夏の浜　敬礼の列の　足に来ぬ

日米開戦の直前、巡洋艦「青葉」で夜間訓練を終えた中曽根は、士官仲間とこういう会話を交わした、と

中曽根康弘（1918〜2019）　内務官僚、海軍将校を経て政治家になり、小派閥の領袖ながら首相として長期政権を築いた

のちに回想しています。

「星野清三郎という通信長が、『もう油がなくなるから、このままでは座して死を待つだけだ。もう、やるしかない』という話をしたのですが、私は『いや、そういう短気を起こしてはいけない』と反論しました。私自身は、アメリカと戦争をやって勝てるとは思っていませんでした。なにしろ物量や技術力において、とても敵わなかったし、アメリカが大艦隊の建造を始めたという情報も入っていました。

当時の日本の石油備蓄はわずかに六百万トン。それで、何年持つかと計算してみたところ、せいぜい二年止まりです。これでは戦争に勝てるわけがない」（中曽根康弘『自省録』新潮社）

中曽根は補給を任務とする主計士官の目を通して、4年後の敗戦を見通していたのです。

田中角栄にとって政治家としての原点は「雪深い故郷・越後の貧困」でしたが、**中曽根康弘にとって政治家としての原点は、「無謀な戦争を起こして惨敗した日本」**でした。中曽根の明確な国家観はこの戦争体験で培われ、政治家としての志を抱きます。

横須賀鎮守府の主計少佐として勤務中に敗戦を迎えた中曽根は、内務省に戻りました。内務省はGHQ改革で解体され、中曽根は警視庁に配属されます。この間、熱海の徳富《とくとみ》蘇峰《そほう》を訪ねた中曽根は、その思い出を語ります。

「文化勲章受章者である歴史家、戦争を鼓舞した徳富蘇峰が、この敗戦をどう受け止めているか、歴史的にどう捉えているか、知りたかったのです。

……数回に渡って、先生のもとを訪れました。そのたびに、様々のお話をノートに書き取って帰りました。……

……『勝海舟の言に「天の勢に従う」というのがある。政治家は……イデオロギーや既成概念に固執する必要はない。これからの時代は流動するから、大局さえ失わないなら、大いに妥協しなさい。西郷南洲（隆盛）くらい妥協の好きな男はいなかった。中曽根さんも見習いなさいよ。毛沢東はチトーみたいになる。いつまでもソ連に屈従している中華民族ではない。……』

……アメリカについては、『提携して仲良くしなさい』という持論でした。『しかし、アメリカも判断を誤ること、間違えることはよくあります。それはわきまえて、時には忠告したほうがよろしい』。これを、戦後まもなく指摘していたのです。

アメリカの占領政策自体については、どちらかといえば、冷笑的でせせら笑っていました。……GHQのやり方を良く見ていらした。『ソ連という強大な共産国家が、やがて出てくる。だから、日本をいつまでもこんなふうにしておくものか。日本を利用するに違いない』。この予測は、その通りになりました」（『自省録』）

「戦後保守」は、吉田茂的な「対米従属保守」と、鳩山一郎・田中角栄的な「反米保守」とに二分されます。**中曽根は、「対米従属」という現実を十分に理解しつつも、将来の対米自立へ向けて布石を打とうというリアリズムの立場**です。40年後に政権を握った**中曽根は、冷戦末期のレーガン米政権の対ソ強硬外交に便乗し、日米関係を固めつつも日本の防衛力を強化**しました。このリアリズムを彼に教えたのは、徳富蘇峰でした。

ＧＨＱ占領下で実施された47年衆院選。高崎を中心とする群馬３区から満を持して出馬した中曽根は、芦田民主党に所属して「反吉田」を訴え、自転車に日の丸をつけて選挙活動を行ない、初当選を果たしました。

当時の中選挙区制のもとでは、一つの選挙区から複数候補が当選できました。52年選挙から同じ群馬３区で福田赳夫が出馬したため、福田VS中曽根の自民党内派閥抗争――「上州戦争」に発展します。

徳富蘇峰の「予言」どおり、朝鮮戦争によってアメリカの対日政策は１８０度転換し、日本の主権回復を認める代わりに米軍駐留を認めさせ（日米安保体制）、西側陣営の一国として再軍備を迫りました。これは、「憲法９条」に象徴されるＧＨＱ体制からの脱却のチャンスです。

朝鮮戦争が終わった53年、渡米した中曽根はハーバード大学の夏季セミナーに参加し、同大学院生だった若手政治学者の**キッシンジャー（のちのニクソン政権の大統領補佐官）との人脈**

を築きました。ハーバードの夏季セミナーは、アメリカが同盟国、従属国の若手政治家を集めて議論を行なわせ、将来の各国の指導者として育てようというプロジェクトです。田中角栄を毛嫌いしたキッシンジャーですが、中曽根のことは気に入ったようです。

当時のアイゼンハワー政権は、原子力の平和利用――要するに原発ビジネスに着手していました。石油に代わる夢のエネルギーとして各国に原発とウランを輸出する一方で、原子爆弾の原料ともなるウランの国際管理を厳格化する国際原子力機関（ＩＡＥＡ）を設立します。

訪米時に原子力施設を見学した中曽根は、この流れに乗り遅れまいと決意します。帰国すると予算委員会の筆頭理事として原子力研究費を計上した予算案を可決させました。

政党の枠を超えて行動する中曽根ら若手議員たちは、「青年将校」と呼ばれました。彼らの議員立法によって、原子力委員会、科学技術庁も発足し、日本の原子力行政は始まりました。

イギリスから原子炉を輸入し、茨城県の東海発電所が日本初の原発を稼動させたのは65年。最初の東京五輪の翌年のことでした。

読売グループとのつながり

初代原子力委員長、初代科学技術庁長官となったのは正力《しょうりき》松太郎《まつたろう》。旧内務省で中曽根のはるか上司にあたる警察官僚の出身です。１９２３年の虎ノ門事件（皇太子暗殺未遂事件）の責任を問われて内務省を免官になったあと、当時倒産しかかっていた読売新聞を買収して社長となり、立て直しに成功。アメリカのメジャー・リーグ選抜チームを招聘《しょうへい》するなど野球の普及にも努め、日本初のプロ球団である東京巨人軍（読売ジャイアンツ）を創設します。

また、敗戦後には日本テレビを設立。プロ野球中継によって野球は国民的スポーツとなり、読売グループも大幅に収益を伸長。野球の力で「メディア王」となった正力は、**「平和のための原子力」を日本テレビと読売新聞で大々的に報道して日本への原発導入の旗振り役**となり、56年には中曽根らに推されて初代原子力委員長に就任したのです。

広島・長崎の記憶に加え、ビキニ環礁での米軍の水爆実験で被曝した第五福竜丸事件が起こったため、日本人の「核」に対するアレルギーは強烈でした。

日本の核武装を警戒するソ連の意を受け、日本社会党や朝日新聞は日本の反核平和運動を煽《あお》りました。アメリカはその火消しに躍起となり、読売グループはアメリカの意向を受けて動いていたことになります。正力がＣＩＡの協力者（暗号名Podam）であったことが、のちにアメリカの公文書公開と有馬哲夫《ありまてつお》氏の研究『原発・正力・ＣＩＡ　機密文書で読む昭和裏面史』（新潮新書）で明らかになります。

自民党総裁に野心を持つ正力と、初入閣を狙う中曽根との連絡役となったのが、読売新聞政治部の自民党番記者だった渡邉恒雄《わたなべつねお》、通称ナベツネ（のちの読売新聞社長）でした。以来、中曽根とナベツネは盟友となりますが、中曽根の自伝では正力やナベツネについてほとんど触れられていません。いえないことが、多々あるのでしょう。

中曽根は、正力の3代あとに岸内閣の科学技術庁長官に就任したのを皮切りに、佐藤内閣の運輸大臣、防衛庁長官、田中内閣の通産大臣を歴任します。中曽根の防衛庁長官就任直後の70年に起こったのが、次に挙げる三島由紀夫の割腹事件でした。

三島事件に対する中曽根の対応

安保反対の左翼系学生運動（全共闘）が高揚する中、ノーベル文学賞候補の三島由紀夫は祖国の危機を憂い、早稲田大学の学生森田《もりた》必勝《まさかつ》ら民族主義的な若者たちと「楯の会」を結成しました。はじめは自衛隊の幹部を説得してクーデタを起こさせ、国会を包囲して憲法改正を実現しようと計画しましたが、賛同を得られず失敗。防衛庁に潜入して東部方面総監を人質にとり、自衛隊員に決起を促し、失敗したら自決するという計画に変更します。

計画は途中までうまくいき、総監を縛り上げた三島は楯の会の制服姿でバルコニーに立ち、集まった自衛隊員に決起を促す演説を始めました。しかし彼の演説は隊員の怒号とヤジでかき消され、「それでも武士かぁ！」という叫び声が途切れ途切れに聞こえるのみ。

「天皇陛下万歳」を三唱したメンバーは総監室に戻り、打ち合わせ通り三島と森田は割腹自殺しました。生き残ったメンバーは三島と森田の遺体を整えて嗚咽《おえつ》します。縄を解かれた益田兼利《ましたかねとし》総監は、「自分にも冥福《めいふく》を祈らせてくれ」と正座し、合掌しました。

「自主憲法制定」という目的は同じくしていた中曽根防衛庁長官でしたが、この三島事件に際しては、「常軌を逸した行動というほかなく、せっかく日本国民が築きあげてきた民主的な秩序を崩すものだ。徹底的に糾弾しなければいけない」との声明を出しました。

自身が「クーデタ未遂の極右作家」と同列視されることは、首相への道を閉ざし、ひいては将来の自主憲法制定の妨げとなる、と考えたのです。リアリスト中曽根の面目躍如でしょう。

三島は1968年に、『わが友ヒットラー』という戯曲を発表しています。政権を握った直後のヒトラーが政権安定化のため、それまで彼を支えてきた極右の私兵集団・突撃隊の指導者レームと側近たちを粛清した「長いナイフの夜」を演劇化した作品でした。

三島は自作解題（作品背景の解説）として、次のように述べています。

「政治的法則として、……ある時点で、国民の目をいったん『中道政治』の幻で瞞着《まんちゃく》せねばならない。……このためには、極右と極左を強引に切り捨てなければならない。そうしなければ中道政治の幻は説得力を持たないのである。

……それをヒットラーは一晩でやってのけたのである。ここにヒットラーの仮借ない理知の怖《おそ》ろしさがあり、政治的天才がある」（「作品の背景――『わが友ヒットラー』」『サド侯爵夫人・わが友ヒットラー』新潮文庫）

7年後、三島自身がレームの役回りとなって決起し、「仮借ない理知」を持つ中曽根に切り捨てられたわけです。三島については第3部403ページで、もう一度取り上げます。

雌伏のときを経て、「風見鶏」から首相へ

1979年、宏池会の大平＋田中派VS清和会の福田が首相の座を争った「四十日抗争」。そこで勝利した大平首相が、翌80年に野党が提出した内閣不信任案決議に福田派が欠席したことで解散総選挙に打って出ざるを得なくなり（ハプニング解散）、衆院選の最中に心臓発作で他界したことはすでに述べました。

首相の座を狙う中曽根は、鳩山派内の岸→福田と続く清和会とは別系統で、鳩山派内の河野《こうの》一郎《いちろう》（河野洋平《ようへい》の父、河野太郎《たろう》の祖父）が起こした河野派を継承し、**小さいながらも派閥の領袖《りょうしゅう》として党内のキャスティングボートを握る立場**にありました。

四十日抗争では大平・田中側につくものの、ハプニング解散では当初は非主流派（福田）側に、しかし最後には大平側について主流派に転じたことから「風見鶏」と呼ばれますが、これも徳富蘇峰から伝授された「政治家は、イデオロギーや既成概念に固執する必要はない」という処世訓を実践したまでです。

党内の亀裂があまりに深く、ポスト大平選びは難航しました。田中は刑事被告人であり、田

鈴木善幸（1911～2004）　宏池会・大平派の大番頭として田中と距離が近く、大平の急死後に首相に担がれた

中派からの擁立は世論の反発が強すぎて不可。ハプニング解散を誘発した福田の再登板は田中が許さない。中曽根もまだ田中の信用を得られず不可。結局、**大平側近で田中とも近かった鈴木《すずき》善幸《ぜんこう》**が後継者となります。

「Zenko Who?」と海外メディアに報じられた無名の政治家鈴木善幸は、岩手の網元の子に生まれ、地元岩手の開発だけを考えて政治家になりました。

最初は日本社会党から立候補し、地元に利益誘導がないという理由で自民党にくら替えするという定見のなさ。田中角栄のような行動力も、中曽根康弘のような国家観もなく、**調整型の人間である鈴木善幸が掲げたのは、「和の政治」**でした。

「和の政治」は自民党の党内融和には役に立ちましたが、彼の失敗は外交でもこれをやったことでした。**日本の立場を主張せず、ただただ相手国の要求に迎合した**のです。

レーガン大統領との日米首脳会談では、日本の防衛力強化を求めるレーガンに迎合して、日米関係を「同盟関係」と表現しました。ところが国内で日本社会党や朝日新聞から「軍事同盟とは何事か！」とバッシングされると、鈴木は彼らに迎合して「日米同盟に軍事的側面はない」と意味不明の発言をし、今度はアメリカの信用を完全に失います。

82年、文部省の教科書検定で、日本軍の華北への「侵略」を「進出」と書き換えさせた、と各紙が一斉に誤報、中国と韓国が日本を非難しました。鈴木内閣はこれに迎合し、「日本は過去に於いて韓国・中国を含むアジアの国々に多大な損害を与えた」という宮澤喜一官房長官談話を出し、教科書検定基準に「近隣諸国との関係に配慮する」という「近隣諸国条項」を加えます。**このことは「歴史認識問題」で中韓が日本に内政干渉を繰り返すきっかけになりました。**

選挙で負けたわけでもないのに就任から2年で突然表明された鈴木内閣の総辞職は、アメリカからの圧力と見るのが正しいでしょう。のちに鳩山由紀夫首相が、米軍普天間基地の移転問題で、「トラスト・ミー」発言を撤回してオバマ大統領の信用を失ったのと同じです。**定見がなく、目の前の相手に迎合を繰り返した結果、かえって信用を失った**のです。

ソ連のアフガニスタン侵攻を受け、レーガン政権は大規模な軍拡に着手しており、欧州でも中距離核ミサイルの配備をめぐって米ソは対立、新冷戦と呼ばれる緊迫した状況の中で、日米の信頼関係を毀損《きそん》した鈴木善幸。その**後継者には、アメリカの信用を回復できる人物が望まれました。中曽根康弘はまさに適任であり、田中角栄も認めざるを得なかった**のです。

同期当選の田中角栄に遅れること10年、「戦後政治の総決算」を掲げる中曽根政権がようやく発足しました。とはいえ、党内最大勢力の田中派の支持があってこその政権でしたから、大蔵大臣に田中派の竹下登を起用するなど「目白の闇将軍」に配慮したこの内閣は、マスコミから「角影内閣」「田中曽根内閣」と揶揄されました。

このため、東京地裁がロッキード事件で田中に有罪判決を下したあとの衆院選で自民党は過半数割れし、自民党の金権体質を批判して76年に離党していた河野洋平らの新自由クラブとの連立を余儀なくされます。

田中有罪判決は田中派をも揺さぶりました。85年、最も信頼していた金庫番竹下登が離反し、これにショックを受けた田中は酒浸りになった結果、脳梗塞で倒れます。一命は取り留めましたが言語障害が残った「闇将軍」は、政治生命を失いました。**「風見鶏」中曽根は、結果的に「ブルドーザー」田中に勝利した**のです。

ロン・ヤス関係

1983年1月、訪米した**中曽根はワシントンポスト紙の社主に招かれ、レーガンの軍拡路線への全面的な支持を表明**したうえ、米ソ有事の際には、日本の航空自衛隊はソ連空軍の進出を阻み、海上自衛隊は三つの海峡（宗谷・津軽・対馬）を封鎖してソ連海軍の進出を太平洋で阻むことができる、**日本列島を「不沈空母化する」と発言**してレーガンを喜ばせました。

実際の発言は「日本列島を敵機の侵入を許さない高い壁を持った船にする」というもので、通訳がこれを「unsinkable aircraft carrier（不沈空母）」と意訳したのですが、中曽根はこれ

中曽根が自らの別荘にレーガンを招くほど、日米首脳の関係は良好となり、
レーガンは現職大統領として最多の三度にわたり、公式に日本を訪問した

を是としました。

「**結果として、『不沈空母』発言は、鈴木内閣以来、ワシントンに鬱積《うつせき》していた日本への不信感を払拭**することになりました。

……安全保障をめぐり、日米関係は極度に悪化していましたから、意図的なショック療法が必要でした。百万語を費やすよりも『不沈空母』の一言が、即座にてきめんに効いたのです。

……私の狙いどおり、ワシントンの日本への鬱屈した雰囲気は吹き飛びました。すがすがしい青空のようでした。

……翌日、レーガン大統領がホワイトハウスの私的な住居で朝食に招いてくれたのですが、そのとき、**レーガンから『今後はお互いファーストネームで呼び合おう』といわれます**」（『自省録』）

この中曽根外交を支える外務大臣に起用されたのが、岸信介の娘婿で清和会のニューリーダーと目された安倍晋太郎《あべしんたろう》（安倍晋三の父）でした。

岸は、自派の後継者福田赳夫の「全方位外交」に不満であり、自分がやり残した日米同盟の強化を中曽根がやってくれた、と高く評価しました。自民党の派閥というものが選挙互助会にすぎず、政策集団でないことがよくわかります。

83年5月、米ヴァージニア州で開かれたウィリアムズバーグ・サミットは、ソ連の中距離核ミサイルSS20の東欧配備をめぐり、これに対抗して米軍の中距離ミサイルをNATO諸国に配備しようとするレーガン米大統領、サッチャー英首相と、軍拡競争に消極的なフランスや西ドイツとの亀裂が深まりました。このとき中曽根は、こう発言します。

「日本はNATOの同盟国でもないし、平和憲法と非核三原則を掲げているから、従来の方針では、こういう時は沈黙すべきである。しかし、ここで西側の結束の強さを示してソ連を交渉の場に引きずり出すためにあえて賛成する。決裂して利益を得るのはソ連だけだ。大切なのは、われわれの団結の強さを示すことであり、ソ連がSS20を撤去しなければ、予定通り十二月までにパーシングⅡを展開して一歩も引かないという姿勢を示すことだ。私が日本に帰れば、日本は何時《いつ》からNATOに加入したのか、集団的自衛権を認めることに豹変《ひょうへん》したのかと厳しく攻撃されるだろう。しかし、私は断言したい。**いまや、安全保障は世界的規模かつ東西不可分で**

1983年5月に開催されたウィリアムズバーグ・サミット。中曽根は、レーガン（右から4人目）とサッチャー（右から2人目）の間に立ち、各国首脳の中で存在感を見せた

ある。日本は、従来、この種の討議には沈黙してきた。しかし、私はあえて平和のために政治的危機を賭《と》して、日本を従来の枠から前進させたい」（『自省録』）

前年のヴェルサイユ・サミットで、鈴木善幸は外務官僚の用意した原稿を棒読みしていただけでした。サミットでは、官僚の用意したペーパーより、首脳同士の本音トークが意味を持ちます。首脳自身が明確な国家観、世界観を持たなければ軽く見られ、国益を損ねるのです。

その意味で、中曽根は首脳外交に適任でした。**中曽根の明確な支持を受け、レーガンはウィリアムズバーグ・サミットの主導権を取り戻します。**米軍はパーシングⅡをNATO諸国に配備、ソ連に圧力をかけつつゴルバチョフ政権を核軍縮のテーブルに引きずり出し、87年の中距離核

家族ぐるみの付き合いで、親密な日中関係を築いていた中曽根と胡耀邦

戦力全廃条約で双方の中距離核兵器を欧州から撤去することで合意したのです。

身長180cm近い中曽根は、サミットの歓迎式典では軍艦マーチを演奏させ、首脳全員の写真撮影で常にレーガン、サッチャーの隣に立ちました。**敗戦後はじめて国際会議の場で存在感を示した日本の首相となった**のです。

なお、韓国は当時、全斗煥《チョンドファン》軍事政権のもと北朝鮮と厳しく対立しており、中曽根の日米同盟強化を歓迎しました。訪韓した中曽根が韓国語でスピーチを行なうと、会場がどよめきました。**慰安婦問題が持ち出されるのは、次の盧泰《ノテ》愚《ウ》政権時代になってから**です。

冷戦末期の大国関係は、ソ連VSアメリカ＋中国、というものでした。最高実力者鄧小平の信任を得て中国共産党のトップとなった胡耀邦《こようほう》総書記は市場経済導入のみならず、政治の民主化も進めようとした改革派でした。また、**胡耀邦はソ連の拡張主義に対抗すべく、日・米との協調に徹し、日本の防衛力増強にも理解を示しました。**しかし、改革開放による貧富の格差と党官僚の汚職に対する学生や民衆の抗議活動が始まり、のちの天安門事件の伏線となります。

中曽根は胡耀邦を「兄弟」と呼び、来日した胡耀邦に国会で演説をさせ、首相公邸に招待し

て家族ぐるみの歓迎をしました。胡耀邦もこれに応え、日本の青年3000人を中国各地に招待しました。中国共産党が反日教育を始める前の話です。

人民解放軍と結ぶ共産党保守派は、学生運動に甘い胡耀邦を失脚させようと画策していました。そんな中、85年の終戦の日に、中曽根首相が靖国神社に参拝したのです。

「靖国問題」の始まり

東京九段の靖国神社は、戊辰《ぼしん》戦争から第2次世界大戦までの戦没者を祀《まつ》る神社です。このような**戦没者追悼施設は、アメリカのアーリントン墓地、フランスの無名戦士の墓（凱旋門《がいせんもん》）、ドイツのノイエ・ヴァッヘ、中国の人民英雄紀念碑（天安門広場）など各国にあります。**

「靖国で会おう！」が死地へ向かった兵士たちの合言葉でした。戦争で親族や友人を亡くした国民が靖国に参拝することは、自然な感情だったのです。昭和天皇、歴代首相の靖国参拝も年中行事であり、中曽根もボルネオ島で犠牲となった戦友たちを追悼するため、靖国参拝を欠かしませんでした。

これが**政治問題化したのは、東京裁判で刑死した「A級戦犯」が1978年に「昭和殉難者」として合祀《ごうし》されてから**です。先の大戦をめぐる歴史認識、東京裁判の合法性、政教分離をめぐる議論が巻き起こり、さすがに天皇の親拝は中止となりましたが、**それでも三木・福田・**

大平・鈴木・中曽根の歴代首相は靖国参拝を続け、当時は何も問題にされませんでした。

ところが85年の終戦記念日、中曽根首相の靖国参拝に朝日新聞が批判キャンペーンを開始し、これに呼応する形で中国政府が「A級戦犯を祀る靖国神社への首相参拝に反対」といい出しました。中国の靖国問題介入はこれがはじめてでした。日中関係は順風満帆だったため、中曽根は驚きます。

「**私が靖国神社参拝をやめたのは……決定的要因としてあえて記すなら、胡耀邦が私の靖国参拝で弾劾辞職させられる危険を感じたこと**もあげられます。……稲山《いなやま》（引用者注：新日本製鉄の稲山嘉寛《よしひろ》）さんが帰国する前日、朝六時頃、谷牧《こくぼく》党書記、万里《ばんり》副首相がすごく緊張した深刻な様相で訪ねてきて、『一般戦没者の慰霊は良いことだが、靖国神社には中国を侵略した戦犯が祭られている。……胡耀邦総書記も私たちも困った立場に立たされるから、ぜひとも中止されるように中曽根さんに伝えて欲しい』と言ったというのです。

……保守派が巻き返しに出ている。おそらく胡耀邦がその標的だろう。もし彼が失脚すれば、世界と日本に甚大な損害だ――。私はそう考えて靖国参拝をやめることにしたのです」（『自省録』）

しかし、中曽根が靖国参拝取りやめで延命させようとした胡耀邦政権は、結局2年後に崩壊します。その後89年に心臓発作で急死した胡耀邦の死を悼《いた》み、民主化を要求する学生が天安門広場を埋め尽くし、人民解放軍がこれに発砲して多くの死傷者を出します。この天安門事件により、中国は国際的に孤立し、日中関係も暗転しました。

共産主義に代わる国家統合のイデオロギーを求める江沢民政権は、「歴史認識問題」でナショナリズムを鼓舞するため、反日教育を開始しました。長期的に見れば、中曽根の靖国参拝取りやめが、中国の国内問題に「靖国」が利用される端緒を作ったのです。

憲法改正と国鉄改革

外交における華々しい成果を劇的に演出した中曽根は、最終目標である憲法改正に向けて動き出しました。青年時代の中曽根が、五・一五事件のときの「昭和維新の歌」をもじって作った「憲法改正の歌」には、その思いが明確に表現されています。

1　嗚呼《ああ》戦《たたかい》に打破れ　敵の軍隊進駐す　平和民主の名の下に　占領憲法強制し

祖国の解体を計りたり　時は終戦六ヶ月

2　占領軍は命令す　若《も》しこの憲法用いずば　天皇の地位うけあわず　涙を呑んで国民は

国の前途を憂いつつ　マック憲法迎えたり

（中略）

5　この憲法のある限り　無条件降伏続くなり　マック憲法守れとは　マ元帥の下僕なり
　祖国の運命拓く者　興国の意気に挙《こぞ》らばや

日本国憲法第96条にもある通り、憲法改正には衆参両院議員の3分の2の賛成による発議と、国民投票による過半数の賛成が必要です。しかし、自民党の議席は3分の2に及ばず、国会では護憲派の日本社会党が労働組合の支持を背景に野党第1党として勢力を維持していました。**護憲派の牙城《がじょう》、日本社会党の支持母体は日本労働組合総評議会（総評）とその傘下にある国鉄労働組合（国労）でした。中曽根がここにメスを入れたのが、国鉄改革**です。

当時の鉄道は国有企業、職員は公務員でした。社会主義国の国有企業さながら国鉄職員の態度は横柄で、乗客サービスなどという発想はなく、共産党、社会党、革マル派、中核派が牛耳る労組は列車に赤旗をくくりつけ、「労働者の権利」を掲げて、賃上げや労働条件の改善を要求しました。公務員のストライキは法律で禁止されているので、「順法闘争」と称してノロノロ運転を行ない、乗客は多大の損害を被ったのです。

1973年3月には高崎線の上尾《あげお》駅で、朝のラッシュ時に行なわれた順法闘争により遅刻した乗客数千人が暴徒化し、列車や駅を破壊した「上尾事件」、4月には夕方のラッシュ時に行なわれた順法闘争で帰宅困難となった乗客が、赤羽・上野などで暴徒化した「首都圏国電暴

1973年に起きた上尾事件。順法闘争による遅延に怒った乗客が暴徒化し、高崎線の窓ガラスは投石で割られた

動」が発生しています。この**国労が、日本社会党の支持母体**だったのです。

中曽根は、諮問機関の臨時行政調査会（土光敏夫《どこうとしお》会長）に「３公社の民営化」を答申させました。**3公社とは、国鉄（現ＪＲ）、専売公社（現ＪＴ）、電電公社（現ＮＴＴ）のこと**です。

答申を受けた中曽根は、86年に「国鉄民営化法案」を提出し、この是非を問う衆参同日選挙に打って出ます。結果は驚くべきものでした。自民党は衆院において単独で３００議席、追加公認を含めると３０４議席という空前の得票数で圧勝したのです。

労組の上にあぐらをかいていた日本社会党は惨敗しました。この結果は、従来の社会党支持票が自民党に流れたためであり、中曽根は「自民党が左にウィングを伸ばした」と分析しました。ところが、それでも議席の３分の2は確保できず、改憲は次世代に引き継がれました。

選挙結果を受けて、**国鉄はＪＲ各社に解体、民営化され、国労も解体されてＪＲ労組となり、政治的な力を失いました。89年に東欧各国で社会主義体制が崩壊しましたが、実はその3年前に日本で同じようなことが起こっていたのです**。これは内政における中曽根の最大の業績

1986年の衆参同日選挙における衆院での獲得議席数

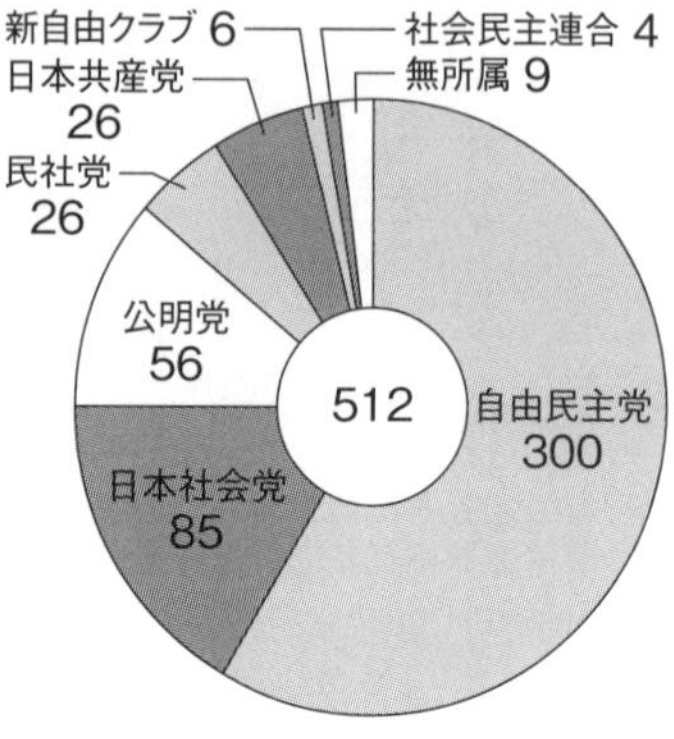

です。

同時期にイギリスのサッチャー保守党政権も、60年代までの労働党政権時代の負の遺産と戦っていました。鉄道・炭鉱などの国有企業は膨大な赤字を抱え、公務員労組はストを繰り返してゴミの収集も行なわず、教育現場は荒廃し、「イギリス病」と呼ばれました。これに対してサッチャーは、強力な政治主導で既得権益を破壊して国民の喝采を浴び、「鉄の女」と呼ばれます。

アメリカでも、世界恐慌期から長く続いた民主党リベラル時代の負の遺産、バラマキ福祉と公共事業による財政赤字が深刻化していました。**シカゴ大学のフリードマン教授は、政府は金融政策のみを行ない、すべてを民営化して「小さな政府」を目指す新自由主義**を提唱し、レーガン政権がこれを採用します。この場合の「新自由主義（ネオ・リベラル）」とは、従来の民主党的自由主義（リベラル）の対義語です。

中曽根の行政改革も、このような80年代の世界的な新自由主義の潮流の一環でした。中曽根の退陣後、田中派の流れを受け継いだ竹下登の経世会が復権して公共事業政治に戻りますが、これを倒した小泉によって再び新自由主義に転じます。

バブル発生とポスト中曽根選び

中曽根をつまずかせたのも対米関係でした。

安全保障では盤石となった日米関係ですが、貿易では自動車を中心に日本側の輸出超過が続き、対日貿易赤字・対西ドイツ貿易赤字は、アメリカ国内で政治問題化していました。

1985年、レーガン政権のベーカー財務長官が、主要5カ国（G5）の財務相、中央銀行総裁をニューヨークのプラザ・ホテルに集め、各国中央銀行のドル売りを約束させました。

この**プラザ合意**により大量のドルが売られた結果ドル安が進み、円とマルクが高騰した結果、日本と西ドイツの輸出産業がダメージを受けました。円高不況の始まりです。

竹下蔵相はアメリカの要求に屈し、円高を甘受しました。**安全保障でアメリカに依存する日本は、こういうときに自主外交を展開できない**のです。日銀は日本企業を救うため、国内市場活性化を図って、金融緩和と円の増刷を続けました。このため一時的な好景気が演出され、余剰資金は株や債券、土地に投資されて**バブル経済**が発生します。

中曽根は、政権基盤が崩れる前に引退し、キングメーカーとして影響力を残そうと考えました。ポスト中曽根は「ニューリーダー」と呼ばれ、清和会（旧福田派）の安倍晋太郎、経世会（旧田中派）の竹下登、宏池会（旧大平派）の宮澤喜一、「安《あん》・竹《ちく》・宮《ぐう》」の3人でした。

中曽根の政治思想を受け継ぐのは安倍晋太郎でしたが、党内の派閥力学により最有力の竹下登に禅譲して中曽根は引退しました。在任5年、1806日。戦後では安倍晋三3188日、佐藤栄作2798日、吉田茂2616日に次ぐ長期政権となりました。

国民的支持とは裏腹に、党内基盤が弱い中曽根は、結局田中角栄のような院政を敷くことはできず、キングメーカーとして君臨することになるのは竹下登でした。

しかし、「カネと気配り」だけの竹下政治は完全に内向きなものでした。89年にリクルート事件で退陣した竹下は、宇野《うの》宗佑《そうすけ》、海部《かいふ》俊樹《としき》、宮澤喜一という名目だけの首相を擁立します。**89年の冷戦終結、91年のソ連崩壊という決定的な時期に、日本で「顔のない政権」が続いたことは不幸なこと**でした。たとえば、世界的に名の通っていた中曽根を、首相特使としてゴルバチョフと交渉させ、北方領土交渉を有利に進展させることもできたはず。実に残念です。

ソ連崩壊により対ソ包囲網は不要となり、アメリカにとって日本は「貿易上の競争相手」になってしまいました。クリントン民主党政権は中国市場に魅了され、日本に対しては市場開放、経済の「構造改革」を要求し続けます。

アメリカという保護者に突き放された自民党は求心力を失い、小沢一郎らの離党によって野党に転落、弱小政党が離合集散を繰り返す「失われた10年」が始まります。

次章ではこの「失われた10年」から「小泉劇場」、安倍晋三の登場までを考えます。

第2部

第10章

竹下派支配による失われた10年

明確な国家観を持たなかった竹下派政治

「目白の闇将軍」田中角栄の政治生命にとどめを刺したのは、「田中派の番頭」と呼ばれた側近の竹下登《たけしたのぼる》でした。自民党最大派閥の田中派を乗っ取ったのちに竹下派（経世会）を立ち上げ、自民党最高実力者として中曽根に禅譲させた竹下でしたが、その政権はリクルート事件の発覚により、わずか7カ月で崩壊します。

とはいえ、ロッキード事件以後の角栄同様、**竹下も首相を指名するキングメーカーとして隠然たる権力を持ち続けました。**今となっては人々の記憶にほとんど残っていない宇野宗佑、海部俊樹、宮澤喜一《みやざわきいち》の3人の首相を傀儡《かいらい》として竹下が擁立したのは、前にも述べた通りです。

しかし、竹下が田中角栄と違ったのは、国家観の有無でした。

田中は対米自立を目指すという明確な主義がありましたが、竹下の頭の中にあったのは国家でも主義でもなく、派閥権力の維持だけ。そのための道具がカネと票であり、政治献金を1円でも多く集めて与党議員を買収し、カネの力で野党議員をも懐柔《かいじゅう》しました。政治腐敗が極まるのは当然で、リクルート事件に続き佐川急便事件が発覚します。

日本にとって災いだったのは、竹下と竹下派幹部が実質的権力を握っていた1987年から

93年までの6年間は、冷戦の終結とソ連崩壊という世界史的な激動の時期だったことです。**ゴルバチョフ、レーガン、ブッシュ（父）がギリギリの外交戦を続けているときに、日本の指導者はリーダーシップに欠け、多くの外交的チャンスを見過ごしました。**

リクルート事件に関与しなかったことでお鉢が回ってきた中曽根派ナンバー2の宇野宗佑は、首相就任後すぐに愛人問題が露見し、わずか2カ月で辞職、首相として何をしたかったのかさっぱりわかりません。

早稲田大学雄弁会で竹下の後輩であり、竹下の後ろ盾で首相に就いた河本《こうもと》派（元三木派）の海部俊樹は、政権運営の自由を竹下派に縛られ、ソ連崩壊というタイミングでロシアとの領土交渉を日本優位に進めるチャンスを逃しました。

竹下登（1924～2000）　田中角栄から派閥を乗っ取り、首相に就任。リクルート事件で退任後もキングメーカーとして影響力を発揮した

続く宏池会の宮澤喜一内閣は、訪韓時に「従軍慰安婦」問題に火がつくと慌てふためき、事実関係を確認せずに謝罪を繰り返し、今日に至るまで日韓関係が迷走する原因を作りました。

冷戦終結後の最初の国際紛争は、湾岸危機でした。イラクのサダム・フセイン政権が隣国クウェートに侵攻し、併合を宣言します。冷戦中は米ソの拒否権乱発で機能停止状態だった国連安保理事会は、米・ソが一致してイラクに対する武力制裁を決議し、多国籍軍の派遣を決定しました。

アメリカのブッシュ（父）政権は国連加盟国の義務として日本にも応分の負担を求めてきました。これに対し、海部内閣は法案作成にあたりましたが、首相自身を含む自民党ハト派が野党の日本社会党と結んで「平和憲法」を盾に自衛隊の派遣に拒否反応を示し、結局１３０億ドルの資金提供にのみ応じました。

この資金の大半は多国籍軍の主力となったアメリカの手に渡りますが、**戦後にクウェート政府が米ワシントンポスト紙に出した多国籍軍への感謝広告では、日本は無視**されました。何もいわない日本は、「便利なＡＴＭ」として使われたのです。中曽根政権だったら、カネも、人も出す代わりに口も出していたでしょう。

この苦い教訓から、遅ればせながら**92年にＰＫＯ協力法が成立し、国連の平和維持活動――戦闘終了後の人道支援や選挙監視など**――への自衛隊派遣が可能になりました。**しかし武器の使用制限などがんじがらめの規制がかけられ、戦闘が起こったらただ逃げるだけ、在留邦人を守ることさえできない、という課題を残したまま**でした。

日本と同じ第2次大戦の敗戦国ドイツは、コール政権のもとで東西が統一される直前でしたが、湾岸戦争では日本同様に資金提供のみを行ないました。この「小切手外交」に批判が高ま

り、ドイツではNATO域外への派兵を可能にする基本法（憲法）解釈の変更が行なわれました。２００１年のアフガニスタン戦争では、ＮＡＴＯ軍の一部として派兵されたドイツ兵のうち、３０００名以上が戦死しています。

小沢一郎とは何者か？

絶対的権力をほしいままにしているかに見えた竹下登でしたが、皮肉なことにその竹下も、自派の幹部小沢一郎の「反乱」によって足をすくわれる形になりました。

小沢一郎は、岩手出身の国会議員小沢佐重喜《さえき》の子に生まれました。

小沢一郎（1942〜）　傀儡であった海部政権にあって、幹事長として党を牛耳り、実力者としての地位を手に入れた

父佐重喜は岩手水沢《みずさわ》の貧しい農家の出身です。上京して新聞配達、人力車夫などで学費を稼ぎ、日本大学法学部を卒業。その後、御徒町《おかちまち》に弁護士事務所を開業し、上野アメ横界隈を仕切るテキ屋の顧問弁護士を務めながら、自身もおでん屋を営んでいました。

敗戦後は混乱の中で、在日コリアンとの土地をめぐる紛争を仲介し、謝礼として受け取った都内の土地を政治資金として政界入りします。

東京市会議員、東京府会議員を経て戦後初の1946年衆院選で初当選。田中角栄や中曽根康弘の1期上です。自民党政権では吉田内閣の運輸大臣を始め重要ポストを歴任、議院運営委員長として国会の調整能力を発揮し、安保条約改定時の特別委員長として野党の抵抗を封じ込めて「闘牛」小沢と呼ばれましたが、69歳で心筋梗塞に倒れます。

その佐重喜の子として戦時下に生まれた小沢一郎は、父の実家である岩手水沢に疎開、中学生のときに東京へ移り、慶應義塾大学経済学部を卒業。弁護士を目指したものの、父の急逝によりその地盤を引き継いで岩手2区から立候補し、27歳で衆議院議員に初当選しました。

田中角栄の側近で、当時田中派の中堅だった**金丸信《かねまるしん》は、この寡黙で朴訥《ぼくとつ》な小沢一郎を気に入ります。**父佐重喜の背中を見て育った小沢一郎が、苦労人の父を彷彿《ほうふつ》とさせる田中角栄を師と仰いだのも自然なことでした。とはいえその後の出世は遅く、**中曽根内閣の自治大臣として初入閣できたのは43歳のとき**でした。

ところが、田中に対する竹下のクーデターに金丸とともに参加すると、一気に出世街道が開けます。**竹下派の「七奉行」として次第に頭角を現わし、竹下派傀儡の海部政権下では竹下の反対をも金丸が押し切って小沢が自民党幹事長**に就任。この頃から金丸・小沢の影響力が、謹慎中の派閥オーナー竹下をも上回るようになります。

さわやかで人柄がいいだけの海部は、弱小派閥ゆえに力がありません。海部内閣の組閣名簿は小沢幹事長が各派閥の領袖と協議して決定し、別室でしばらく待たされた海部は、事後承認を求められただけという「雇われ首相」でした。

湾岸戦争では、海部首相を無視して小沢幹事長がアマコスト駐日大使と協議を重ね、ペルシア湾への自衛隊派兵法案を国会へ提出します。これは野党日本社会党の反対で廃案になりましたが、前述の130億ドルの資金提供は、小沢・アマコスト会談で決まったものでした。

このときの対米交渉を通じ、**小沢はアメリカの傲慢《ごうまん》さと日本の発言力のなさを思い知りました。「国際的な責任を果たさない国家は、対米従属から逃れられない」――この体験は、小沢を反米ナショナリズムに向かわせた**ようです。

兄貴分の金丸は、小沢自身に総理総裁を狙えと勧めますが、父と同じく心臓疾患を発症して退院したばかりだった小沢はこれを固辞し、金丸とともに田中角栄や竹下登のようなキングメーカーに徹します。

その後は、意に沿わなくなった海部首相を引きずり下ろしたあと、ポスト海部を狙って経世会の支持を求める宮澤喜一（宏池会・宮澤派〈旧大平派〉）、渡辺美智雄《わたなべみちお》（渡辺派〈旧中曽根派〉）、三塚博《みつづかひろし》（清和会・三塚派〈旧安倍派〉）という3派閥の領袖を、自身の事務所で面談。これが「小沢面接」としてマスコミに大きく報道され、「剛腕小沢」のイメージが生まれたのです。

「担ぐ神輿《みこし》は軽くてパーがいい」とは、中曽根擁立時の田中派幹部の言葉とも、海部擁立時の小沢の言葉ともいわれる名言ですが、実際に「**小沢面接」の結果、次期総裁に担がれたのも軽量級の宮澤喜一**でした。

宮澤は、池田・大平の側近を務めた元財務官僚で、英字紙を辞書なしで読みこなす語学力はあるので「パー」ではないものの、政治信条や明確な主義主張がなく、常に相手に迎合し、薄ら笑いを浮かべているような人物でした。

「従軍慰安婦問題」の始まりと天皇訪中

こうして1991年に成立した**宮澤内閣の最大の汚点は、韓国が持ち出した旧日本軍による「従軍慰安婦強制連行」について、客観的証拠がないのに謝罪を繰り返し、河野洋平官房長官が「軍の関与」を認めてしまったこと**です。

これについて、「日本軍の関与を認めてくれれば、この問題をこれ以上持ち出さない」という韓国側の要請を宮澤が受け入れたためだと、石原信雄《いしはらのぶお》官房副長官は証言しています。

このあと韓国の歴代政権は「従軍慰安婦問題」を対日外交カードとして振り回すことになり、結果的に日韓関係は修復不可能なほどまで毀損され、今日に至ります。もとはといえば、宮澤首相と河野官房長官の不勉強と優柔不断が引き起こした問題です。

もう一つの汚点は、92（平成4）年の天皇訪中を実現させたことです。

天皇の訪中自体は悪いことではありませんが、タイミングが最悪でした。89年、民主化を求める学生集会を戦車で文字どおり圧殺する天安門事件を引き起こした中国共産党政権は、西側諸国から経済制裁を受けていました。ところが、海部政権が真っ先に対中経済制裁を解除し、次の宮澤内閣が中国側の要請を受け入れて、天皇訪中を実現させたのです。

中国の銭《せん》其《き》琛《しん》外相は自身の回顧録で率直にこう述べています。

「日本は西側の連合戦線の中で弱い部分であり、中国が西側の制裁を打ち破るもっとも適切な突破口だった」

宮澤喜一（1919～2007）　池田勇人の勧めで大蔵官僚から政治家に転じ、1991年に竹下派の後押しで首相となった

「日本をうまく引きつけて天皇訪中を実現したので、突破口が開けた」（『外交十記』）

「雇われ首相」の海部・宮澤がこれらのことを独断で決められるはずがなく、金丸と小沢の意向が働いていたと見るべきでしょう。

湾岸戦争でアメリカに煮え湯を飲まされた小沢と、韓国・中国との間には、この頃から太いパイプが形成

1990年に行なわれた「金丸訪朝団」。写真左から金丸信・金日成・田辺誠

されていったのだと思います。

小沢が中・韓に傾倒していったのと並行して、北朝鮮に急接近したのは金丸信でした。

自民党副総裁・竹下派の会長として小沢を引き上げ、海部・宮澤内閣において最高実力者であった金丸信は、竹下の手法を受け継いで「国対政治（野党対策）の名人」といわれました。日本社会党の田辺誠《たなべまこと》委員長とも気脈を通じていましたが、要はカネで野党議員を買収していたわけです。

また、朝鮮労働党の友党である日本社会党を通じ、金丸は日本における北朝鮮の出先機関・朝鮮総連の許宗萬《ホジョンマン》議長とも懇意になります。

こうして海部政権下の90年、**日本政府要人としては初の訪朝団である「金丸訪朝団」が実現**したのです。

金丸・田辺が率いる「金丸訪朝団」は、平壌《ピョンヤン》で金日成《キムイルソン》主席に歓待されました。スタジアムでは2万人を動員した「熱烈歓迎」のマスゲームを見せつけられ、日本側は日韓併合期間の36年のみならず、**「戦後の朝鮮分断45年の補償」まで約束したと北朝鮮側は主張**しています。金丸が得たのは、北に7年間抑留されていた日本人漁民2名の返還でした。それ以上のことは公文書が残っていないので闇の中です。すでに日本人拉致《らち》事件が発覚しつつありましたが、日本政府の最高実力者がこのありさまでは、警察も動けません。

92年、佐川急便からの5億円ヤミ献金の発覚を受け、金丸は自民党副総裁と竹下派会長を辞任しました。東京国税局は脱税容疑で金丸を逮捕し、金丸邸を家宅捜索したところ、1000万円相当の金の延べ棒を押収しました。これが、金日成からの「贈り物」だったのではないかと噂されましたが真相は不明です。いずれにせよ「政治はカネ」という竹下派の政治家の本質を、金日成は見抜いていたようです。

日本の政治が90年代から劣化した理由

ここまで書いてきて、筆者自身、さすがに気分が悪くなってきました。

1990年代に始まる日本の政治家のすさまじい劣化は、何が原因だったのでしょうか。

かつて政治学者の丸山眞男《まるやままさお》は、大日本帝国体制について自著で、「『天皇親政』という顕教（公式解釈）と『立憲君主政』という密教（非公式解釈）が並存していたが、明治の元勲が他界したあと、国家主義者が『天皇親政』顕教を掲げて暴走した」と解釈しました（『超国家主義の論理と心理』岩波文庫）。

このたとえになぞらえれば、**日本国憲法体制下には、「『平和憲法』の理想主義という顕教と『日米軍事同盟』というリアリズムの密教が並存している」**ととらえることができます。具体的には、佐藤栄作内閣の「非核三原則」は顕教であり、米軍の核持ち込みは密教です。

これが**戦中派世代の退場によってリアリズムが失われ、「反戦平和主義」の戦後教育を受けた世代が90年代に政権中枢を担うようになって、「平和憲法」顕教の暴走が始まった**、ということができるでしょう。

また、もっと大きな視点で見れば、**冷戦終結を受けてアメリカが日本を必要としなくなったため、親米派が後ろ盾を失い、台頭する中国をバックにした親中派が跋扈《ばっこ》し始めた**、という解釈もできます。

冷戦が終結に向かった80年代後半から90年代にかけて、韓国では朴正熙《パクチョンヒ》以来の長く続いた親米軍事政権が民政移管を余儀なくされ、インドネシアではスハルト親米政権が崩壊しました。日本における自民党長期政権の崩壊も、この大きな流れの一環といえるでしょう。

「小沢の乱」と自民党の下野

話を戻します。

1992年、東京佐川急便事件での金丸失脚・議員辞職を受け、竹下派内部の権力闘争に火がつきました。小渕恵三《おぶちけいぞう》を派閥会長にして院政を狙う竹下登に対し、**小沢一郎は「政治改革」を旗印に竹下派を離脱**。改革フォーラム21という別の派閥を作って反旗を翻します。

「竹下派七奉行」のうち小沢と行動をともにしたのは羽田孜《はたつとむ》、奥田敬和《おくだけいわ》、渡部恒三《わたなべこうぞう》の3人。竹下側に残ったのは、小渕恵三、橋本龍太郎《はしもとりゅうたろう》、梶山静六《かじやませいろく》の3人でした。この「小沢の乱」が、自民党の下野につながったのです。

小沢一郎がこの時期に政治信条を明らかにしたのが、主著『日本改造計画』（講談社）です。

・官僚主導の廃止、規制の撤廃。自己責任の競争原理を持ち込んで、小さな政府を目指す
・貿易の自由化、非関税障壁の撤廃、企業の合理化の推進
・衆院選の中選挙区制（1選挙区から複数の議員が当選）は長期政権、政治腐敗の温床だから廃止し、二大政党の政権交替を可能にする小選挙区制度（1選挙区1議員）を導入する
・国連の一員として、軍事協力を含む国際貢献を展開し、外交の自立を確立する

自分のことは自分でやる、「普通の国」を目指そうという小沢の主張は国民の共感を呼び、同書は政治家の著書としては異例の70万部のベストセラーになりました。

この本には、実は複数の執筆協力者（ゴーストライター）が存在しました。日本政治史の御厨《みくりや》貴《たかし》、新自由主義経済学者の竹中平蔵《たけなかへいぞう》、外交史の北岡伸一《きたおかしんいち》などです。

竹中平蔵はのちに小泉政権の経済ブレーンとなり、「小泉改革」の旗振り役となりました。政敵であるはずの小沢と小泉の経済政策が酷似しているのは、そういうわけです。

翌93年、宮澤内閣不信任案が衆議院で可決されました。

竹下と小沢の権力闘争が激化する中、宮澤首相はのらりくらりと旗幟《きし》を鮮明にしません。小選挙区制導入を柱とする小沢の政治改革法案について、「政治改革はどうしてもこの国会でやる。私は嘘をつかない」とテレビの取材に答えた宮澤でしたが、土壇場で法案の国会提出を見送ります。

これに**野党は宮澤内閣不信任案を衆議院に提出、小沢ら「自民党改革派」39名が賛成に回ったため、不信任案は可決**されました。自民党の分裂で内閣不信任案が可決されたのは、大平内閣に次いで二度目です。

同志とともに自民党を離党した小沢は、羽田孜（またしても軽い神輿）を党首に担ぎ上げ

「新生党」を結成して、代表幹事に就任します。同じく自民党を離党した武村正義《たけむらまさよし》の「新党さきがけ」、前熊本県知事細川護熙《ほそかわもりひろ》の「日本新党」、公明党、日本社会党などと協議した結果、非自民8党派連立政権の樹立で合意。**衆院選の結果、過半数割れした自民党宮澤内閣は総辞職し、細川護熙が内閣総理大臣に指名**されました。

冷戦終結から4年。ついに日本の政治も新しい段階に入った——と国民は期待し、細川内閣の支持率は75％に達しました（この記録を破ったのは、第1次小泉内閣の85％です）。

細川内閣は懸案の政治改革法案を通過させ、現行の小選挙区・比例代表並立制を実現します。しかし、熊本藩主細川家出身の細川護熙は神輿に乗せられた「お殿様」で、実権を握ったのは小沢一郎でした。

細川護熙（1938～）　小政党の党首ながら、宮澤内閣退陣後の政局でキャスティングボートを握り、小沢の後押しで非自民連立政権の首相となった

ところが、小沢が目指した国民福祉税7％の導入（当時の消費税3％を7％に引き上げ、福祉目的に限定して使用）に、日本社会党と新党さきがけが猛反発して細川連立政権はあっけなく瓦解《がかい》します。

小沢は羽田孜を後継首相に擁立しますが、日本社会党とさきがけが8党派連立政権を離脱したため、少数与党に転落しました。

これを「小沢院政」打倒の好機と見たのが自民党

でした。すかさず羽田内閣不信任案を提出、日本社会党の賛成で可決されることが必至となり、羽田内閣は総辞職に追い込まれます。在任わずか64日でした。

野中広務の逆襲と自社さ連立政権

衆議院では小沢の6党派連合も自民党も、単独過半数を持ちません。日本社会党がどちらにつくかで政権は決まります。**小沢にうんざりした社会党が選んだのは、自民党でした。**

自民党総裁の河野洋平はお飾りで、社会党との大連立を推進したのは、竹下派の新たな番頭格野中広務《のなかひろむ》でした。軍国少年から反戦リベラルに転じ、園部《そのべ》町議、園部町長、京都府議を経て衆議院議員になりました。北朝鮮との貿易窓口である舞鶴《まいづる》を選挙区とし、幼少期より朝鮮人労働者を身近に見てきた**野中は、河野洋平・加藤紘一《かとうこういち》とともに自民党リベラルを代表する政治家**として1990年の金丸訪朝団に加わるなど、複数回訪朝しています。

「困っている隣国を助けて、日本人拉致問題も解決する」（NHK日曜討論　99年）

「尖閣で緊張が高まっているのは、日本人として恥ずかしい。中国の方々に申し訳ない」（中国CCTVのインタビュー　2012年）

いずれも野中広務の発言です。

村山富市〔左〕(1924〜)と野中広務〔右〕(1925〜2018)　野中が画策した自社さ連立政権で、日本社会党の村山は首相となった

細川連立政権は、「反自民」で小沢派と日本社会党**が組んだ野合政権**でしたが、**村山《むらやま》連立内閣は、自民党リベラルと日本社会党・さきがけが「反小沢」で組んだ野合政権**でした。

　こうして１９９４年、社会党委員長の村山富市《とみいち》は、自社さ連立政権の首相に指名されます。社会党の首相は片山哲《かたやまてつ》以来、半世紀ぶりでした。

　首相すなわち自衛隊の最高指揮官となった**村山は、所信表明演説で「自衛隊容認、日米安保堅持」の現実路線へ転換**し、議場をどよめかせました。この結果、「反戦護憲」を信奉してきた支持者が社会党を離れ、離党者も続出することになります。日本社会党瓦解の始まりです。

　95年は1月に阪神・淡路大震災、3月に地下鉄サリン事件が起こった年です。夏の参院選で日本社会党は大敗。翌年、社民党と改名するも党勢はついに戻らず、村山は辞任します。

橋本龍太郎（1937〜2006）　竹下派七奉行の一人として頭角を現わし、幹事長・大臣を歴任。国民的人気を背景に村山辞任後に首相となった

野中は自民党竹下派の橋本龍太郎を後継首相に擁立、自社さ連合政権の枠組みを維持します。

歌舞伎役者のようなダンディな出で立ちとキザな物言いで「龍さま」と呼ばれ、国民的人気があった橋本龍太郎は、衆院選で過半数を回復したため自社さ連立を解消します。

この橋本の足をすくったのは消費税引き上げでした。90年のバブル崩壊以後、税収減少に悩む大蔵省は村山内閣に圧力をかけ、消費税引き上げを決定させていました。

消費税3％を創設したのは竹下内閣ですが、バブル経済だったため何も問題は起きていません。**橋本はデフレ不況下の97年に消費税を3％から5％に引き上げ、不況を長期化させるという判断ミスを犯します。**

その結果、参院選で自民党は大敗。橋下内閣は責任を取って総辞職しました。「財政再建のタイミングを早まって経済低迷をもたらした」と橋本は述懐しています。

竹下派支配の終わり

橋本の退任後、野中は同じ竹下派の小渕恵三を後継首相に擁立。参議院では、社会党離党組＋さきがけが結集した民主党が第1党になったため、**小渕はこれに対抗すべく小沢一郎の自由党（新生党→新進党→自由党と目まぐるしく改称）、公明党と連立して政権基盤を安定**させます。

またもや誕生した竹下派傀儡政権に、ニューヨークタイムズ紙は「冷めたピザ」と小渕を酷評します。しかし、プライドの塊だった橋本龍太郎とは対照的に、小渕には自虐を好む独特のユーモアがあり、憎めない人物でした。橋本緊縮財政から積極財政に転じ、「日本一の借金王」と自称します。

その一方で、**日米安保の適用範囲を定める周辺事態法、組織犯罪取り締まりのための通信傍受法、国旗・国歌法など重要法案をしっかり通過させました。**

ところが2000年、任期半ばの小渕は脳梗塞で倒れます。そこで野中ら自民党の長老5人が赤坂プリンスホテルで談合し、森喜朗《もりよしろう》（清和会・森派〔旧三塚派〕）を後継首相とすることで合意します。

森喜朗の選出は自民党の両院議員総会を経た正式なものでしたが、「密室談合で決まった」とマスコミが喧伝《けんでん》しました。とはいえ、ラガーマンとして100キロ近い堂々たる体躯《たいく》の森自身にも、どうしようもなく口の軽いところがあり、「無党派層は寝ててくれればいい」などの自らの軽口が、森バッシングの火に油を注ぐことになります。

決定的だったのはハワイ沖で米潜水艦と衝突し、沈没した水産高校の練習船「えひめ丸」事故への対応でした。たまたまゴルフ場にいた森首相は、「官邸に駆けつけずゴルフを続けた」と叩かれ、テレビは森のゴルフ姿を流し続けました。

内閣支持率は9％にまで下がり、政権維持の困難を悟った森は退陣を表明します。

自身の後継者を決める自民党総裁選で**森は、国会議員1票＋各都道府県連1票のシステムを改め、各都道府県連を3票とし、世論に近い地方党員の声が反映されるようにしました。**この総裁選制度改革が、党内基盤の弱い弟分の小泉純一郎を首相へと押し上げます。

01年の総裁選では、国会議員の支持を固めて圧勝といわれた橋本龍太郎元首相を、地方票を集めた小泉純一郎が破って総理総裁に選出されます。

こうして10年以上続いた竹下派支配が、ついに終わったのです。

首相公選制に近い形で選出された「変人」小泉に国民は熱狂し、発足時の内閣支持率は85％に達しました。小泉劇場の始まりです。

第2部

第11章

新自由主義《ネオリベ》×新保守主義《ネオコン》の小泉政権

社会主義的リベラルVS新自由主義（ネオリベラリズム）

「新自由主義」や「新保守主義」などの言葉が躍り始めたのは、第1次石油危機で世界的な長期不況が始まった1970年代あたりからでしょう。

80年代にアメリカのレーガン政権、イギリスのサッチャー政権を生み出した新しい動きは日本にも飛び火しました。その始まりが、中曽根内閣の国鉄民営化であり、終着点が小泉構造改革でした。アベノミクスの「成長戦略」にも、その影響は色濃く残っています。

第11章では「新自由主義」や「新保守主義」の意味をまず再検討し、そのうえで2000年代以降の日本の政治状況を概観してみます。

第2章でも触れましたが、**「リベラル」はイギリス産業革命期に生まれた政治思想で、共同体の利益や慣習より個人の自由を最大限に尊重する思想**でした。イギリスからの入植者たちがこの思想をアメリカに持ち込み、国家を頼らずに個人が自存自衛するという強烈な開拓者精神を生み出します。このように、**「個」を最大化するのが本来のリベラル思想**です。開拓者精神で建国されたアメリカ合衆国は、富の再分配や貧困対策には無関心でした。

ところが西部が開拓され尽くしたあと、欧州やアジアからアメリカに流れ込んできた貧困層には、もはや新しい土地を手にする機会はめぐってきませんでした。奴隷身分から解放された黒人たちも同様です。これら移民労働者や黒人たちは、都市部の工場労働者となり、あるいは大農園の小作人として低賃金に甘んじるしかなかったのです。

こうした中で、**本来は「社会主義（ソシアリズム）」と呼ぶべき大きな政府による富の再分配の思想を「リベラル」と呼んだのは、恐慌期のフランクリン・ローズヴェルト民主党政権**でした。

彼が展開したニューディール政策とは、政府主導で企業間の生産調整を行ない、大規模な公共事業で失業者に雇用を与えるもので、それを可能にするには膨大な数の官僚を抱える「大きな政府」が必要になり、増税を伴います。

イギリスの経済学者ケインズが理論化したため、ケインジアンとも呼ばれます。

一方、**「小さな政府」と個人の自由を志向する本来のリベラルは「リバタリアン」と自称する**ようになりました。こちらは共和党支持です。

第2次世界大戦をはさんで60年代まで、アメリカでは民主党政権が長く続き、福祉優先のリベラルな政策が展開されました。増大する社会保障費に加えて、ベトナム戦争の戦費が連邦政府の赤字を圧迫、石油危機がこれに追い打ちをかけます。

その状況に対して、シカゴ大学のミルトン・フリードマンが**市場競争原理と「小さな政府」の復活を唱え、「新自由主義（ネオリベラリズム）」と名づけました。**これは「本来の自由主義」への回帰であり、レーガン共和党政権のレーガノミクス、イギリス保守党のサッチャー政権が展開したサッチャリズムが典型的な新自由主義でした。日本では、中曽根内閣の国鉄民営化、小泉内閣の郵政民営化もこの流れに属します。

この**新自由主義には、国営企業など不採算部門の切り捨てで財政を健全化して経済を活性化させるメリットの半面、弱者切り捨てで貧富の差が拡大するというデメリット**があります。

本来の保守主義VS新保守主義（ネオコン）

ロシア革命以後、ソ連指導部内の対立に伴い、各国にいる社会主義者も二派に分裂します。

一つは、スターリン独裁ならびにスターリンの「一国社会主義論」（ロシア一国の革命努力で社会主義体制の建設が可能、とする考え方）を支持するスターリン派。

もう一つは、これに反発して「世界革命論」（資本家の搾取《さくしゅ》を廃絶する社会主義体制の建設には革命の世界的拡大が必要、とする考え方）を唱えるトロツキー派（トロツキスト）です。

このうち、**アメリカにはニューヨークの知識人に、亡命ユダヤ人のトロツキストたちが多くおり、アメリカ国内においては民主党支持の立場**でした。

ところが第2次大戦後、米ソは冷戦状態に陥り、1950年代以降、ソ連はアラブ諸国の革命運動を支援して次々に親ソ政権を樹立。アメリカのトロツキストたちと同族のユダヤ人国家である、イスラエルの安全を脅かすようになります（イラクのサダム・フセイン政権はそうした親ソ政権の一つで、大量のソ連製ミサイルを買い込み、核開発に着手しました）。

しかし、**財政赤字で首が回らない米民主党政権は、積極的なイスラエル支援を行なわず、トロツキストたちを失望**させます。

そこで**彼らは共和党支持にくら替えし、新保守主義者（ネオコンサーヴァティヴ）、略してネオコンと称するようになった**のです。

彼らネオコンたちは、かつて信奉したトロツキーの「世界革命論」を焼き直し、その中身を社会主義から個人主義・自由主義に変更して、世界に拡大させようと動き始めます。

そして、革命という実力行使を厭《いと》わなかった姿勢はそのままに、**武力行使をしてでも「自由の拡大のための聖戦」を行なうことを是とした**のです。

レーガン政権の外交顧問で国連大使を務めたジーン・カークパトリックは、ソ連に対するレーガンの新冷戦を主導し、ブッシュJr共和党政権のウォルフォウィッツ国防副長官や、ジョン・ボルトン国務次官はイラク戦争の正当性を訴えました。彼らがネオコンの代表です。

このような過剰な国際主義、介入主義に対して、パット・ブキャナンら**「本来の〝草の根〟**

保守主義者」は反発し、自分の身は自分で守り他者には干渉しない、という孤立主義に戻れ、と主張しました。この延長線上に現われたのが、ドナルド・トランプだったのです。

21世紀初頭の日本を率いた**小泉政権は、経済的には新自由主義（ネオリベラリズム）を採用して郵政民営化に突っ走り、外交的にはネオコンが進めたイラク戦争を全面的に支持しました。**

では、小泉純一郎とはいったい何者だったのか？　まず小泉家の歴史から見ていきましょう。

横須賀軍港の手配師——小泉家の出自

幕末に開かれ、商港として発展した横浜の南にある横須賀は、軍港として発展しました。日清・日露戦争の時代に建艦ラッシュが起こると、横須賀は活況を呈します。近隣の農村からは職を求める人々が殺到しました。

すると、彼らを海軍や港湾業者に紹介して手数料を稼ぐ手配師（請負師）が登場します。危険が多く、体力勝負、日銭稼ぎの現場には、荒くれ者が集まります。これを仕切れるのは、喧嘩っ早く親分肌の任俠《にんきょう》の徒、要はヤクザが適任でした。横浜港の住吉会、神戸港の山口組など、日本の組織暴力団の多くが港湾都市を拠点に勢力を拡大したのはそういうわけです。

横須賀の隣の金沢（現横浜市金沢区）でとび職を家業としてきた小泉由兵衛《よしべえ》（純一郎の曽祖

父）も、そんなタイプの人間だったのでしょう。たちまち人を集めて横須賀一の手配師となり、海軍とも人脈を築きます。任俠の徒を集めて「小泉組」を組織した由兵衛は、土木請負業にも手を伸ばして横須賀港を仕切る「親分」となりました。

由兵衛の次男の又次郎《またじろう》（純一郎の祖父）は親の家業を嫌い、二度家出して海軍士官予備学校に入りますが、兄の死により連れ戻され、家業を継ぐことを誓います。このとき、決意を示すため背中いっぱいに龍の刺青《いれずみ》を彫っています。刺青のあるやくざ者は、軍に志願できなくなるからです。

ところが、家業を継ぐはずの**又次郎は、板垣退助の演説を聞いて政治に目覚め、自由民権運動に参加**。毎日新聞記者を経て、政治家を志すようになります。父はこれを嘆きますが、家業は弟岩吉《いわきち》が継ぎ、又次郎の政治資金を支えました。

1887年、父の友人の紹介で立憲改進党（のちの立憲民政党）に入党すると、横須賀市議会議員、神奈川県議会議員を経て衆議院議員に当選し、大正期には普通選挙運動に没頭しました。続いて**昭和の恐慌期には、浜口内閣と若槻《わかつき》内閣の逓信《ていしん》大臣（郵政大臣）に任官**されます。

しかし、大臣になっても又次郎は庶民派の政治家を貫きました。自ら「野人」と称し、記者からは親しみを込めて「刺青大臣」と呼ばれました。

孫の純一郎は、祖父又次郎から受けた影響について「花札しか教わらなかった」と述懐しています。また又次郎は歌舞伎好きで、正月には一家そろって歌舞伎座公演を観に行く習慣でした。のちの純一郎のオペラ好きは、祖父の影響ともいえるでしょう。

岸派に属した父小泉純也

小泉純也《じゅんや》（純一郎の父）は鹿児島出身です。旧姓は鮫島《さめじま》。戸籍上の名前の読みは「すみや」でしたが、小泉家に養子入りしたときに「じゅんや」と改めています。

鮫島家は漁家でしたが、父が事業に失敗して転落し、貧困の中で両親も早世して一家は離散。純也は小学校を出ると働きながら夜学に通いました。はじめは朝鮮銀行に就職し、朝鮮総督府に勤務したこともあったようです。

上京して立憲民政党の事務職員となった純也は、小泉又次郎幹事長の娘芳江《よしえ》と運命の出会いをします。映画俳優のような風貌の純也に芳江は一目惚れしますが、どこの馬の骨ともわからぬ純也との結婚に父又次郎が猛反対した結果、二人は駆け落ちしてしまいます。

困り果てた又次郎は折れ、純也の婿入りと代議士になることを条件に結婚を認めます。

こうして、**小泉又次郎の娘婿という強力な看板を得た純也は、故郷の鹿児島で立憲民政党の衆議院議員として当選**し、政治家に転身しました。

政治家としての小泉純也は地元の加世田《かせだ》町（現南さつま市）の町起こしの一環として陸軍の飛行場を誘致しますが、大戦末期にこの飛行場が特攻隊の出撃基地となり、２００余名の若者が帰らぬ人となります。純也の甥もその一人でした。純也は飛行場を誘致したことを生涯、悔い続けます。戦死者への思いは子の純一郎に受け継がれ、靖国参拝へのこだわりにつながったようです。

敗戦後、連合艦隊の軍港だった横須賀港は米軍に接収され、第7艦隊の母港ヨコスカとして生まれ変わります。純也は義父又次郎とともに公職追放されて失職しますが、朝鮮戦争の特需は、横須賀にあふれていた失業者に生活の糧《かて》を与えました。数カ月前に特攻機を見送った純也は、アメリカの従属下で生きるしかない戦後日本の現実をかみしめたことでしょう。

小泉純也（1904～1969）　自民党岸派に属し、防衛庁長官を務めた。写真左は息子純一郎

占領下で**純也は鳩山民主党の結成に加わり、保守合同で自民党岸派に所属**しました。もともと朝鮮と因縁のある純也でしたが、１９５０年代には、社会党や共産党とともに在日朝鮮人の祖国（北朝鮮）帰国事業に熱心に取り組んでいます。

祖国再建の希望に燃えて帰国した在日朝鮮人と日本人

妻たちは、朝鮮労働党政権によって徹底した管理下に置かれ、資産を接収されてしまいます。しかし北朝鮮の独裁と人権抑圧の実態が日本で明らかになるのは80年代に出版された金元祚《キムウォンヂョ》著『凍土の共和国』以降のことです。50年代当時は「地上の楽園」という北朝鮮の宣伝を日本の大新聞が垂れ流していた時代でしたから、帰国事業を推進した純也を責めるのは酷でしょう。

60年安保を経て、池田内閣と佐藤内閣の防衛庁長官として入閣を果たした純也でしたが、65年にいわゆる「三矢《みつや》研究」（万が一、第2次朝鮮戦争があった場合を想定して、防衛庁内部で極秘に策定した防衛計画）が暴露され、日本社会党やマスコミの猛烈なバッシングを受けて辞任に追い込まれます。

今考えればそれがどうした、という内容ですが、当時の風潮では大臣を更迭させるほどのスキャンダルとなったのです。その4年後、純也は65歳で急死しました。

福田赳夫の秘書・大蔵族出身の小泉純一郎

小泉純一郎は大戦中、純也の長男として横須賀で生まれました。

「空気を読めない」純一郎の奇人ぶりは子どもの頃からで、今なら「適応障害」と診断される部類だったようです。こういうタイプの人間は人から愛されることが稀《まれ》であるため、目をかけてくれる人に対しては忠義を尽くします。純一郎の場合、その対象は姉の信子《のぶこ》であり、のちに秘書として仕えることになる福田赳夫首相であり、福田の派閥である清和会でした。

慶應義塾大学経済学部に進みますが、在学中に女性関係で事件を起こしたようで、ほとぼりを冷ますためロンドンへ留学しています。単位を取得しない聴講生として純一郎が在籍したのは、ロンドン大学の一部をなすユニバーシティ・カレッジ・ロンドン（ＵＣＬ）。19世紀に功利主義哲学者で無神論者のベンサムが創立した宗教色のない大学で、外国人留学生に広く門戸を開いてきました。明治時代には伊藤博文や夏目漱石《なつめそうせき》も在学しています。

父純也の急死を受けて帰国し、横須賀の地盤を引き継いで衆院選に出馬しますが落選。父が所属した自民党鳩山派の**福田赳夫の秘書として採用され、3年ほど下足番**を務めました。

こうした下積みを経た**純一郎は1972年の衆院選で初当選**を果たし、大蔵官僚だった福田赳夫の影響で**「大蔵族」として政策研究に没頭**します。

純一郎はこの間、エスエス製薬会長の孫娘との短い結婚生活で孝太郎《こうたろう》・進次郎《しんじろう》の2子をもうけますが、3子懐妊中の妻と離縁。以後は独身を貫き、姉の信子が小泉家を守りました。

小泉純一郎（1942～）　自民党の清和会に属し、森喜朗政権退陣後の総裁選で勝利して首相となった

米中代理戦争の性格も帯びていた「郵政民営化」

大蔵省（現財務省）は国家の財政を握る巨大官庁で、その財源はもちろん税金です。ところが国民から資金を吸い上げる官庁が、あと二つあります。一つは社会保険料・年金保険料を徴収する社会保険庁を外局に持っていた厚生省（現厚生労働省）であり、もう一つは郵便貯金（ゆうちょ）を預かり、簡易保険（かんぽ）料を徴収できる郵政省（現総務省）です。

ゆうちょの資金230兆円は民間の四大メガバンクの預金残高を上回り、かんぽの資金120兆円は民間の五大生命保険会社の総資産を超える国営の巨大金融機関でした。これに対して、大蔵省が管轄していた一般会計は年間約100兆円です。そこで、**郵政省を民営化し、ゆうちょを自由に活用できれば、日本の財政問題は解決できる、と大蔵官僚は考えた**のです。

国会の大蔵委員会に所属する議員の大半は財政問題の素人ですから、東大出の大蔵官僚が資料を配付し、懇切丁寧にレクチャーを行ないます。この「**洗脳**」の結果、**大蔵省の意のままに動き、たとえば消費増税に前のめりになる「大蔵族（財務族）」が出現する**のです。

小泉純一郎も典型的な「大蔵族」となり、議員になった当初から大蔵省のプランだった「郵政民営化」を国民に周知させる「広告塔」の役割を務めました。

一方で**郵政民営化は、日本市場に進出したいアメリカの生命保険業界の強い意向**でもありました。日本政府によって守られてきたかんぽを民営化させれば、日本市場で対等に競争できるだろうと彼らは考えました。小泉の権力掌握は、米財界の意向でもあったのです。

しかし「郵政民営化」には大きな壁が立ちはだかります。郵便局の4分の3が従業員20人以下の小さな郵便局（特定郵便局）で、明治時代に地方の地主や豪商が邸宅を提供して郵便局長に任命された経緯から、局長の大半が政府与党の支持基盤となってきたのです。

田中角栄が日本列島改造論をぶち上げて地方の再開発を進めて以来、特定郵便局は自民党田中派→経世会（竹下派）の集票マシーンとして機能してきました。郵政民営化は赤字経営になっている特定郵便局の統廃合を促すと予想され、**特定郵便局長の意を受けた竹下派の「郵政族」議員が激しくこれに抵抗**したのです。

さらにいえば、竹下派は田中訪中以来の親中派ですから、**「郵政民営化」は日本国内における米・中の代理戦争だった**ともいえるでしょう。

保守か、革新かという視点で見れば、旧来の経世会支配を

米中代理戦争の意味も含んでいた「郵政民営化」における権力闘争

小泉純一郎（←大蔵省←アメリカ）

VS

経世会（←郵政省←中国）

ぶち壊したいという小泉純一郎は革新政治家であり、紛れもなく自民党内の「改革者」でした。

経世会とのバトル

経世会（竹下派）との最初の決戦は、１９９１年でした。

リクルート事件で首相を辞任した竹下が、キングメーカーとして擁立した海部俊樹首相に対し、小泉は宮澤派（宏池会）の加藤紘一、中曽根派の山崎拓《やまさきたく》と組んで海部続投阻止を訴え、３人の頭文字からＹＫＫと呼ばれました。

ＹＫＫは親米派の小泉、親中派の加藤紘一、親北朝鮮派の山崎と政治信条はばらばらですが、72年初当選の同期で、経世会支配の中で干されてきたという被害者意識が共通していました。

このＹＫＫが各派閥で影響力を増すのを危惧《きぐ》した経世会は、92年に小泉を懐柔するため宮澤内閣の郵政大臣に抜擢します。

しかし、その直後の「小沢の乱」で宮澤内閣不信任案が可決され、細川連立政権が成立。自民党は下野し、小沢の裏切りに激怒した経世会の野中広務は、日本社会党と手を組んで村山内閣を組織。自民党の与党復帰を実現しました（第10章を参照）。

95年、村山後の首相を占う自民党総裁選で、小泉は経世会が推す橋本龍太郎との決戦に挑みますが大敗。98年の総裁選でも、経世会が推す小渕恵三に大敗します。

この総裁選を角栄の娘の田中眞紀子《まきこ》が「凡人（小渕）・軍人（士官学校卒の梶山静六）・変人（小泉）の戦い」と評したことで、世間に「変人・小泉」が知られるきっかけにもなりました。

２０００年、小渕首相の急死を受け、自民党各派の談合で清和会の森喜朗が首相に選出されると、**森の留守を預かる形で清和会の会長に就任した小泉は政権を支える側となります。**

一方、森内閣の支持率が急落する中で、ＹＫＫの同志だった加藤と山崎は森に退陣を迫り、「加藤の乱」を起こして民主党が出した内閣不信任案に同調する動きを見せました。

加藤は小泉にも相談をしますが、小泉は兄貴分の森と福田赳夫から譲り受けた清和会を守るため、猛然と宏池会の切り崩し工作を敢行。不信任案の可決が不可能になったと悟った加藤は、涙の記者会見を行なって敗北を認めました。

このとき、加藤の側近だった谷垣禎一《たにがきさだかず》（のちに自民党総裁）が目に涙を浮かべて加藤に詰め寄り、「加藤先生、大将なんだから一人で突撃なんてダメですよ。加藤先生が突撃するときは、俺たちだってついていくんだから！」と不信任案賛成を迫ります。加藤も涙ぐみますが、結局は棄権にまわり、求心力を失った加藤宏池会は分裂。第2派閥から第6派閥に転落しました。

自民党は支持率回復のため党規約を改め、国会議員票より一般党員票が勝敗に反映されるよう党規約を改正しました。森内閣退陣を受けた01年の自民党総裁選では、**経世会の橋本龍太郎元首相が再登板し、国会議員票を固めて当選すると予想されました**。これには、また旧態依然とした経世会支配が続くのか、という停滞感が日本を覆いました。

このとき小泉純一郎が総裁選に出馬し、東京有楽町マリオン前の街頭演説で「自民党が変わろうとしないのなら、私が自民党をぶっ潰す！」と咆哮《ほうこう》し、拍手喝采を浴びたのです。

この結果、**世論を反映しやすい一般党員票で小泉が圧勝、まさかの逆転勝利をおさめて自民党総裁に選出**されました。「郵政民営化」が現実味を帯び、経世会は震撼《しんかん》しました。

派閥の論理を脱却した小泉政権

小泉内閣は、竹下派の前身である田中派時代も含めると、**実に四半世紀ぶりに経世会からの支援を受けない内閣**でした。これまでの組閣では、派閥の領袖《りょうしゅう》たちが首相に自派の議員を閣僚として推薦し、首相は「○○派から何名」「××派から何名」と党内バランスを第一に考えて閣僚を選んできました。

ところが首相官邸にこもった小泉は、派閥の領袖たちからの要請にいっさい耳を傾けず、飯島勲《いいじまいさお》秘書官とだけ相談して人事を決定し、この頃普及した携帯電話で本人を直接呼び出すという斬新な手法をとりました。**親中派の経世会は、自民党三役（幹事長・政調会長・総務会**

長）のポストも与えられず、冬の時代を迎えます。

一方、経世会の産みの親である田中角栄の娘眞紀子は、歯に衣着せぬ毒舌で党内では煙たがられる一方、女性には圧倒的な人気がありました。眞紀子は総裁選で小泉支持に回ったため、論功行賞で外相に抜擢されます。

しかし、**父角栄の失脚をアメリカの謀略と考える眞紀子は、親米路線の小泉と衝突**し、軋轢《あつれき》を招きます。アーミテージ米国務副長官との会談を「疲れている」とドタキャンし、9・11テロ事件直後の緊急時には米政府要人の居場所を記者会見で漏らすなど、失態が続きます。

また独断専行の眞紀子は、外務官僚（事務方）との意思の疎通を欠き、外務省を「伏魔殿《ふくまでん》」と呼んであらゆる場面で官僚と対立するようになりました。

国会において眞紀子大臣の答弁が野上義二《のがみよしじ》外務次官の答弁と食い違うなどの混乱状態が続き、外務省が機能停止に陥ったため、小泉は2人に辞表を出させて喧嘩両成敗としました。

「一生懸命やってきたんですが……」と涙を流して見せた眞紀子に国民は同情し、小泉内閣支持率は30％も急落しますが、日米関係を毀損しかねない眞紀子更迭の政治判断は正解だったと思います。

小泉改革が持っていた政治的効果

眞紀子人気にもあやかって、発足直後の小泉内閣支持率は読売新聞の調査で87%、自民党に批判的な朝日新聞の調査でも78%に達しました。これは、細川連立政権の発足時を抜いて過去最高、前人未踏の領域です。

この**圧倒的な世論の支持を追い風に、小泉は経世会との最終決戦に挑みました。**慶應義塾大学の経済学者で新自由主義者の竹中平蔵を政策顧問とし、「聖域なき構造改革」のスローガンを掲げて**道路公団・住宅金融公庫・石油公団の民営化に踏み切った**のです。

道路公団は池田勇人内閣時代に、田中角栄が議員立法で立ち上げたものでした。経世会を中心とする自民党の道路族議員は、「オラが町にも高速道路を」と誘致し、建設業界に儲《もう》けさせ、政治献金を受けるという集金マシーンを作り上げていました。小泉はこれを解体したのです。

中曽根政権の国鉄民営化には国鉄労働組合（日本社会党の支持母体）の解体という政治的効果がありましたが、**小泉政権の道路公団民営化には、経世会の弱体化という政治的効果**がありました。

こうして外堀を埋めた小泉は、郵政3事業を「改革の本丸」と位置づけます。

小渕・森内閣の「陰の総理」「郵政族のドン」ともよばれた経世会の野中広務は最後の抵抗を試みました。2003年の自民党総裁戦で、野中は自派の藤井孝男《ふじいたかお》を擁立して小泉再選を阻もうとしますが、野中と並ぶ経世会幹部の青木幹雄《あおきみきお》参議院幹事長が小泉支持にまわったため小泉が圧勝。**経世会は事実上分裂し、野中は議員を辞職**します。

05年、小泉内閣が提出した郵政民営化法案は、自民党から反対37票、棄権14票という大量の造反を出しながらも僅差《きんさ》で衆議院を通過しました。しかし参議院通過が危ぶまれたため、「もし参議院で否決されたら、衆議院を解散して国民に信を問う」と小泉は言明します。

参議院の責任を衆議院議員に問うのは筋違いですが、憲法の規定で首相には衆議院の解散権はあっても、参議院の解散はできません。郵政民営化の否決は小泉内閣への不信任と同義だから国民の審判を仰ぐ必要がある。それには衆議院選挙しかない、というのが小泉の理屈です。衆院選で負ければすべてを失いますが、このあたりの潔さが小泉劇場政治の真骨頂です。

結局自民党は、続く参議院での決議でも党内から反対22票、棄権8票を出し、郵政民営化法案は参議院では否決されました。

それを受けて同日、小泉は衆議院を解散（郵政解散）。造反した議員らを自民党は公認せず、同じ選挙区に別の候補を「刺客」として送りこみ、いまだ人気が衰えぬ小泉首相自身が応援演説に奔走します。「改革に抵抗する者は、抵抗勢力だ！」と叫んで大衆を熱狂させる小泉に対し、経世会の野中広務は「ヒトラー」と揶揄しましたが、どうすることもできませんでした。

この05年郵政選挙の結果は、小泉自民党の圧勝でした。自公連立で衆議院の3分の2を確保したため、参議院で否決された法案の再可決が可能になったのです。

亀井静香《かめいしずか》、綿貫民輔《わたぬきたみすけ》、平沼赳夫《ひらぬまたけお》など錚々《そうそう》たる大物政治家が自民党から追われる一方、片山《かたやま》さつき・杉村太蔵《すぎむらたいぞう》など新人議員が80人以上当選して「小泉チルドレン」と呼ばれましたが、その大半は小泉人気に便乗した素人政治家であり、次の選挙では落選しています。

メンバーを一新した衆議院は郵政民営化法案を可決しました。**日本郵政公社は解散されて民間企業の「日本郵便」「ゆうちょ銀行」「かんぽ生命」の3社に分割**されました。

「本丸」は陥落し、**最大派閥の経世会は四分五裂の末、何の影響力もない弱小派閥に転落**していきます。

ブッシュJrネオコン政権との蜜月

「敵」を可視化して、一歩も退かない毅然《きぜん》たる態度を取る、という「小泉劇場」の手法は、外交においても鮮やかに発揮されました。

内閣発足年の2001年に9・11同時多発テロが発生すると、小泉はニューヨークに飛んで世界貿易センタービルの崩壊現場を訪れ、**「テロには屈しない。日本は米国と共にある」**と語**り、アメリカ国民とブッシュJr大統領の信頼を獲得**しました。

米大統領専用機エアフォースワンに同乗するほど、ブッシュJrと特別な関係を築いていた小泉

1990年代、ソ連崩壊で「共通の敵」を見失った日米同盟関係は空洞化し、クリントン米政権は中国に傾斜して「ジャパン・パッシング（日本無視）」政策を続けました。9・11事件は、国際テロ組織アルカーイダという「共通の敵」を見出させ、日米同盟関係は再構築されたのです。**ブッシュJr・小泉関係は、80年代のレーガン・中曽根関係以上のもの**でした。

ブッシュJr政権は、「テロ支援国家」と名指ししたアフガニスタンとイラクに対する軍事行動に突っ走りますが、国連安保理では中露のほかNATOの同盟国であるフランスが軍事行動に反対したため安保理決議は否決され、米・英が「自衛権の発動」という形で国際法上の疑義のある「対テロ戦争」が始まります。

アメリカが国際的に孤立する中、小泉は「ブッシュ大統領を支持する」と明言し、国連平和維持軍として陸上自衛隊をイラクのサマーワに派遣しました。サマーワの陸自部隊は、道路、水道や電気、学校の復旧に活躍して住民からは感謝されましたが、キャンプには武装集団がロケット砲を撃ち込むなど、いつ戦死者が出てもおかしくない状況でした。

湾岸戦争のとき、海部内閣（小沢幹事長）がカネだけ出して人を出さず、ひんしゅくを買ったという日本政府のトラウマが、10年後の小泉政権によって解消されたといえます。

靖国参拝と反日暴動の裏側

田中角栄が訪中した頃の中国は、五カ年計画の失敗で貧困のどん底にありました。また中ソ論争でソ連（ロシア）との関係が一触即発であり、米・日との友好関係が必要でした。鄧小平政権は日本からの投資を渇望し、日中友好と「改革開放」を掲げて経済建設に邁進《まいしん》しました。

それから20年、日本の経世会政権から総額6兆円のODAがつぎ込まれ、中国のGDPは急成長し、ソ連崩壊で北方の脅威も消失しました。

経済発展を遂げて工業製品の輸出国となった中国は、貿易や安全保障上重要なシーレーン（海上交通路）が集中して海底資源の宝庫でもある東シナ海と南シナ海を、米海軍から奪取して中国海軍での防衛を目指すようになりました。人民解放軍の劉華清《りゅうかせい》司令が鄧小平の命で策定したプランによれば、**2010年までに沖縄とフィリピンを結ぶ「第一列島線」、20年までに小笠原とグアムを結ぶ「第二列島線」の内側を中国の内海化する**、と決めたのです。

この計画の障害となるのは、沖縄・フィリピン・グアムに展開する米海軍（第7艦隊）と日本の海上自衛隊です。**「日本の軍国主義復活」を宣伝することは、第一に日米を離間させ、第二に日本国内の護憲派＝親中派を間接支援して防衛力増強を阻止する、という中国共産党の綿密な計算に基づく情報工作**とみるべきです。

中国が狙う第一列島線と第二列島線

中国政府が靖国神社を「日本軍国主義の象徴」とみなし、日本の首相の靖国参拝を外交問題化したのは１９８０年代の中曽根内閣からというのは第9章でも触れました。中曽根は、親日的だった胡耀邦政権が中国国内でバッシングを受けないように靖国参拝を中止しましたが、これは**中国側から見れば、日本に対する内政干渉が功を奏した**、ということになります。

民主化運動を抑え込んだ89年の天安門事件で自国民に銃を向けた中国共産党は、政権の求心力を保つため、「抗日戦争勝利50周年」を迎えた95年から、「日本軍国主義の暴虐と中国共産党による祖国解放」という歴史観を徹底的に叩き込み始め、各地に抗日記念館を建設するなど**「愛国教育」を強化**します。中曽根以前の日本の首相の靖国参拝も、「まだ反省していない日本」というイメージ作りに利用されたのです。

こうした80年代からの中国の動きに対し、鈴木善幸から森喜朗までの歴代首相は、日中関係に「配慮」して靖国参拝を見送ってきました。ところが、この慣例を小泉が破ったのです。

父純也の影響を受け、戦没者慰霊に格別の思いを持つ小泉純一郎は、年に数回の靖国参拝を続けてきました。2001年の**自民党総裁選で小泉は「毎年8月15日、いかなる批判があろうと靖国神社に参拝する」と公約**します。

これに対して福田康夫《やすお》官房長官（福田赳夫の息子）は、終戦の日の8月15日を外せば中国側の反発は和らぐと進言。小泉は福田の進言に従い、8月13日に参拝しました。しかし中国側の反応は激烈で、胡錦濤《こきんとう》政権は小泉首相との日中首脳会談を拒否しました。

中国国内では反日教育を受けた若者がネットを通じて反日書き込みを繰り返し、04年には重慶《じゅうけい》のサッカーAFC日中戦のサポーターが暴徒化。05年には成都《せいと》で日系スーパーが暴徒に襲われ、北京と上海でも反日デモが暴徒化しました。

その様子が日本のテレビで伝えられると、日本人の対中国感情もどんどん悪化し、**結果的に「靖国参拝の何が悪い」「小泉がんばれ！」という愛国的世論が生まれました。**これも中国という「敵」を視覚化し、一歩も退かない姿勢を示すという小泉劇場の成功例です。

日本国内における中国に対する親近感の変遷

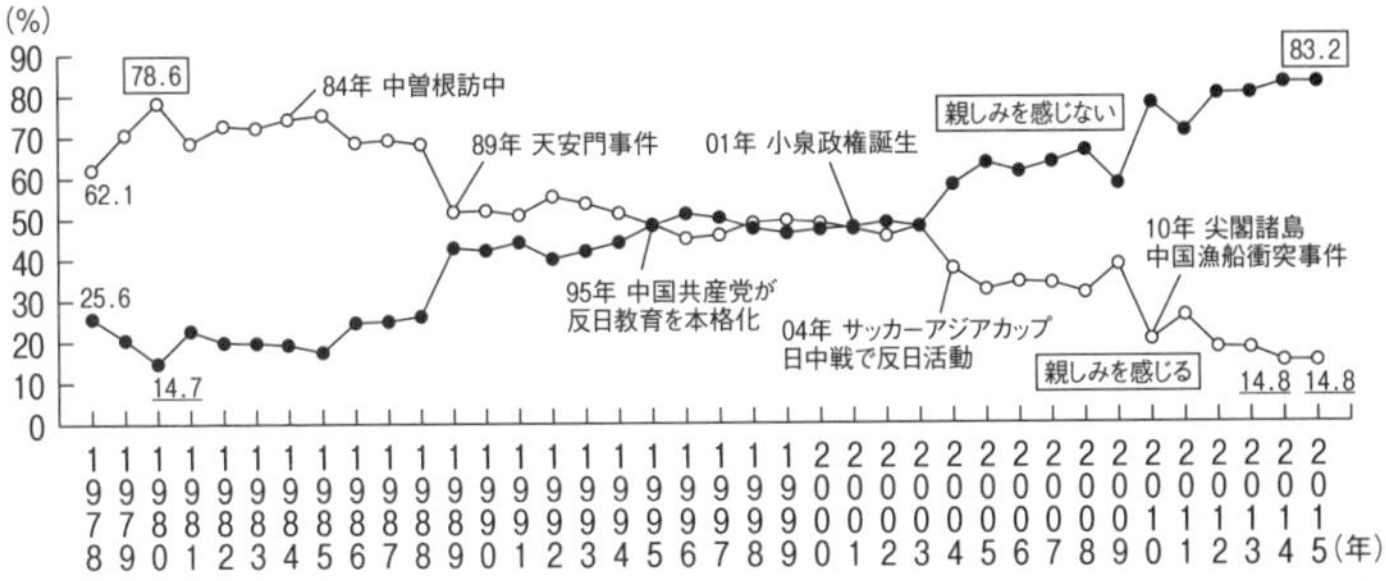

内閣府「外交に関する世論調査」(令和元年10月調査) をもとに作成

歴史的な訪朝と拉致被害者の奪回

2002年の歴史的な小泉訪朝も、元をたどれば在日朝鮮人の帰国事業に熱心だった父純也の悲願でした。日朝国交が樹立できれば、鳩山の日ソ共同宣言、田中の日中共同声明と並ぶ業績となるからです。この夢は、息子純一郎に受け継がれます。

北朝鮮は、初代金日成政権の末期に「保護者」であったソ連崩壊の衝撃を受け、核開発を開始しました。クリントン米政権は一時、空爆も検討しましたが、結局は米朝核合意を締結。北朝鮮は核兵器開発を停止する見返りに、日米韓から経済支援を受けるという約束を取りつけました。

一方で、1987年の大韓航空機爆破事件の容疑者金《キム》賢《ヒョン》姫《ヒ》の証言などにより、**北朝鮮工作員が日本人を拉致し、工作員の日本語教師などにしている実態**が明らかになって

訪朝し、金正日との日朝首脳会談に臨んだ小泉

いました。

田中均《ひとし》ら外務官僚は小泉・金正日会談をセッティングし、日朝国交樹立を急ぎましたが、小泉は「拉致問題の解決なくして、日朝国交交渉はない」とつっぱねます。

両国間がこうした状況にあった2002年、史上初の小泉・金正日会談は緊張した雰囲気で始まりました。

北朝鮮側は、会談のわずか30分前に「日本人行方不明者の8人は死亡、5人は生存」という「調査結果」を通告してきたのです。小泉はニコリともせず、拉致事件に対する謝罪と生存者の帰国を迫りますが、金正日は「拉致問題はでっち上げ」という従来の公式見解を繰り返すのみで、会談は物別れに終わりました。

いったん宿舎に戻った訪朝団を沈鬱《ちんうつ》な空気が包みました。このとき安倍晋三官房副長官は、「総理、金正日が拉致を認めて謝罪しない限り、共同声明に署名してはなりません。ただちに日本に帰りましょう!」と小泉に詰め寄りました。宿舎での会話はもちろん盗聴され、金正日に報告されたでしょう。

決裂を恐れた**金正日は午後の会談で態度を一変させ、「特殊機関の者が英雄主義に陥って拉致を行なった」ことをはじめて謝罪**しました。その一方で北朝鮮は、「5人以外は全員死んだ」から拉致問題は解決したとして、蓮池薫《はすいけかおる》さんら5人の日本人とその家族の帰国が実現しました。

金正日は拉致を認めることで日朝国交交渉を加速し、植民地時代の賠償を日本に請求するつもりでした。ところが事実を知った日本の世論は怒りで沸騰し、北朝鮮に対するイメージは地に堕《お》ちたのです。

世論に敏感な小泉政権は、日朝交渉の継続が不可能になりました。また、**これまで「拉致はでっち上げ」という北朝鮮の言い分をおうむ返しにしてきた朝鮮総連や、日本国内の親北朝鮮勢力――社会民主党は致命的なダメージを受けた**のです。

ナショナリストだが、保守政治家とはいえなかった小泉

小泉家は、「刺青大臣」又次郎→娘婿の純也→純一郎、と受け継がれてきました。**純一郎は母方を通じて小泉家とつながり、いわば女系（母系）相続をしている**わけです。

対して、**皇室は古来、男系男子が皇位を相続し、適格者が幼少であったりするときには男系女子が暫定的に皇位を継いできました。女系男子の例はありません。**

たとえば、飛鳥時代に天武天皇が亡くなったとき、その皇后が持統《じとう》天皇として即位していますが、持統天皇は天智天皇の娘（男系女子）であるため元来継承権を持っており、孫の軽皇子《かるのみこ》（文武天皇）が成長するまでの「つなぎ」の役割を果たしたのです。

この皇位継承について、さらに厳格化させたのは、第4章でも登場した井上毅でした。**明治期に帝国憲法と同時に皇室典範を定め、陸海軍の統帥者たる天皇の継承は「男系男子のみ」としたのです。**

では、男子が生まれなかったらどうするのか？

分家が継承するのです。

幕末には11宮家が創設されており、その大半は北朝第3代の崇光《すこう》天皇にさかのぼる伏見宮家《ふしみのみやけ》の分家でした。もちろん伏見宮家もまた、それまで男系男子が継承してきたのです。

ところが敗戦後、GHQは昭和天皇の地位を保全する代わりに、皇室の弱体化を画策。昭和天皇の弟にあたる直宮家《じきみやけ》の秩父宮《ちちぶのみや》・高松宮《たかまつのみや》・三笠宮《みかさのみや》を除いた11宮家を皇籍離脱させて民間人とし、皇位継承権を剝奪《はくだつ》します。

その結果、約半世紀後の平成の世となると、当時皇位継承権1位だった徳仁《なるひと》皇太子殿下には愛子《あいこ》さまお一人。弟で皇位継承権2位の秋篠宮《あきしののみや》殿下には長女眞子《まこ》さま、次女佳子《かこ》さまのお二人。

愛子さま、眞子さま、佳子さまが民間人と結婚された場合、そのお子様は「女系」となり、男子であっても皇位継承権を持ちません。他の皇族方はいずれも高齢もしくは女子であり、**皇統の存続が危ういという状況**になりました。

そうした状況に、明治期の慣例に戻して11の旧宮家から皇籍復帰をさせるか？　男系相続という古来の伝統を廃して、女系相続を認めるのか？　という大論争が起こりました。

これに対して**小泉首相は、皇位継承問題に関する諮問会議を設置し、女系の皇位継承を認めよという答申を出させます。**

２００６年1月、小泉は自民党幹部との会合で、「（女系を認める）皇室典範の改正案を今国会で必ず上程する。これは構造改革の一環だ」「皇室は最後の抵抗勢力だ」とまで発言しています（『サンデー毎日』07年2月21日）。

ところがその議論の最中に、秋篠宮妃紀子《きこ》さまが男子（悠仁《ひさひと》親王殿下）をご出産されたことで、皇室典範改定問題は棚上げになりました。

勤労感謝の日に皇居で行なわれる新嘗祭《にいなめさい》は、天皇がその年の初穂《はつほ》を神々にお供えする重要な神事で、三権の長（首相・衆議院議長・参議院議長・最高裁長官）が参列します。暗闇の中、束帯に身を包んだ天皇は深夜まで4時間にわたる儀式を行なうのです。05年にはじめて新嘗祭に参列した小泉首相は、「暗いから見えないじゃないか。電気をつけろ」と口走っています。

こうしたことからも垣間見えるように、**小泉は中国や北朝鮮に対して毅然たる態度を取るナショナリストでしたが、皇室に象徴される日本の伝統に尊崇の念を持つ保守主義者ではありませんでした。**むしろ**古いモノは破壊すべきである、という革命家だった**のです。

イギリス王室を否定した共和政体のアメリカに小泉がシンパシーを持ち続けたのは、この部分が共感し合うからなのでしょう。

この小泉革命に日本国民は熱狂し、溜飲《りゅういん》を下げました。小泉が引退したあと、後継内閣を組織した安倍晋三（第1次）、福田康夫、麻生太郎は守旧派に映りました。国民は何かもっとドラスティックで華やかな「見世物政治」を望んだのです。

そこに颯爽《さっそう》と現われたのが、小泉同様に何を考えているのかわからない鳩山由紀夫であり、彼を最後の神輿として担いだ小沢一郎でした。再び世論の雪崩《なだれ》現象が起こります。

新たな悪夢の始まりでした。

第2部

第12章

マスメディアVS安倍晋三

労働組合はなぜリベラルなのか？

鳩山由紀夫・菅直人《かんなおと》・野田佳彦《のだよしひこ》と、2009年〜12年まで3代続いた民主党政権は、現代日本における護憲リベラル勢力が総結集して作り上げたものでした。この民主党政権3年間に対する国民の評価、いわば反作用が、その後の極めて保守的な性格を帯びた安倍長期政権を生み出したわけですから、両者は同じコインの裏表と見ることもできるでしょう。

第12章では、**民主党政権を生み出した勢力――朝日新聞やテレビに象徴される護憲リベラル勢力と、安倍晋三政権を支える保守勢力との対決**を振り返りつつ、**現代日本における「保守」**について考えてみましょう。

「加入戦術」という言葉があります。急進的な革命政党が大衆の支持を得られず党勢が伸び悩むとき、既存のより穏やかな組織（たとえば労働組合）の構成員として潜り込み、宣伝工作を続けて組織の主導権を握り、政策実現のための道具とすることです。

ソ連共産党に絶対の忠誠を誓った向坂逸郎《さきさかいつろう》のようなバリバリの共産主義者が日本社会党に潜り込み、社会主義協会という党内組織を牛耳って日本社会党の方針を「左旋回」させたのはその典型例ですし、**本来労働条件改善のために活動すべき労働組合の大半が、判で押したように**

共産党と同じ「反自民」「9条を守れ」「反基地」「反原発」を掲げてきたのは同じ理由です。

一般組合員の政治信条とは関係なく、組合執行部を牛耳っている幹部たちが、加入戦術で潜り込んだ共産主義の活動家だからです。**日本最大の労組連合であった日本労働組合総評議会（総評）が、日本社会党の「手足」、選挙マシーンとして機能してきたのはこういうわけ**です。

他方で、加入戦術がうまくいかなかった労組の一部は日本労働組合総同盟（同盟）を結成し、これを基盤とする民社党は自民党政権の補完勢力として「日米安保容認」「改憲賛成」を掲げてきました。そのため民社党出身者には、西村眞悟《にしむらしんご》のように自民党以上に「右」と見なされる政治家もいます。

しかし冷戦末期になると、「総評」はソ連からの支援を失います。そこで「総評」は、「社民勢力の大同団結」を掲げ、1989年には敵を見失って勢力が伸び悩む民社党系の労組連合の「同盟」や中立労連などと合流し、日本労働組合総連合会（連合）を組織しました。

とはいえ、半世紀続いた米ソの冷戦が、「社会主義の祖国」ソ連の崩壊という形で劇的に終わったことは、日本国内における親ソ派勢力に再起不能なダメージを与えていました。

第10章で見たように野党第1党だった日本社会党の党勢の衰えは目を覆うばかりであり、追い詰められた社会党執行部が自民党親中派の経世会（竹下派）と野合して村山連立内閣を組織し、**党是というべき「護憲」「非武装中立」の旗を下ろして、自衛隊と日米安保体制を事実上**

容認したことは、党内に深刻な亀裂を生み出しました。

96年には、日本社会党は社会民主党と改称しますが離党者が相次ぎます。より過激なグループは新社会党を結成するも泡沫政党化し、より現実的なグループは小沢一郎・鳩山由起夫らと合流して民主党を結成し、「反自民」「反共産」の立場で野党第1党の地位を得ました。

日本社会党の「頭脳」だった社会主義協会も三派に分裂し、多くは民主党職員として命脈を保ちました。**彼らもソ連崩壊後はさすがに「社会主義」「革新」の旗を掲げることをためらい、これに代わる「護憲リベラル」の旗を掲げるようになります。**その実態はリベラルとは程遠い社会主義者ですが、本書では彼らが愛用する「護憲リベラル」の肩書をそのまま使いましょう。

日本社会党の「手足」として動いてきた「連合」は、93年の反自民細川連立内閣の成立を支えました。しかし、村山自社さ連立内閣VS小沢新進党の対立構造が生まれると、村山内閣支持の元総評系執行部と、小沢支持の元同盟系が対立して一度は股裂《またさ》き状態となってしまいます。

これによる組織の分裂を回避するため、**「連合」執行部は旧社会党系と小沢グループとの再統合による野党結集を政界に働きかけます。この結果が98年の小沢・鳩山民主党の発足**であり、ついには2009年、あの鳩山民主党政権を実現させたのです。民主党の集票マシーンとして機能している「連合」傘下の代表的な組合には、次のようなものがあります。

・UAゼンセン……繊維・化学・流通業界、旧民社党系、160万人

・全日本自治団体労働組合（自治労）……地方公務員、80万人
・自動車労連……自動車業界、77万人
・電機連合……電気機械業界、61万人
・日本教職員組合（日教組）……公立学校の教職員、24万人

一方、共産党系の労組は「全労連」を組織し、89年の「連合」への合流については「右傾化」と呼んで反対しました。共産党系「全労連」参加の労組には次のようなものがあります。

・自治労連……自治労から分離、15万人
・全日本教職員組合（全教）……日教組から分離、4万人

労使間の合意により、これらの労組の活動資金は「組合費」として給与から天引きされます。**組織率（加入率）が低迷しても、このシステムが続く限り組織は安泰**なのです。

マスメディアを動かす労組

組合員数は大きくなくとも世論形成に影響力を持つ労組として、次のようなものがあります。

・新聞労連……新聞社と通信社、2万7000人、「連合」非加盟
・NHK労連……NHKと関連企業、9000人、「連合」加盟
・民法労連……民法テレビ・ラジオ各社、9000人、「連合」にオブザーバー参加

これらの労組は、政治献金や選挙活動で社会党、民主党、あるいは共産党候補を応援するのみならず、組合の活動家を民主党の公認候補として出馬させ、国会へ送り込むことも続けてきました。

一方これに対し、**経営側も労組を懐柔するため、労組の活動家を管理職に採用**していきます。

戦時下で、戦争プロパガンダに協力した朝日新聞は、2代目社主の村山長挙《ながたか》がGHQに公職追放され、マッカーサーに恭順の意を示すことによってなんとか生き残りました。しかし、GHQの労働組合育成の方針を受けて朝日労連が組織され、激しい労働争議が始まります。

この朝日労連の中で存在感を示すようになったのが、広岡知男《ひろおかともお》でした。広岡は東京帝国大学時代に野球部員として活躍。野球報道で部数を伸ばしていた朝日新聞に入社します。やがて朝日労組の会長となった広岡は、1946年に**過激派を抑え込みゼネストを回避したことが経営陣から評価され、のちに編集局長を経て取締役に抜擢**されました。

折しも村山社長のワンマン経営に対する社内の不満が高まる中、63年に朝日新聞と東京国立博物館が共催した「エジプト美術五千年展」で事件が起こります。村山藤子《ふじこ》社長夫人が昭和天

皇に近づこうとして警備員に制止され、転倒して負傷。村山社長が宮内庁糾弾キャンペーンを指示したところ、編集部は「事実誇張」として拒否。他の部局も社長に反旗を翻したのです。

この「村山事件」で村山社長は失脚。**広岡が代表取締役となり、40％の株を保有する大株主の村山家を経営から排除し、71年には社長と主筆を兼ね、77〜80年には会長**となりました。

広岡が朝日新聞の実権を握った時期はちょうど田中角栄訪中の時期にあたり、**広岡は親中派として「日中友好」報道を推進する一方、ベトナム戦争のルポルタージュで知られた本多勝一《ほんだかついち》記者を派遣して「中国の旅」を連載**します。

これは当時、ほとんど往来のなかった大陸中国の人々の肉声を伝える貴重なルポになるはずでしたが、文化大革命という名の毛沢東個人崇拝が極限まで強化されていた中国で、外国人記者が自由に取材できるはずはありません。本多がインタビューを許されたのは、中国共産党が用意した「サクラ」ばかりでした。本多はのちに次のように語っています。

「例えばある街に行きますと、予め中央から指示が来ていますから、現地では聞くべき相手を準備しています」（馬場公彦『戦後日本人の中国像』新曜社）

日本軍による「南京大虐殺」はこの本多のルポを通じて日本に紹介され、世論に衝撃を与えました。この衝撃が冷めやらぬ**82年、鈴木善幸内閣（宮澤喜一官房長官）は文部省の教科書検定に「近隣諸国条項」――近現代については近隣アジア諸国に配慮せよ、という規定を追加し**ました。これ以後、日本の歴史教科書に「南京大虐殺」が載せられるようになりました。一連の流れに火をつけた朝日新聞記者の本多勝一著『中国の旅』（朝日新聞社）は、単行本として出版され、学校の副読本にもなりました。

ちなみに**中国の歴史教科書に「南京大虐殺」が載るのも81年からで、日本からの逆輸入**の形でした。85年には南京に「侵華日軍南京大屠殺遭難同胞紀念館」が建てられ、**以後「南京大虐殺」は中国の対日外交における歴史カードとなり、首相の靖国参拝や防衛力増強に中国が干渉できる有効な手段**となりました。

このことに朝日新聞（広岡体制）が大きく貢献したことは、「済州島《チエジユ》で慰安婦狩りをした」という作家吉田清治《よしだせいじ》の創作を歴史的事実と報じた朝日の「従軍慰安婦」報道とともに、記憶にとどめておくべきでしょう。

朝日新聞内部には、親中派の他に親ソ派もいました。

広岡と同じ労組出身の秦正流《はたしょうりゅう》元モスクワ支局長は、神秘のベールに包まれていたソ連書記長ブレジネフの単独インタビューに成功し、専務取締役となりました。秦は広岡体制に不満の渡辺誠毅《せいき》副社長、筆頭株主の村山家と結び、80年の社内クーデタで広岡会長を失脚させます。

　また、広岡のもと組合の幹部から政治部記者に転じた三浦甲子二《みうらきねじ》は、村山長挙の覚えがめでたく、河野一郎の番記者として政治部長になります。村山事件で村山社主が失脚すると、居場所がなくなった**三浦は朝日新聞を退社し、日本教育テレビ（ＮＥＴ）取締役に転身したうえで、66年には朝日新聞によるＮＥＴ買収を実現**させました。この買収で仲介に当たったのが、朝日新聞記者出身で田中角栄内閣の自民党幹事長、橋本登美三郎《はしもととみさぶろう》でした（のちにロッキード事件で逮捕、離党）。77年、日本教育テレビは社名を「テレビ朝日」と改称します。

「テレ朝の天皇」として君臨した三浦甲子二の正体が、ソ連ＫＧＢのエージェント（コードネーム「ムーヒン」）だったことが発覚したのが第6章でも触れたレフチェンコ事件でした。

　ＫＧＢは日米離間のため、中曽根首相の後継者と目されていた自民党の中川一郎をソ連派に取り込もうと考え、テレビ朝日会長の三浦を通じて中川と接触を図ります。この直後の83年、中川一郎は、地元北海道のホテル浴室で死体となって発見されました。警察発表は自殺でしたが、三浦は「中川は他殺だ。ＣＩＡの手先に殺された」とＫＧＢに報告しています。

　その後はソ連崩壊により、朝日新聞社内でも親ソ派に代わって親中派・親韓派が主流派となり、今日に至ります。

　一方、フジテレビにもこうした労組由来の思想は根づいています。

　フジテレビの代表取締役、会長を歴任した日枝久《ひえだひさし》は、早稲田の学生時代に60年安保の洗礼を受け、フジテレビ入社後は組合書記長として経営者の鹿内《しかない》一族と対決を続けましたが、一転して編成局長に抜擢され、経営者にのし上がりました。

創業者の鹿内信隆《のぶたか》以来、「社会派」「硬派」を売りものにしていたフジテレビでしたが、日枝が立ち上げた労組との対立で有能な人材は左遷され、社内は沈滞ムードが漂っていました。そこで**2代目の鹿内春雄《はるお》は組合との協調に転じ、労組書記長の日枝を編集局長に抜擢した**のです。

これを機にフジテレビは「軽チャー」路線へと大転換し、「オレたちひょうきん族」「笑っていいとも！」などのメガヒット番組を輩出。これを見た他局も、フジの「軽チャー」路線に追随しました。

ちなみに、創業期の「硬派」路線を保ってきたのが産経新聞です。同じフジサンケイグループなのに、フジテレビと産経新聞が対照的なのは、こういうわけです。

80年代のバブル期を頂点とする軽佻浮薄《けいちょうふはく》な時代の空気を作り出したのがフジテレビを筆頭とするテレビ業界であり、**テレビ業界の中枢を握ったのが労組出身の経営者だったということは、極めて示唆的**です。

ネットがなかった時代です。テレビの影響力の大きさは、今とは雲泥《うんでい》の差がありました。テレビ局があるブームを仕掛ける、大衆が殺到する、世論が動く。かつては新聞が主導していた大衆扇動の役割を、テレビが担うようになったのです。

こうして2009年の政権交代選挙のときには、ほぼすべてのテレビ局が「一度はやらせてみよう民主党」キャンペーンを行ない、大きく世論を動かすことに成功したのです。

平和主義を貫いた祖父安倍寛

では、護憲リベラルとして大衆を扇動してきたマスメディアに対し、保守勢力の軸となって平成末期に政権を担った安倍晋三を掘り下げるべく、時代をさかのぼって一族のバックボーンを見ていきたいと思います。

安倍家は平安時代、東北地方に勢力を築いた俘囚《ふしゅう》に起源を持つ武士団です。俘囚というのは朝廷の支配を受け入れなかった蝦夷《えみし》と呼ばれる在地勢力が、坂上田村麻呂《さかのうえのたむらまろ》らの遠征に敗れて服属したものです。騎馬戦法に優れた俘囚は、朝鮮半島に近く、瀬戸内海防衛の要《かなめ》でもある長州にも配備されました。

伝承では、11世紀半ばに前九年の役を起こした安倍氏の三男宗任《むねとう》が北九州に流され、その子孫が源平合戦で平家方についたため、源頼朝の命により長門国《ながと》（山口県）の油谷《ゆや》に流された、とされています。安倍晋太郎・晋三の父子が軍事外交に高い感受性を持つのも、祖先の「血」なのかもしれません。

安倍寛（1894～1946）　村長、県会議員を経て、衆議院議員となった安倍晋三の祖父

江戸時代には酒造業も営む庄屋として地方の名士だった安倍家ですが、幕末生まれの安倍慎太郎《しんたろう》が最初の山口県議選で当選し、政界入りします。子に恵まれず早世したため、妹婿の彪助《ひょうすけ》が安倍家を継ぎ、一人息子の寛《かん》（晋三の祖父）が生まれました。

安倍寛は、東京帝国大学法学部卒。東京で自動車メーカーを立ち上げましたが関東大震災で倒産。困窮の中、新妻の静子《しずこ》（晋太郎の母）と別れて山口に帰り、独身を貫きました。

大正デモクラシーの風潮の中で政治家を志した安倍寛は、日置《へき》村の村長と県会議員を兼任しながら、日中全面戦争が始まる１９３７年の衆院選に無所属で立候補し、当選しました。**政治信条は大政党の金権政治打破と日米非戦**。その**清廉潔白な生き方から、地元の人々は安倍寛を「今松陰（現代の吉田松陰）」と呼んで慕いました。**

対米開戦後の42年翼賛選挙でも、大政翼賛会に加わらず無所属で再選され、東條内閣の倒閣運動にも加わりました。敗戦後は進歩党から立候補を準備しましたが、惜しくも心臓発作で急死してしまいます。51歳の若さでした。

安倍寛の親友だった三木武夫は、のちに自民党の結成に参加し、70年代には田中角栄の金権政治と対決することになります。安倍寛が長生きしていたら、三木武夫のポジションにいただろうと想像できます。

清和会のプリンスだった父晋太郎

寛の息子である安倍晋太郎（晋三の父）は、生後間もなく両親が離縁したため、大叔母に預けられました。戦時下で東京帝国大学法学部に進みますが、海軍航空隊予備学生として入隊し、学業を中断。敗戦後、すぐに復学し、卒業とともに毎日新聞社の記者として採用されます。

安倍家と同郷の岸信介（東條内閣の商工大臣）は、A級戦犯容疑で巣鴨拘置所内にありました。「戦犯の娘」と呼ばれた**一人娘の洋子《ようこ》の行く末を案じていた岸は、毎日新聞に安倍寛の息子がいると聞き、「今松陰の息子なら間違いない」と即決して縁談がまとまりました。**

こうして晋太郎と洋子は結ばれ、寛信《ひろのぶ》（三菱商事関連会社の社長）、晋三（90代、96〜98代内閣総理大臣）、信夫《のぶお》（衆議院議員。岸家に養子入り）という3人の男子に恵まれたのです。

次男なのに「晋三」と名付けたのは、父晋太郎が字画がよいと判断したためです。

「反アベ」の論客は、「東條内閣に反対した平和主義者の安倍寛」と「戦犯岸信介」を対比させ、安倍晋三は母方の祖父岸信介を模範とする戦争屋で、父方の祖父安倍寛を無視していると

安倍晋太郎（1924～1991） 安倍晋三の父。岸の女婿となり、大臣・幹事長を歴任して首相候補となるものの、病に倒れた

いうストーリーを語りたがります。

しかし第6章でも触れた通り、東條首相に早期講和を要求し、閣内不一致で東條内閣を総辞職に追い込んだのは岸でしたし、日米非戦を貫いた安倍寛の息子晋太郎を一人娘に嫁がせたのも岸なのです。

また、1960年に**岸が実現した日米安保改定が日本を戦争に引きずり込んだのか、それとも日米関係をより対等にしたのかは、安保改定後の今日までの歴史を見れば明らか**でしょう。

自民党の大物である岸信介の娘婿となった安倍晋太郎は、毎日新聞を退社して岸の秘書官となり、58年の衆院選では、山口1区から初当選を果たします。このとき島根全県区で当選した同期の竹下登とは盟友関係を保ち、のちに宮澤喜一を加えて自民党のニューリーダー「安・竹・宮」の一角を担うようになります。

安保条約改定という大仕事を果たし、混乱の責任を負って岸が政界を引退すると、清和会を引き継いだ福田赳夫を支えて「角福戦争」「大福戦争」を戦った晋太郎。三度目の選挙では落選の憂き目を見ましたが、いつの頃からか「清和会のプリンス」と呼ばれるようになりました。

田中角栄の失脚後、晋太郎は三木武夫内閣の農林大臣として初入閣を果たし、農林分野を得意としました。三木としても盟友安倍寛の息子を閣内に迎えたことは、感無量だったでしょう。

82年の自民党総裁選。「闇将軍」角栄が推す中曽根康弘の当選を阻止すべく晋太郎は立候補しますが、予備選で惨敗。**中曽根は、党内野党である清和会を懐柔するため、晋太郎を外務大臣として抜擢**しました。しかし、レーガン大統領との「ロン・ヤス関係」を築いた中曽根首相の派手なパフォーマンスの陰に隠れて、晋太郎外交は陰の薄いものとなってしまいました。

87年、中曽根が「安・竹・宮」の中から後継者を指名した「中曽根裁定」では、経世会の竹下登に白羽の矢が立ち、晋太郎は政権を逃します。このとき開かれた清和会の会合で、肩を落として敗戦の弁を述べるプリンスに向かって、「だからあんたはダメなんだ！」と檄《げき》を飛ばしたのが、横須賀の手配師一家に生まれた小泉純一郎でした。

竹下内閣のもとで党内ナンバー2の幹事長となり、竹下からの禅譲に期待しつつ、ゴルバチョフ大統領の訪日を実現するなど崩壊間際のソ連との外交に努力した晋太郎でしたが、彼に残された時間はもう長くはありませんでした。膵臓《すいぞう》ガンが見つかった晋太郎は緊急入院し、91年に67歳で他界しました。

岸、福田、中曽根、竹下といった強烈な個性の政治家たちに囲まれて、「育ちのよさ」「影の薄さ」が最後までつきまとった安倍晋太郎。仮に中曽根裁定で安倍晋太郎内閣が成立していたとして、冷戦終結前後の激動期を乗り切ることができたかどうか。それでも田中派が支配する竹下・宮澤内閣より多少はマシだった、とはいえるかもしれません。

祖父岸信介と安倍晋三

晋太郎の息子晋三は東京で生まれ育ち、小学校から大学まで成蹊《せいけい》学園に通いました。成蹊学園は大正自由主義教育の旗手で、中村春二《なかむらはるじ》が私財を投じて開いた私学ですが、中学以来の親友の岩崎小弥太《いわさきこやた》（三菱財閥の4代総帥）、今村繁三《いまむらしげぞう》（横浜の銀行家）から援助を受けて大きく成長しました。成蹊大学キャンパスがある吉祥寺は、もともと岩崎家の別荘があった場所です。

父は首相秘書官で激務、母は選挙区山口滞在が長かったため、**三兄弟は乳母やお手伝いさんに育てられ、晩御飯を岸邸に食べに行く生活でした。**当時首相の祖父岸信介のところへ遊びに行った晋三は、安保反対デモを真似して祖父を和ませています（200ページ参照）。ちなみに、晋三少年の家庭教師として面倒を見たのが、当時東大生だった平沢勝栄《ひらさわかつえい》（のち衆議院議員、菅義偉《すがよしひで》内閣の復興大臣）でした。

政治家一家に生まれた晋三ですが、政治家志望ではなく、2年のカリフォルニア留学を経て、神戸製鋼に入社しました。「変人」小泉とは対照的に、人の懐《ふところ》に飛び込むのが上手で、「人たら

当時首相だった岸の腕に抱かれる幼少期の晋三〔写真右〕と兄寛信〔写真左〕

し」的なところもある晋三は、順調なサラリーマン人生を歩むはずでした。

ところが、中曽根内閣の外相に就任した父晋太郎に呼び出され、「会社を辞めて、明日から俺の秘書になれ！」といい渡されます。晋太郎が、三菱関連企業に入社した長男の寛信ではなく、次男の晋三を政治的後継者に決めたのは、何か政治的オーラのようなものを感じたからなのかもしれません。

なお、岸家に養子入りした弟の信夫は、参院山口県選挙区から当選して政界入りののち、くら替えして岸家の地盤である山口2区から衆議院議員となり、菅義偉内閣で防衛大臣を務めています。

政治家としての安倍晋三

ある日突然、人生を変えられた晋三は父に反発しつつ、政治の世界に踏み込みます。成蹊学園でおおらかに育ち、神戸製鋼でビジネスマン気質を培った晋三は、海千山千、魑魅魍魎《ちみもうりょう》がうごめく政治の世界では「お坊ちゃん」「ただのいい人」と軽く見られがちでした。しかし、敵を味方に取り込む晋三の能力は、派閥均衡の党内政治において威力を発揮することになります。

1991年、父晋太郎が膵臓ガンで急死したとき、晋三は36歳。父と同じ衆議院山口1区からの出馬を決意します。そして93年、「小沢の乱」で宮澤内閣不信任案が可決されたのを受けた衆院選で、初遊説をした晋三は当選を果たしました。

ところが、このとき自民党は過半数に届かず敗北。結党以来はじめて野党に転落してしまいます。安倍晋三は野党議員として国会に初登院したのです。

この時代、自民党の実権を握っていたのは、本書でも度々登場した経世会の野中広務でした。野中は小沢に対抗するため社会党と連立を組んで村山内閣を擁立。その後も橋本・小渕内閣のキングメーカーとして君臨し、自民党の「左傾化」が進んできたのは、触れてきた通りです。

2000年、小渕首相の急死を受けて、野中ら5人の自民党長老は清和会の森喜朗を首相に擁立します。その森の弟分である**晋三は、内閣官房副長官に大抜擢**を受け、森を引き継いだ「変人」小泉も清和会内閣であるため、晋三は内閣官房副長官として留任しました。

この小泉内閣の官房副長官時代に、歴史的な小泉訪朝に随行。平壌の迎賓館控え室で「拉致問題を認めないなら交渉決裂を！」と小泉に迫り、盗聴器を通じてこれを聞いた金正日が、一転して日本人拉致の事実を認めます（316ページ参照）。

当初、北朝鮮は5人の「一時帰国」を認めただけで、家族と面会したら平壌に連れ戻すつもりでした。**内閣官房参与の中山恭子《なかやまきょうこ》と晋三は、「北では被害者は自由意志を表明できない。二度と北に返してはならない」と主張。**北朝鮮との約束を守るべきという福田康夫官房長官や、交渉に当たった田中均ら外務官僚との激論の末、小泉の決断で5人の永住帰国を実現させたのです。

このことは、政治家安倍晋三にとって最初の大きな業績といえるでしょう。これ以後、安倍晋三は、北朝鮮による日本人拉致問題を最大の政治課題と位置付けるようになります。

安倍晋三（1954〜）　歴代最長政権として、平成末期から令和初期に保守政治を担った

安倍晋三の政治姿勢を示すもう一つのエピソードが、小泉政権末期の05年、自民党内で起こった「人権擁護法案」論争です。

日本では、明治維新による身分制撤廃後も皮職人など特定の職業に就く人々が、結婚・就職などで差別を受け続け、島崎藤村《しまざきとうそん》の小説『破戒』でも被差別部落出身の若者の苦悩が描かれていました。こうした差別解消を求めるべく、大正時代には全国水平社が結成され、敗戦後は部落解放同盟と改称しますが、**左翼の活動家はここにも潜り込み、「差別糾弾」と称して暴力的な抗議活動を展開**するようになります。

この状況に、自民党政権は差別解消のため、当該地域を「同和地区」と呼んで公共事業を優先的に割り当て、そこの出身者を優先的に地方公務員に採用するなどの「同和立法」を1969年に制定します。ところが、**この同和対策事業が新たな利権を生み、「エセ同和」と呼ばれる暴力団関連団体によって公金が食い物にされる事態**に至り、2002年に同和立法が終了するまで33年間で約15兆円ともいわれる国家予算が費やされました。

しかし部落解放同盟は、この同和立法の期限切れを迎えると、今度は**代替法として新たに「人権擁護法案」の成立を要求**し始めます。「人権擁護」という建前に誰も反対できず、労組や民主党、公明党もこれに同調しました。

とはいえ、この人権擁護法案には懸案事項がありました。人権侵害の訴えを受けた場合、法務省の外局として新設された「人権委員会」には立ち入りなどの調査権が与えられたのですが、**この人権委員には国籍条項がなく、「人権擁護を目的とする団体の構成員」は委員に推薦可能なことから、部落解放同盟や在日外国人団体が人権委員会を通じて、報道・取材の自由を制約できる点**が危惧されたのです（たとえば朝鮮総連は、日本人拉致問題の報道によって、在日朝鮮人の人権が脅かされている、と主張していました）。

にもかかわらず、自民党内では古賀誠《こがまこと》（宏池会）が法務部会で同法案を取りまとめ、国会に提出しようとしていました。古賀は遺族会代表でありながら、首相の靖国参拝に反対する急先鋒です。同和地区出身である野中広務（経世会）もこれを後押ししました。

これに**反対する議員たちが超党派で集い、「真の人権擁護を考える懇談会」**を**結成**しました。最高顧問には安倍晋三と麻生太郎、座長に古屋圭司《ふるやけいじ》、メンバーに衛藤晟一《えとうせいいち》、山谷《やまたに》えり子《こ》、萩生《はぎう》田光一《だこういち》など、のちの安倍政権のメンバーが顔をそろえ、**小泉政権に同法の国会提出を断念させたのです。このあたりから古賀・野中を中心とする自民党リベラル派の長老たちは、「安倍の危険性」を察知した**ようです。

小泉純一郎という保護者のもとで自民党幹事長、内閣官房長官を歴任した安倍晋三は、06年総裁選で清和会の一致した支持を獲得。宏池会の谷垣禎一、（宏池会を抜けた）志公会の麻生太郎を破って総理総裁の座を獲得しました。安倍晋三52歳、戦後最年少の総理大臣でした。

第1次安倍政権は、「美しい国日本」の回復と「戦後レジーム（体制）の総決算」を掲げ、自らの思想心情を色濃く反映した所信表明演説を行ないました。

・首相官邸機能の強化……各官庁の調整機関から、指導機関への脱皮
・公務員制度改革……各省庁による民間企業への天下り斡旋《あっせん》を禁止
・教育基本法の改正……従来の「個性」「自由」重視から、「道徳」「倫理観」重視へ

・「主張する外交」……相手国への迎合から、国益重視の外交への転換
・日本国憲法改正の手続きを法制化……国民投票の手順を定める国民投票法の制定

また、小泉政権で決定された**防衛庁の防衛省への格上げ**も、第1次安倍政権のもとで実施されました。

1980年代、「戦後政治の総決算」を掲げて強力なリーダーシップで知られる中曽根政権を強く意識した安倍政権でしたが、あの頃とは国際情勢が変わっていました。冷戦末期、ソ連に対抗するため、中曽根をレーガン政権と軍産複合体が強力にサポートしたのに対し、冷戦終結後のアメリカの財界は中国への投資を強め、またイラク戦争で疲弊の極みにあったブッシュJr政権は、東アジアでの日中紛争に巻き込まれることを望まなかったのです。

「小泉グローバリズム政権」の後を継いだのは、自分の意思を持った「安倍ナショナリズム政権」だと米政府は見なして警戒。アメリカのマスメディアは、ナチスの大量虐殺の存在に疑問を持つ者に対する「歴史修正主義者（Revisionist）」というレッテルを安倍晋三にも貼るようになりました。米政府の意向を忖度《そんたく》することでは格別の才能を発揮する読売新聞（渡邉恒雄主筆）も、安倍を警戒するようになります。

中国・韓国など周辺諸国も安倍政権を「極右政権」とみなし、安倍が最初の外遊先を中国に選んでも、警戒心は和らぐことはなかったのです。

第1次安倍政権とマスメディアのバッシング

敗戦以来の対米従属に加え、対中・対韓では謝罪するだけの「主張しない外交」に甘んじ、国内では官僚主導の上に安住した戦後レジームを守りたい勢力——宏池会と経世会を中心とする自民党リベラル派、民主党を中心とする護憲リベラル野党、公務員制度改革に抵抗する中央官庁、労組の「連合」、そして労組に牛耳られたマスメディアは、「ただのお坊ちゃん」と甘く見ていた安倍晋三が牙を研ぎ出したことに慌て、総力を挙げて「安倍おろし」を開始しました。

しかしその手段は、**正面から政策論争を挑むのではなく、断片的な情報を何度も繰り返し流すことで、安倍政権の閣僚スキャンダルや、官僚のスキャンダルを暴露し、空気を作り上げるというものでした。「なんとなく安倍が悪い」という印象、**このスタイルは形を変えて、その後何度も繰り返されます。

この印象操作で決定的だったのは、社会保険庁の解体をめぐる攻防でした。

1980年代、社会保険庁がオンライン化を進めた際、合理化に反対する労組が抵抗し、ずさんな転記や管理が行なわれた結果、給与から天引きされたのに「消えた年金」「照合できない5000万件」のデータの存在が明らかになりました。

責任を問うべきは80年代から続く社保庁の腐りきった体質なのに、野党とマスメディアはそれを「安倍のせい」と印象づけたのです。攻勢に転じたマスメディアは、民主党の「ミスター年金」こと長妻昭《ながつまあきら》の追及を連日連夜、報じました。社保庁解体に抵抗する勢力（労組）が、民主党に情報をリークしていた可能性があります。

これに追い討ちをかけたのが、現役閣僚の自殺でした。

松岡利勝《まつおかとしかつ》農水相の議員会館事務所は、無料のはずの水道光熱費を5年間で2800万円も計上している、と朝日新聞がすっぱぬき、野党とマスメディアが総攻撃を続けました。松岡本人はまともな弁明ができず、議員宿舎で首を吊ったのです。

このとき夏の参院選まで2カ月を切っていました。松岡の自死は安倍に相当の心理的ダメージを与えました。松岡の後任の赤城徳彦《あかぎのりひこ》農水相も、事務所の収支報告書の不明瞭を追及され、疲れ切った顔に大きな絆創膏《ばんそうこう》を貼って記者会見に現われると、「絆創膏王子」と揶揄されました。

2007年6月、**安倍政権は、社会保険庁の解体と特殊法人日本年金機構の新設を立法化し、職員を非公務員化したうえ、500人以上を解雇（分限免職）**しました。

しかし野党民主党は「説明責任が足りない」「納得できない」と安倍政権批判を続け、マスメディアが連日報道した結果、内閣支持率は急落し、政党支持率ではついに鳩山・小沢の民主

安倍首相の退陣会見を家電量販店のテレビで観る人々

党が自民党を上回ったのです。参院選での惨敗が予想される中、**安倍内閣は天下り斡旋を禁ずる公務員制度改革法案を国会に提出**、可決させました。

あらゆる報道が安倍政権のスキャンダル探しに血眼《ちまなこ》になる中で公示された7月の参院選。**安倍自民党は改選分の64議席を37議席まで減らすという歴史的な大敗**を喫しました。

古賀誠、森喜朗ら自民党長老たちは「安倍おろし」工作を開始しますが、安倍内閣支持率は30％で下げ止まり、安倍晋三は続投を表明。予定されていたインド訪問をこなし、夏の日米首脳会談の準備に入りました。

しかし彼の体はすでにボロボロになっていました。高校生の頃から不定期に発症する潰瘍《かいよう》性大腸炎が、このタイミングで襲ってきたのです。

辞め方は、たしかに異様でした。腹痛に悩まされ、毎日20回もトイレに駆け込む生活が続く中で、正常な判断能力を失っていたとしか思えません。**9月の臨時国会で所信表明演説を行なったあと、各党の代表質問が始まる直前に、辞意を表明した**のです。

退陣記者会見で安倍晋三は、「国民の支持が得られないので、自らがけじめをつけることによって局面を打開する」とだけ述べ、病気のことには一言も触れませんでした。

池田勇人や大平正芳のように緊急入院して病名を公表していれば、あれほどのバッシングは受けなかったでしょう。「敵前逃亡だけはしたくなかった」と安倍はのちに回想していますが、明らかな戦術的誤りでした。「アベはお腹が痛くて辞めた」とマスメディアは嘲笑《ちょうしょう》し、水に落ちた犬を叩いたのです。

朝日新聞主筆の若宮敬文《わかみやよしぶみ》は、「なぜ安倍を叩くのか？」という政治評論家の三宅久之《みやけひさゆき》の問いに「社是《しゃぜ》だからです」と語っています（小川榮太郎『約束の日』幻冬舎文庫）。

短命に終わった福田康夫・麻生太郎政権

安倍の退陣を受け、自民党の長老たちは小泉内閣の官房長官だった**福田康夫を擁立**します。父福田赳夫の「全方位外交」を受け継ぐ康夫は、チベット独立運動の弾圧で欧米諸国から非難を浴びていた胡錦濤政権の要請を受けて北京五輪の開会式に出席します。

ところがその前に、北京五輪に向けて長野で行なわれた聖火リレーで異様な事態が起こっていました。なんと、在日中国大使館によって長野に五星紅旗を持った在日中国人が大量動員され、チベット支持を訴える日本人に対する暴行事件を起こしていたのです。

しかし**福田康夫政権の意を受けた長野県警は、1人の中国人も検挙しませんでした。**

こうした**福田康夫の中国への傾斜は、のちの鳩山政権の伏線となるもので、裏を返せば「アメリカ離れ」を意味します。**ウォール街ではバブル崩壊の兆しが見えていたのを尻目に、中国の経済成長は昇竜の勢いでした。

長野の聖火リレー沿道を埋め尽くした五星紅旗と警備にあたる警察官

ブッシュJr政権は、サブプライム住宅ローン問題で危機的状況に陥った金融会社の救済資金調達を日本に求め、福田内閣の伊吹文明《いぶきぶんめい》財務相がこれを拒否しました。一説には、アメリカ側は日本が保有する約1兆ドルの外貨準備を提供するように求め、これを拒否した福田康夫政権は総辞職に追い込まれた、という話もあります（浜田和幸『「大恐慌」以後の世界』光文社）。

２００８年９月24日、福田内閣は総辞職。「あなたの会見はいつも他人事《ひとごと》のように見える」と述べた記者に対し、官僚然とした福田が放った言葉「あなたとは違うんです」は、ネットで流行語大賞になりました。

福田の後継総裁選では、幹事長の麻生太郎が圧勝しました。安倍・福田と2代続けて短命政権を擁立した清和会は自主投票となり、他の候補が小粒だったためです。麻生は、福岡を拠点とする麻生セメントの御曹司で、高祖父に大久保利通《おおくぼとしみち》、祖父に吉田茂、岳父に鈴木善幸、妹が「ヒゲの殿下」と呼ばれた寛仁《ともひと》親王妃という華麗なる一族の出です。

「生まれはいいが育ちは悪い」と自身が語る通り、江戸の下町風のべらんめい口調と毒舌で知られ、リベラル化する宏池会から袂《たもと》を分かって麻生派（志公会）を立ち上げ、小泉・安倍・福田の清和会内閣に協力しました。

マスメディアは「麻生の失言」にさっそく飛びつき、国会答弁で麻生が「踏襲《とうしゅう》」を「ふしゅう」と読み間違ったと大騒ぎしました。得意の印象操作です。

政権発足から2週間後、リーマン・ブラザーズ社が破綻し、世界金融恐慌が始まります。東京株式市場も暴落し、麻生内閣は経済対策に追われて、衆院解散の機会を逸しました。

景気の悪化は麻生内閣支持率に直結し、20％を割り込みます。参議院で第1党の民主党は麻生内閣に対する対決姿勢を強め、ねじれ国会で政策遂行も困難となります。

政治的に殺された中川昭一

政治的に殺された安倍晋三の兄弟分ともいうべき人物がいました。

中川昭一《なかがわしょういち》。冷戦末期に中曽根のライバルとしてソ連KGBと接触し、札幌のホテルで不可解な死を遂げた中川一郎の息子です。

第1次安倍政権で自民党政調会長だった中川は非核三原則について、「最近は、作らず、持たず、持ち込ませず、言わせずの『非核四原則』と言うそうだ。私は非核三原則は認めるが、四原則は認めない」と発言しました。

将来の核保有の是非を自由に論議すべきだと一石を投じたこの発言に対し、野党は一斉に中川の罷免《ひめん》を求め、ブッシュJr米政権のコンドリーザ・ライス国務長官が急遽来日して、「アメリカは日本に対する核の傘を手放さない」と牽制しています。

中川昭一（1953〜2009）　保守政治家として将来を嘱望されたが、酩酊会見と落選のあと、自宅で死亡が確認された

2008年、ワシントンで開かれたG7財務相・中央銀行総裁会議で、麻生内閣の財務大臣となっていた中川は、会談したポールソン米財務長官からモルガン・スタンレー救済のため資金協力を求められます。しかし、その一方でブッシュJr政権は、日本の意向はお構いなしに北朝鮮をテロ支援国家指定から解除していました。これに憤った**中川は、ホワイトハウスで開かれた歓迎式典で「なぜテロ国家指定を解除するのか、拉致問題をどうするのか」とブッシュJrに詰め寄り、**帰国後に面会した**米共和党の要人にも**

「日本は黙ったまま、世界のキャッシュディスペンサーになるつもりはない」と発言しています。
また中川は、日中両国が権益を争う東シナ海の中間線付近で中国が海底ガス田の試掘を始めたのに対抗するため、小泉内閣での経産相時代に中間線の日本側での試掘権を帝国石油（現在の国際石油開発帝石）に与えることもしています。

相手がアメリカであろうが中国であろうが、日本の国益を堂々と主張する。安倍晋三が掲げた「主張する外交」を中川は実行したのです。

当然のことながら米中は、ナショナリスト中川昭一を危険視しました。このような人物が首相になれば、日本をコントロールできなくなるからです。

09年2月、ローマで開かれたＧ７財務大臣・中央銀行総裁会議に出席した中川は、金融恐慌で資金繰りが厳しい国際通貨基金（ＩＭＦ）に日本の外貨準備（ほとんどが米国債）から１０００億ドルの融資枠を与えると約束しました。ＩＭＦのトップであるストロスカーン専務理事は中川に「人類史上最大の貢献」と感謝しました。

しかしマスメディアは中川のこの業績をほとんど報じず、会議終了後に行なわれた不可解な「酩酊《めいてい》会見」を繰り返し報道したのです。

会見場で中川財務大臣と白川方明《しらかわまさあき》日銀総裁が並んで座りました。会見が始まると中川は呂律《ろれつ》が回らなくなり、目はどんよりし、白川総裁のコップを取ろうとするなど異様な行動を続けました。あきらかに中川の体調に異変が起こっているのに、同行した財務官僚（玉木《たまき》林太郎《りんたろう》国際金融局長、篠原尚之《しのはらなおゆき》財務官）は平然と会見を続けさせました。

玉木は麻布高校で中川の同期生であり、この会見の直前、読売新聞の女性記者を中川に引き合わせ、ワインを飲ませたことがわかっています（『毎日新聞』09年2月18日）。

中川本人は記憶が飛んでいたらしく、帰国して大騒ぎになっているのを見て慌てます。もともとアルコールに弱く、会見直前にワインを飲んだことは事実だったので、弁明の余地もなく財務大臣を辞任しました。

これが引き金となって09年の政権交代選挙では落選し、地元北海道で再起を図っていましたが、同年10月、自宅ベッドでうつ伏せの状態で死んでいるのが発見されました。

謎の酩酊会見、不可解な死。将来の首相を嘱

ローマで開かれたG7財務大臣・中央銀行総裁会議後に記者会見する中川〔左〕と白川日銀総裁〔右〕。中川はこの場で呂律が回らず、酩酊会見と批判を浴びた

2009年衆院選における獲得議席数

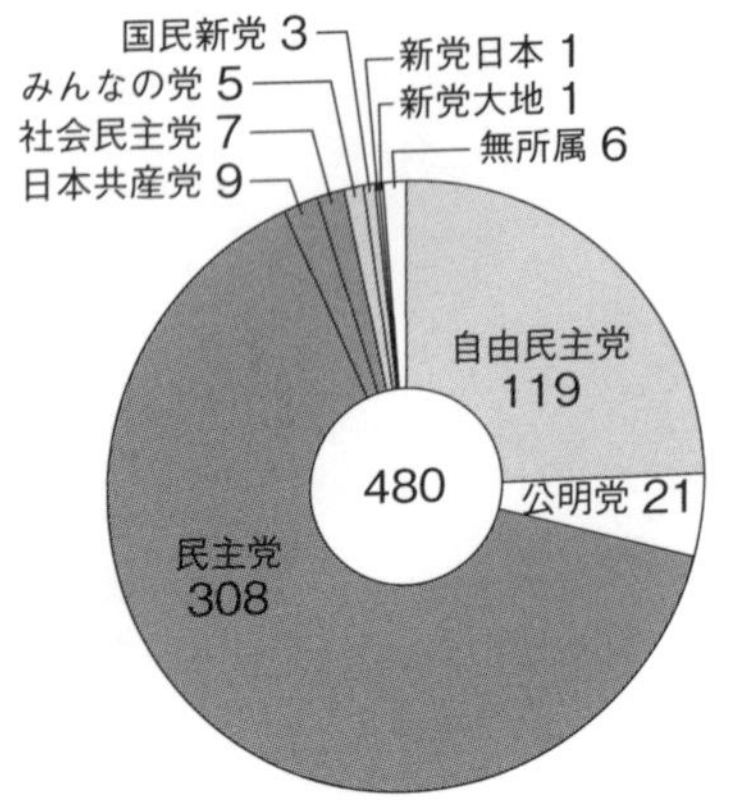

望された中川昭一の身に何が起こったのかは今でも藪《やぶ》の中ですが、中川の失脚を疑問視し、これを憂う報道は皆無でした。

不景気、失言、閣僚の不祥事——。麻生内閣が満身創痍《まんしんそうい》で迎えた09年8月30日の衆院選において、ほとんどすべてのマスメディアが「政権交代」を合唱する中、鳩山由紀夫の民主党が第1党となり、自民党は野党に転落、麻生内閣は総辞職しました。投票率は69・28％で過去最高（読売新聞調査）となり、05年の小泉郵政選挙を上回りました。**テレビの影響を受けやすい無党派層、政治的無関心層が大挙して民主党に投票した**ことがわかります。

民主党政権の時代

2009～12年まで鳩山・菅・野田と3代続いた民主党政権については、記憶が生々しく語るのも苦痛です。金融恐慌の余波で冷え込んでしまった日本経済に、11年3月11日の東日本大震災が追い打ちをかけました。

震災は自然災害ですからやむを得ないことですが、政府にはやるべきことがあったはずです。デフレ時の経済政策としては、中央銀行は通貨供給量を増やし（リフレ政策）、政府は公共事業をどんどん増やして雇用を確保すべきでした。

ところが民主党政権は、「事業仕分け」「コンクリートから人へ」と称して、公共事業を削減し、日銀は紙幣増刷を拒否（デフレ政策）。挙げ句の果てに野田政権時の12年には「財政再建のため」という財務省の主張を受け入れ、14年に消費税を5％から8％へ、さらに15年に10％へと段階的に引き上げる法案を成立させたのです（これには野党自民党も賛成）。

結果、**民主党政権の3年間、経済成長はマイナスが続き、日経平均株価は7000円台を低迷します。**ドルやユーロが軒並み増刷された中で、円は増刷されないので円高となり、**日本経済を牽引してきた自動車や電気など輸出産業がダメージを受け、若者は就職難が続き、自殺者が年間3万人を超え、「失われた20年」という言葉も生まれました。**

鳩山由紀夫（1947〜）　自民党竹下派、新党さきがけ、民主党と渡り歩き、2009年の政権交代で首相を務めた

外交政策も、目を覆うばかりでした。備忘録として書いておきます。

沖縄では、住宅地の中にある米海兵隊の普天間《ふてんま》基地を、海沿いの辺野古《へのこ》にあるキャンプ・シュワブに移設することで日米合意ができていました。ところが基地反対派（その多くは本土から動員された労組）が、「新基地は認めない！」「辺野古の自然を守れ！」「ジュゴンを守れ！」「基地は県外へ！」と激しく抵抗を続けました。「連合」を支持基盤とする民主党政権は、アメリカとの国家間の約束より労組の主張を優先したのです。

09年11月13日、**初来日したオバマ大統領との会談で鳩山由紀夫首相は、「約束は守る。私を信じて（トラスト・ミー）」と発言。しかし、その翌日にはシンガポールでの記者会見で、「年内に解決すると約束したわけではない」と発言し、米政府からの信用を完全に失いました。**

また、翌10年9月7日には、尖閣諸島周辺の日本の領海内で、違法操業をしていた中国漁船を海上保安庁の巡視船「みずき」と「よなくに」が発見、追跡する事案が発生しました。中国漁船は「よなくに」の左舷後部、「みずき」の右舷側面に船体をぶつけて損傷させ、逃走を図ったものの拿捕《だほ》されます。この様子は海上保安官によってビデオ収録され、公務執行妨害で逮捕された船長は、那覇地裁石垣支部で取り調べを受けました。

この状況に対し、中国外務省は北京駐在の丹羽宇一郎《にわういちろう》大使を五度にわたって呼びつけ、「釣魚《ちょうぎょ》島《とう》（尖閣）は中国固有の領土。日本の国内法が適用されるとは荒唐無稽、ただちに船長を釈放せよ」と要求し、制裁措置として日本向けレアアースの輸出を停止。さらに中国に出張していた建設会社フジタの職員4名の身柄を拘束しました。

ところが、中国の脅迫と恫喝に対して民主党政権はどう対応したか。国連総会に出席中だった菅直人首相から対応を任された**仙谷由人《せんごくよしと》官房長官は、柳田稔《やなぎだみのる》法務大臣を通じて大林《おおばやし》宏《ひろし》検事総長に圧力をかけ、那覇地裁は中国人船長を処分保留のまま釈放。**記者会見で「日中関係を考慮すると、身柄を拘束して捜査を続けることは相当ではない」と弁明しました。

この件について、当時北京で秘密交渉にあたっていた篠原常一郎《しのはらじょういちろう》氏は、「船長釈放は対中関係の悪化を恐れる米国、ヒラリー・クリントン国務長官の意向だった。彼女は、米国が日米安保条約第5条を尖閣に適用すると明言する見返りとして、船長の釈放を求めた」と筆者に語っています。

かつて帝国憲法発布から2年後の１８９１年に来日したロシアのニコライ2世（当時は皇太子）が、日本人巡査の津田三蔵《つださんぞう》に切りつけられて軽傷を負う大津事件がありましたが、１００年以上前の明治時代でさえ、犯人の極刑を要求するロシア公使の恫喝に対し、大審院（最高裁）は国内法に基づいて津田を無期懲役とし、司法権の独立を守りました。明治政府（松方正義《まつかたまさよし》首相、伊藤博文枢密院議長）もこれを了承し、この大津事件によって**日本は三権分立の近代的法治国家であることを世界に示し、幕末に結んだ不平等条約の撤廃が加速した**のです。

この事件から１００年以上が経った２０１０年の民主党菅直人政権は、外国の恫喝に屈して国内法をねじ曲げ、中国人犯罪者を釈放。**司法権の独立も守らず、国家としてなすべきことも**

できず、これを見た周辺諸国は、「日本は圧力に屈する」と学習したのです。

10年11月1日、**こうした日本政府の対応を横目に見ていたロシア大統領メドヴェージェフは、日本領だがロシアが不法占拠を続けている国後島《くなしりとう》にロシアの大統領として初上陸**しました。

同月13日、横浜で開かれたアジア太平洋経済協力会議（APEC）に臆面もなく出席したメドヴェージェフを菅直人首相は愛想笑いで迎え、「抗議の意」を伝えました。もちろん制裁はありません。メドヴェージェフは12年7月3日にも国後島に上陸しています。

また12年8月10日には、**韓国大統領の李明博《イミョンバク》が、日本領だが韓国が占拠している竹島《たけしま》（韓国名独島《トクト》）に韓国大統領として初上陸**し、14日には「日王（天皇）が痛惜《つうせき》の念などというよくわからない単語を持ってくるだけなら、来る必要はない。韓国に来たいのであれば、独立運動家（の墓）に跪《ひざまず》いて謝るべきだ」と発言しました。

これに対して**民主党の野田政権は「遺憾の意」を示しただけで、韓国に対するいかなる制裁も行ないません**でした。

東日本大震災に伴う福島第一原発の事故における菅直人政権の情報隠蔽と不手際については、それだけで1冊の本が書けるくらいですが、ここでは一点だけ触れておきます。

菅直人政権は、原発事故発生時の緊急対策本部など15の会議のうち、10の会議で議事録を残

尖閣諸島沖で海上保安庁の巡視船に中国漁船が衝突する状況を記録した映像の静止画。民主党政権は映像を非公開にしたが、海上保安官の一色氏によって公開されると拡散され、民主党政権の対応が大問題となった

さなかったことを、枝《えだ》野《の》幸《ゆき》男《お》官房長官が明らかにしました。緊急時に政府がどういう対策を取ったかという記録は、事故の再発防止のため永久保存すべきものです。無能なのか、不手際を隠すために記録を抹消したのかはわかりませんが、犯罪的不作為といえるでしょう。

　総力を挙げて安倍内閣・麻生内閣を叩いたマスメディアは、民主党政権の数々の失態に対しては報道しないか、極めて生ぬるい批判しかしてきませんでした。菅直人政権が、中国漁船衝突事件の映像を公表しないと決定したときも、「隠蔽《いんぺい》だ」「情報公開しろ」という声はあがらなかったのです。国家権力とマスメディアの完全な結託。全体主義国家、ファシズム国家とはこのようなものかと、心胆を寒からしめる光景でした。

ところが菅直人政権が握り潰した映像は、すぐに国民の知るところとなりました。海上保安官の一色正春《いっしきまさはる》氏が義憤にかられて映像を動画サイトYouTubeに流出させ、これがたちまちコピーされて拡散したのです（一色氏は責任をとって退職し、国家公務員法違反で書類送検されましたが無罪となっています）。マスメディアは後追いする形で、衝突画像を流さざるを得なくなりました。

02年の小泉訪朝で金正日総書記が日本人拉致を認めたときと同じくらいの怒りが、10年の日本を覆いました。それは民主党政権に対する怒りだけでなく、マスメディアに対する不信と怒りでした。私も、この頃からテレビというものをまったく見なくなりました。

このような感情を「ネトウヨ（ネット右翼）」という言葉で罵倒するのは自由ですが、事の本質が見えていない議論だと思います。

「ネトウヨ」があって「ネトサヨ」がないのはなぜなのか。**「サヨ（左翼）」の言論はマスメディアに満ちあふれており、ネットの空間に逃げ込む必要がなかったから**です。

安倍政権の復活の背景にあったもの

２０１２年９月、体調が回復した安倍晋三は野党自民党の総裁選に出馬、麻生太郎の支持を得て、１回目の投票で１位の石破茂《いしばしげる》を決戦で破り、総裁に返り咲きます。

安倍は舌鋒鋭く民主党政権の失政を攻撃し、その言動はネットで拡散されます。党首討論で安倍に解散を迫られた野田首相はあっさりこれに応じ、総選挙が実施されました。

安倍の街頭演説は、テレビが流さなくてもネットで中継されました。11月24日、東京の日比谷公園で開かれた、チャンネル桜主催の「安倍救国内閣樹立！　国民大集会」の場に筆者もいましたが、詰めかけた人たちの間には民主党政権への怒りと、安倍内閣復活への期待で爆発しそうな雰囲気でした。

投票前日の12月15日、最終遊説が行なわれた秋葉原駅前に、若者を中心として黒山の人だかりができ、日章旗が配られ、演説終了後は「アベシンゾー！」のシュプレヒコールが続きました。さらにはテレビ局の取材班が聴衆に囲まれ、「マスゴミ帰れ！」と罵倒されたのです。

この選挙で自民党は地滑り的勝利を果たし、安倍晋三が政権に復帰しました。民主党は少数野党に転落しましたが、**これは単に民主党政権の敗北ではなく、半世紀の間、日本の世論を自在に操作してきたマスメディアの敗北だった**のです。

リベラル陣営が、第2次安倍政権を打倒できなかった理由

安倍晋三が最初に取り組んだのが、**日本経済の再建**――アベノミクスでした。

1980年代にアメリカ経済を立て直したレーガノミクス（レーガン政権のエコノミー政

策）になぞらえてこう呼ぶのですが、次の三つの政策が柱となっていました。

①日銀による大規模な金融緩和（円の増刷）
②国土強靭《きょうじん》化（震災対策など）のための公共事業
③規制緩和

このアベノミクスが功を奏し、**日経平均株価は2万円台に回復し、若者の就職率は過去最高を記録しました**。なお、**GDP成長率が目標の2％に届かないのは、野田政権時の法律通りに消費増税（2014年に8％→19年に10％）を行なったためで、これは失政**といえます。

また、華々しいのが外交安保政策です。

毎年変わる回転ドアの政権では国際的地位がどんどん落ちていきますが、安倍長期政権はオバマ米大統領の広島訪問を実現し、トランプ大統領の信頼も勝ち取り、ロシアのプーチン大統領とは蜜月といえる関係を築き、中国の習近平政権には付け入る隙を与えませんでした。

通信傍受法、特定秘密保護法、テロ等準備罪の可決成立は、スパイ天国といわれてきた日本の守りを固めるための法律ですし、**国家安全保障会議（NSC）の設置や有事法制**は有事（緊急事態）に備えて自衛隊が動きやすくするための法律です。憲法改正にはもう少し時間がかかるので、現行憲法下でできることをやっておこうということでした。

いずれも**主権国家であれば整備しておくべき当たり前の法律ですが、野党と主要マスメディアは「戦争準備」「徴兵制の復活」「アベの暴走」と煽り立てました。**そのたびに支持率は落ち込みますが、またすぐに回復します。

攻めあぐねた「反アベ」陣営は、学校法人森友学園の国有地取得、加計《かけ》学園の獣医学部認可に、安倍首相が口利きをした、という新たな火種――いわゆる「モリカケ」問題に点火しましたが、もはや政権を倒すほどのインパクトはありません。

第1次安倍政権打倒で成功したこれらの手法が、なぜまったく通用しなくなったのか？

一つはアメリカです。トランプ大統領自身が、選挙期間中から民主党のヒラリー・クリントン候補に肩入れする米主要メディアによって猛烈なバッシングを受けながらも、Twitterを武器として選挙活動を展開し、勝利を収めたことです。また、トランプは境遇が似ている安倍に同志的なシンパシーを感じており、日米関係が非常にうまくいっていたこともプラスでした。

もう一つ、より決定的なのは、日本国民のテレビ離れ、新聞離れです。テレビを流しっぱなしにし、新聞をとっているのは、ネットを使いこなせない高齢者になってしまいました。**視聴率や部数を確保するためには、高齢者が好むような報道をせざるを得ず、ますます若者が離れていくという悪循環**です。マスメディアにはもはや未来がなく、14年には朝日新聞に入社した

新聞の行為者率遷移（1995年・2015年、平日、年齢層別）

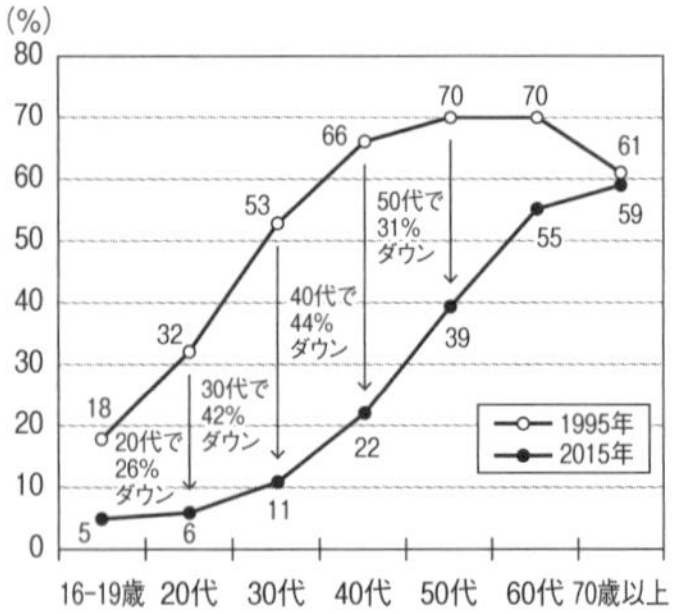

NHK放送文化研究所「2015年国民生活時間調査報告書」をもとに作成

テレビ視聴時間推移（2000年〜2015年、平日1日あたり、全体・年代別）

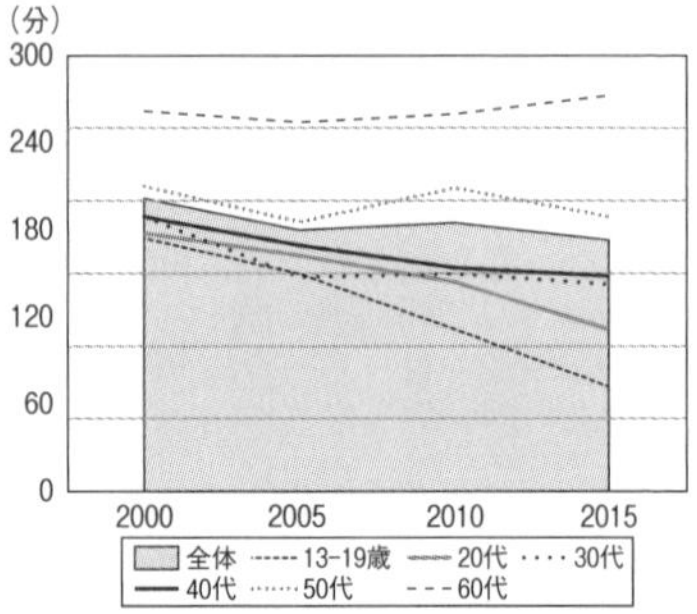

総務省「情報通信報告書」（令和元年版）をもとに作成

東大卒業生がゼロになりました。

「反アベ」集会に集う人々は、60年代の学園紛争を懐かしむ高齢者が大半となりました。彼らが過ごした青春を嗤《わら》うつもりは決してありませんが、「おじいちゃん、おばあちゃん、もう無理しないで……」と声をかけたくなります。

戦後体制、日本国憲法体制を護持するという意味で、「彼らこそ保守ではないか？」との皮肉な見方もあります。しかし、**国際情勢の激変に目をつむり、70年前に制定された憲法を一字一句変えるなというのは、もはや「信仰」**というべきです。

本来の意味の「保守」は、伝統を大事にしつつ、時代に合わせて変えるべきところは変えていくという柔軟な漸進主義の立場です。

安倍長期政権を生み出した日本人が保守化した、というのは事実なのでしょう。日本人を保守化させたのは、あの民主党政権のおかげなのです。

ドナルド・トランプを手なずけた男

２０２０年夏、安倍首相は潰瘍性大腸炎の再発を理由に、辞任表明しました。高支持率を維持したままでの退陣であり、政権は官房長官の菅義偉に引き継がれました。

第２次安倍政権を振り返ってみると、最大の功績は長期安定政権を維持したことだといえます。首相在任期間は第２次政権だけでも２８２２日、第１次政権を加算すると３１８８日、いずれも日露戦争期の桂太郎内閣を超えて、史上最長を更新しました。

日本の首相の名前「アベ」が、これほど世界に浸透したことはいまだかつてありません。政権の安定は外交関係を安定させます。サミットごとに首相が代わっていたかつての日本は、それだけで国際的信用を失っていました。首相の顔を覚えても、次回には別人が来るのでは話にならないからです。**安倍首相は、ドイツのメルケル首相とともにサミット（Ｇ７）最古参の政治家となっており、これだけでも財産**でした。

さらに安倍首相は、ロシアのプーチン大統領、アメリカのトランプ大統領のような強面《こわもて》の大国指導者の懐に入り、信頼されるという特技を持っていました。この**「猛獣使い」の才能も、各国指導者に重宝されました。**サミットでは、トランプ大統領と「反トランプ」の西欧各国指

2018年カナダのシャルルボワ・サミットで、貿易問題でトランプ大統領〔右〕に詰め寄るメルケル首相〔左〕と、調停役の安倍首相〔中〕

導者との調停役として、重きをなしたのです。

また、もともとビジネスマンで**外交に疎かったトランプ氏に、対中包囲網の必要を説いたのが安倍首相**でした。16年、トランプ当選の直後にニューヨークのトランプタワーを訪れた安倍首相は、持論である**安全保障のダイヤモンド構想**――日・米・豪・印による対中包囲網を説きます。

アベ構想はトランプ政権の「自由で開かれたアジア太平洋構想」として正式に採用され、日・米・豪・印の非公式同盟である「4カ国戦略対話（クアッド）」が発足し、インド洋での合同軍事演習「マラバール」に、海上自衛隊がレギュラー参加するようになりました。

一方の中国は、もはや隠すことなく、際限のない軍備増強を続けています。**建国100周年の2049年までに台湾を含めた「祖国統一」を実現するのが、習近平のいう「中国の夢」**なのです。しかも中国は国連安保理事会の常任理事国ですから、拒否権を発動できます。いざという場合に、国連は日本を助けに来ません。

このような中国軍の現実的脅威に対し、自衛隊の戦力だけでは日本を防衛することはできません。だから、**日米安保に豪・印を加えた4カ国同盟——東アジア版のNATOで対抗しようというのが、安倍首相の基本的な世界戦略でした。**

彼はその実現のためにトランプタワーを訪れ、トランプとゴルフ外交を重ね、オーストラリアやインドを何度も訪問したのです。戦後の日本の首相で明確な世界戦略を持ち、強力なリーダーシップで実行に移せた人物は、安倍と中曽根だけです。

外交安保政策において、安倍晋三は真正保守の政治家だった、といえるでしょう。

グローバリストとしての経済政策

しかし安倍晋三にはもう一つの顔がありました。**経済グローバリストの顔**です。

小泉政権の経済ブレーンだった新自由主義者の竹中平蔵をアドバイザーとし、経産官僚の今《い》井《い》尚哉《たかや》を首席補佐官としました。

ダボス会議などの国際経済会議で安倍は、「日本社会の規制という岩盤にドリルで穴を開ける」と繰り返します。「働き方改革」「子育て支援」「外国人労働者受け入れ」などの目玉政策は、硬直した日本の労働市場を自由化し、安い労働力を活用するという方針に基づくものでした。これは、小泉路線の継承です。

第2次安倍政権になって、グローバリストの海外メディアがアベ・バッシングをやめた最大の理由は、彼がこのグローバリスト路線を明確にしたからです。経団連を始めとする経済界もこの路線を歓迎し、**軍事的な対中包囲網とは裏腹に経済的な対中依存を強めていきました。**

このことは国内の親中派を勢いづかせ、かつて日中国交30周年を記念して、地元和歌山に江沢民の言葉を刻んだ石碑を建てようと運動（地元の反対で挫折）した、自民党内親中派の筆頭二階俊博《にかいとしひろ》幹事長や、日中友好を党是とする連立与党の公明党の影響力を強化させました。

この点について、**「反グローバリスト」を標榜する保守論客は厳しい安倍批判を展開し、保守層が「親安倍」／「反安倍」で分裂する事態を招きました。**

しかし国民の大半はそんなことには興味がなく、アベノミクスで景気が良くなり、求人倍率が上がったことに満足していたのです。

2020年の中国発の新型コロナCOVID－19の流行は、アベノミクスにも打撃を与えました。致命的だったのは、すでに武漢《ぶかん》で感染が確認されていた1月の段階で、安倍首相が中国の春節（旧正月）に合わせて、中国人観光客を歓迎するメッセージを送ったことです。水際での防疫に失敗した安倍首相は、自ら緊急事態宣言を出さざるを得なくなりました。これも党内親中派に配慮した結果、墓穴を掘ったわけです。

第2次安倍政権は、グローバリストと親中派を政権内に取り込み、記録的な長期政権を現出させました。しかし彼らは、いずれも日本の自主独立を望みません。「属国日本」のままカネ儲けに専念すればよいという発想です。**よって憲法改正にも消極的で、安倍首相もこの最大の公約である「改憲」を、口にしなくなっていきました。**

「安倍政治」を評価するにせよ、否定するにせよ、安倍晋三という存在の大きさは、彼が二度目の辞任を表明したあとで、多くの人が共有したでしょう。予測不可能となった近未来への漠然たる不安を感じた人が少なくなかったのです。

菅義偉政権は保守といえるか？

2020年9月に発足した菅義偉《すがよしひで》内閣は、安倍政治の二つのレガシーのうち、一つは受け継ぎ、もう一つは受け継ぎませんでした。

受け継いだのは、経済のグローバリズムです。秋田の農家の出身で、上京して働きながら大学を卒業し、学閥も閨閥《けいばつ》も持たず、議員秘書から身を起こして首相に上り詰めた菅には、努力もせず、既得権益にあぐらをかく者たちへの嫌悪のようなものがあり、この感性が規制撤廃のグローバリズムと共鳴しているのでしょう。

菅義偉（1948～）　第２次安倍政権の退陣を受けて首相となった

携帯電話の値下げは歓迎すべきことでしたが、中小企業に対する優遇税制の見直しに手を突っ込み始めたのを見て、「ちょっと待て」といいたくなりました。これは、菅首相のブレーンである新自由主義者デービッド・アトキンソンの持論そのままで、「生産性の悪い中小企業への優遇税制が、日本経済の成長を妨げている」というものです（「日本、脱・中小企業優遇策で成長を」『日経新聞』20年3月27日）。

一方、**菅内閣が安倍内閣から受け継がなかったのは、世界戦略**です。

安倍首相は第2次政権の発足直前に「安全保障のダイヤモンド構想」を発表しましたが、菅首相には外交安保政策に関する著作はおろか、発言さえありません。何も考えていないから、発言できないのでしょう。安倍氏が設計士だとすると、菅氏は内装職人です。壁をきれいに塗ることはできますが、家を建てることはできないのです。安倍氏が屋台骨を太く再建した日本国という家は、細かな修繕だけ続ければ何十年かは持つでしょう。

しかし、突発的な地震や強風（のような国際関係の激変）で日本国の屋台骨が揺らいだとき、設計士のいない内閣ではどうにもなりません。しかも、屋台骨が揺らいでいるのかどうか、判断ができない可能性もある。その兆しはすでに見えています。

中国の王毅《おうき》外相は「戦狼《せんろう》外交」を展開しています。強圧的な態度で相手国を黙らせる、という手法ですが、20年8月の欧州歴訪の際にはそれが裏目に出て、中国の国際的な孤立をかえって印象づけました。

その王毅氏が同年11月に訪日し、茂木敏充《もてぎとしみつ》外相・菅首相と会談しました。外相会談後の記者会見で王毅氏は、「釣魚島《ちょうぎょとう》（尖閣諸島）は中国の主権下にあり、日本の漁船が侵入したので、これに対処したまでだ」と発言し、同時通訳されました。

これを聞き終えた茂木外相はその場で「待ってください。今のご発言には間違いがあります。尖閣は日本領であり、中国公船が領海侵犯しているのです」と抗議すべきでした。

ところが茂木外相はニヤニヤした顔で「シェシェ（謝謝）」と礼を述べたのです。同氏は「2回目の会談で日本の立場を説明した」と言い訳しましたが、カメラの前ですぐに言い返さなければ無意味です。その後、**菅首相も王毅外相と会談しましたが、王毅発言についてはノーコメント**でした。

この小さな「事件」は、**菅内閣の世界戦略の決定的な欠如**を明らかにしました。中国から見れば、「安倍と違って菅は御しやすい」ということになります。

21年2月、中国は「海警法」を施行し、領海侵犯をした外国船舶に対する武器使用を認めました。**尖閣海域は「中国の領海」というのが彼らの主張ですから、ここに立ち入った日本漁船に対する武器使用が「合法化」されたわけです。**

この中国海警法に対し、領土問題を抱えるフィリピンの外相はただちに抗議しました。**しかし日本では菅首相も茂木外相も反応せず、加藤勝信《かとうかつのぶ》官房長官が、「注視していく」と述べただけでした。**これでは中国に対し、「どうぞ、どうぞ」と言っているのと同じです。

第2次安倍内閣は「半分保守」でしたが、菅内閣はもはや保守とはいえないと私は感じます。その実態を一言でいえば、「グローバリスト・親中派連合政権」というべきでしょう。

忘れてならないのは、このような菅内閣の閣僚の多くが、第2次安倍内閣から留任していることです。首相の顔が変わっただけでまったく別の政権のように見えるのは驚くべきことです。日本の首相は権限も大きく、たくさんのことができるのです。それに相応しい人物がそのポストにつけば、の話ですが……。

第3部

戦後「保守論壇」の10人

共同執筆者
大井健輔

なぜ、「保守論壇」について語るのか？

第2部では、日本の戦後政治について話を進めてきました。しかし、第2部の冒頭でも述べたように、戦後政治を振り返ってみると、そこにあるのは自民党の派閥の権力闘争の歴史であり、これでは「保守政党史」であって、「保守思想史」にはなりません。

そこで第3部では、学者や評論家の立場から、政治の世界や社会に影響を与えてきた「保守論壇」の人物たちについて、取り上げたいと思います。

本来、政治思想というものは哲学者や政治学者が活発な論争を行ない、実際の政治に影響を与えます。アメリカの幾多のシンクタンクと政党、政治家との密接な結びつきを見れば、そのことは明らかでしょう。

そもそも社会科学（政治学、経済学、社会学など）には「正解」はなく、論争が付きものなのです。もちろん全体主義国家においては『わが闘争』や『スターリン選集』や『毛沢東語録』が聖典化され、批判は暴力を持って封じられますが、殊、自由主義国家においては、論争の自由が保証されなければなりません。

ところが敗戦後の日本の学界においては、リベラルやマルクス主義の言論は許されても、保守的な言論は封殺されてきました。これはGHQの占領政策に始まり、その後も大学で人事権を握った「赤い教授たち」によって、秘かな検閲が続いてきたからです。特に法学（憲法学）や歴史学（近現代史）の分野でこの傾向が強く、今も続いています（例外的なのは経済学と国際関係論で、これは現実の経済や国際関係を説明できなければ意味がないからです）。

どのような言論が支配的だったのか、一例をご紹介しましょう。

1977年に田原総一朗《たはらそういちろう》との雑誌インタビューに臨んだ社会党左派イデオローグの向坂逸郎《さきさかいつろう》は、次のように答えています。

田原　すると、（プロレタリア独裁のもとでは）結局は、そういう、政府に反対する言論・表現の自由はない、ということになるのですか。

向坂　それは、絶対にありません。それはまずいですからね。

田原　まずい、といいますと？

向坂　自分たちの社会をね、とにかく二億人もの人間が、その社会がいいと賛成している社会をですね、一人の人間が反対する。その体制に反対するというのは、それは裏切りだな。それに、ソルジェニーツィンやなんかは、社会をね、封建時代に返そうというわけでしょ。あきらかに反革命的ですよ。

（中略）

ソ連はですよ、日本とくらべものにならない。ソ連人の教養というのは、日本とはくらべものにならない。はるかに高いです。自由もね、日本とはくらべものにならない。自由です。思想の自由も、日本とはくらべものにならないくらいある。

（「マルクスよりマルクス」『諸君！』77年7月号）

この発言で明らかな彼の姿勢は、ソ連共産党への無条件の賛美と、自国を否定する態度です。これは向坂に限りません。戦後の言論空間ではソ連、中国、北朝鮮といったテーマにおいて無批判な礼賛に終始し、思考停止する論者がほとんどだったのです。北朝鮮に至っては、「朝鮮民主主義人民共和国」と正式国名で呼ばなければならない、というルールまでありました。

彼らは一様に「帝国資本主義国家」のアメリカに対しては否定的でした。ある意味、戦中の「鬼畜米英」は戦後になって左派勢力の「米帝打倒」に引き継がれたともいえます。

記事中で向坂は、最初は「ソ連に言論の自由はない」といっていたのに、「日本とは比べ物にならないほどソ連には自由がある」といい出す論理破綻も起こしています。それでも本人も周囲も平気だったのです。

戦後左派が支配した言論空間のおかしさについて、『週刊朝日』の副編集長を務め、のちにリベラル批判に転じた稲垣武《いながきたけし》は自著の中でこう述べています。

「戦前・戦中、日本を支配した全体主義的思考、現実の裏付けを欠いた願望のみが自己肥大して遂には単なる夢想に至る過程、仮想のユートピア（戦前はナチス・ドイツ、戦後はソ連・中国）を求めてそれに拝跪《はいき》し、その幻影を基礎に日本の現状を論難し模倣させようとする傾向など、戦後の進歩的文化人のたどった軌跡と驚くほど類似している。右翼と左翼の違いはあれ、それは表の看板だけで、頭の構造は同一ではないかと疑われるほどだ。

自分と異なった意見に対しては全く不寛容で、異常なほどの敵意を抱き、大声で言いまくることで相手を圧倒しようとする性癖まで瓜二つである。テレビの討論番組で見かける声だけが大きい進歩的文化人のモノマニアックな言動は、昔の柄の悪い関東軍参謀の姿を髣髴《ほうふつ》とさせるではないか」（『新装版「悪魔祓い」の戦後史』ＰＨＰ研究所）

異なる意見に不寛容な左派論者が、戦後日本の言論空間を支配したのは不幸でした。それは旧日本軍の暴力性や欠点をそのままひっくり返した亡霊のような存在だったのです。

こうした状況下では、保守主義あるいは現実主義（リアリズム）の立場をとる法学者や歴史学者は、学界における保身のために沈黙を強《し》いられます。

試みに、高校教科書の日本史や世界史、倫理社会の教科書の索引を見ていただければ、そこに本書で紹介したような、保守主義の概念や思想家たちがほとんど載っていないことからも、そのことがおわかりいただけるでしょう。

こうした言論空間のゆがみは、89年の天安門事件と91年のソ連崩壊で、かなり是正されてきていることは確かです。それでも「象牙《ぞうげ》の塔」の奥の院に住む長老学者たちの中には、いまだに冷戦期の思考を続けている者たちがたくさんいることも事実です。

そのため、「保守言論人」がどうしても発言したい場合には、学界を離れて作家や評論家という自由な立場で、論壇誌や評論、テレビ出演という形で自説を世に問うてきたのです。こうして、「保守論壇」という文化が生まれました。

これから紹介する戦後「保守論壇」の10人は、その主義主張はさまざまです。しかし戦後空間のゆがみの中で抗い、自らの立場を貫いた人たちです。

「進歩的文化人」である加藤周一《かとうしゅういち》の名言「戦後日本において、保守は革新であり、革新は保守である」（粕谷一希『戦後思潮』日本経済新聞社）を体現するかのごとく、「時代の反逆者」的立ち位置から、戦後体制派ともいうべき「革新」（左翼・リベラル勢力）を批判し続け、保守という名の「革新」（現状打破）を掲げた逆説的な存在でした。

この10人は、いずれも一般向けの書籍を多く残し、その著作が比較的手に入れやすい人たちですので、本書をきっかけとして彼らの書籍も読んでみていただければと思います。

なお、現在活躍中の方々は、その評価がまだ定まらないために割愛し、故人に限定しました。

また、皇道派に傾倒し、二・二六事件を称賛した三島由紀夫《みしまゆきお》については、保守主義者とみなすことに筆者は懐疑的ですが、保守論壇に与えた影響は無視できないため、あえて10人のうちの1人として取り上げています。

なお、本書の執筆中に、西部邁《にしべすすむ》さんの逝去の報に接しました。謹んでご冥福をお祈りいたします。

小林秀雄

1902（明治35）年〜1983（昭和58）年

戦中・戦後を生き、「歴史の必然に従う」「僕は無智だから反省なぞしない」といい切った稀代の文芸評論家

小林秀雄《こばやしひでお》は、東京の神田で生まれ、父の影響で幼少時よりクラシック音楽に親しんだ。第一中学（現日比谷高校）時代には不登校となり、フランスの詩人ランボーに熱中。東京帝国大学の仏文科に進むと、同じくランボーに夢中だった詩人の中原《なかはら》中也《ちゅうや》と意気投合し、中原の恋人だった女優長谷川《はせがわ》泰子《やすこ》をめぐる三角関係でも有名になっている。

父の早世後、文芸評論家としてデビューすると、『改造』や『文藝春秋』に寄稿。明治大学講師としてドストエフスキーを論じ、川端康成《かわばたやすなり》らと雑誌『文学界』を立ち上げている。

日中開戦後、文藝春秋の特派員として支那駐屯軍から招聘《しょうへい》され、「文芸銃後運動」（文学者が戦時体制を支援する組織）の一翼を担った。

「銃を取らねばならぬ時が来たら喜んで国のために死ぬであらう。……日本の国に生を受けてゐる限り、戦争が始まつた以上、自分で自分の生死を自由に取り扱うことはできない」(「戦争について」『改造』1937年11月号)

また、日米開戦時には「3つの放送」(『文芸春秋現地報告』)でこうも述べている。

「文藝春秋社で、宣戦の御詔勅捧読《ほうどく》の放送を拝聴した。僕等は皆頭を垂れ、直立してゐた。眼頭は熱し、心は静かであつた。畏《おそれ》多《おお》い事ながら、僕は拝聴してゐて、比類のない美しさを感じた。やはり僕等には、日本国民であるといふ自信が一番大きく強いのだ」

しかし、やがて敗色が濃厚になると戦争については沈黙し、文芸評論と骨董《こっとう》集めに没頭した。敗戦直後、46年1月に行なわれた雑誌『近代文学』の座談会(「コメディ・リテレール小林秀雄を圍《かこ》んで」)で小林はこう発言している。

「僕は政治的には無智な一国民として事変に処した。黙って処した。それについて今は何の後悔もしていない。大事変が終った時には、必ず若《も》しかくかくだったら事変は起らなかったろう、事変はこんな風にはならなかったろうという議論が起る。……僕は歴史の必然性というものをもっと恐しいものと考えている。僕は無智だから反省なぞしない。利巧な奴はたんと反省してみるがいいじゃないか」(『小林秀雄全集第八巻』新潮社)

戦争に協力した知識人(利巧な奴)が、敗戦後に手のひらを返して「反戦平和主義」に豹変《ひょうへん》する中で、彼らに痛烈な皮肉を浴びせたのであった。

しかしながら、小林のいうように「歴史の必然性」に従うだけでは、「歴史は下部構造（経済的要件）に決定される」というマルクス主義的人間観に接近してしまう。

これについて歴史家の津田左右吉《つだそうきち》は、50年に刊行した自著の中で「最近の戦争が宿命的のものであつたといふやうな考……は、戦争は人の起したものであることを忘れたものである。人の起したものであるからこそ、人に責任があるのである」（『必然・偶然・自由』角川書店）と述べ、名指しこそしていないが、先の大戦に対する小林の姿勢を批判している。

この時代に主流を占めたのは、戦争時代を悪しざまに罵《ののし》る言葉であったが、小林はそのような浮ついた言論を忌避し、敗戦ショックの中で捨てられた「無私」「尊敬」の精神にこだわった。津田のような「批判精神」と小林のような「尊敬」の念をあわせ持つことこそが、理想の形なのであろう。

この小林の方法論は一貫していた。例を挙げれば、三島由紀夫が起こした事件（三島については後述）について、事件翌年の71年7月、江藤淳《えとうじゅん》と対談した（「歴史について」）。その中で江藤は「三島事件は三島さんに早い老年が来た」といい、さらに三島の行動を「一種の病気でしょう」と極言する。この江藤の挑発的な物言いに対して、小林は即座に反撃した。

小林　あなた、病気というけどな、日本の歴史を病気というか。
江藤　日本の歴史を病気とは、もちろん言いませんけれども、三島さんのあれは病気じゃないですか。……

（『小林秀雄　江藤淳　全対話』中公文庫）

小林は三島事件をいきなり跳躍して「日本の歴史」であると風呂敷を広げた。小林の発言からは「三島事件に、何とか歴史的必然性を付与したい」という思いがにじみ出ているが、三島の歴史観やその事件の「特殊性」に注目する江藤とは、議論がかみ合わなかった。

三島由紀夫という天才作家（言葉を扱うプロ中のプロ）の起こした事件について、江藤は三島の言葉の中に入って分析するのではなく、「病気」扱いするという共感性の欠如を示した。

これに対して小林は、文芸評論家の林房雄《はやしふさお》が三島事件について述べた「狂気ではない、何から何まで正気です」という言葉に理解を示し、「事件を事故並みに物的に扱っている」かのような世間の風潮を拒否した。

小林は、「文学者三島の言葉を読み取れ」「歴史の本当の中身には言葉しかない」と力説した。この対象への共感性こそが、死者と生者を近づけ、過去と現在を線として結んでいく。これこそが「保守の精神」だともいえる。

敗戦と三島事件——この二つの事例は対談という形を通じ、小林が政治的な発言をした稀有《けう》な例であった。小林の業績の大半は文芸評論家としてのそれであり、『無常といふ事』『モオツアルト』『ゴッホの手紙』『本居宣長《もとおりのりなが》』などを次々に発表した。西洋文学の批評家として出発した小林だったが、戦争経験を通じて「日本的なもの」へと関心が向かい、晩年には国学者本居宣長を論ずるに至っている。

小林秀雄の姿は、急激な西欧化と伝統文化（保守主義）との間で生じた葛藤に苦しんだ夏目漱石や、ロシアの文豪ドストエフスキーの姿とも重なる。

彼は夏目漱石を評して、「僕はあの人の一種の若々しさ、……あの人は死ぬまで青年らしかったですね。それで人生とは何ぞやという問題、あれを何とかかんとか小説の中で解決しよう、扱おうとした」（「大作家論」『小林秀雄対話集』講談社文芸文庫）と述べた。

小林自身もまた、生涯を通じて青年のような感受性を保ち、昭和という激動の時代と格闘した最高の知識人であった。

江藤淳

1932（昭和7）年～1999（平成11）年

GHQによる見えない検閲システム「ウォー・ギルト・インフォメーション・プログラム」を告発した文芸評論家

江《え》藤《とう》淳《じゅん》は銀行員の家庭に生まれ、鎌倉で育つ。湘南中学（現湘南高校）で1学年上の石原慎太郎と出会い、生涯にわたって交友が続いた。その後日比谷高校に進み、福《ふく》田《だ》恒《つね》存《あり》や福《ふく》沢《ざわ》諭《ゆ》吉《きち》を読み、文学を志す。慶應義塾大学文学部で英米文学を専攻し、在学中の1955年に「夏目漱石論」で文芸評論家としてデビューした。

58年刊『奴隷の思想を排す』、59年刊『作家は行動する』で言論人として認められる。

新左翼の安保闘争に対しては「革命ごっこ」と切り捨てる一方、三島由紀夫の自決に対しては「軍隊ごっこ」と評して距離を置いた。63年には米プリンストン大学に留学し、日本文学史を教える。このアメリカ体験が、江藤淳の後半生を決定づけたといえる。

79〜80年、ウィルソン研究所で米軍の対日占領政策を研究した。米国立公文書館の書庫に分け入り、GHQの検閲に関する1次資料を集め、敗戦後の日本人に贖罪《しょくざい》意識と、アメリカによる「解放」という物語を植えつけた「ウォー・ギルト・インフォメーション・プログラム（War Guilt Information Program／WGIP）」の実態を暴露した。

江藤は、米軍占領下で日本の全国紙に掲載された「太平洋戦争史」についてこう語っている。

「それは、とりもなおさず、『ウォー・ギルト・インフォメーション・プログラム』の浸透であった。『太平洋戦争史』は、まさにそのプログラムの嚆矢《こうし》として作成された文書に他ならないからである。歴史記述をよそっているが、これが宣伝文書以外のなにものでもないことは、……明らかだといわなければならない。そこはまず日本の『軍国主義者』と『国民』の対立という架空の図式を導入することによって、『国民』に対する罪を犯したのも、『現在のおよび将来の日本の苦難と窮乏《きゅうぼう》』も、すべて『軍国主義者』の責任であって、米国には何の責任もないという論理が成立可能である。大都市の無差別爆撃も、広島・長崎の原爆投下も、『軍国主義者』が悪かったから起った災厄であって、実際に原爆を落とした米国人には少しも悪いところはない、ということになるのである」（『閉された言語空間』文春文庫）

WGIPが行なわれたことで、いくら日本国憲法（46年11月3日公布）が言論・表現・集会などの自由を保障していても、占領が終結した52年4月末まではそれは空文にすぎず、占領下の日本に言論の自由はなかったのだ、と江藤は指摘したのである。

46年9月に津田左右吉も同様の懸念を述べていた。

「一つまちがへば、思想の自由を与へられたことによつて、却《かへ》つて、思想の自由が失はれるやうな、運命にあはないとも限りません」（「我が国の思想界の現状に就いて」『津田左右吉全集23巻』岩波書店）

また、江藤は「日本は連合国に『無条件降伏』した」という今なお根強い言説をも否定している。江藤は、次の「ポツダム宣言」第13条に着目した。

「我々は日本政府に対し日本軍の無条件降伏の宣言を要求する。かつ、誠意を持って実行されるよう適切かつ十二分な保証を求める」）

江藤はこれをもとに、日本はポツダム宣言の受諾により「軍隊の無条件降伏」をしたのであって国家全体が「無条件降伏したのではない」と論じた（『もう一つの戦後史』講談社）。

これに対して文芸評論家の本《ほん》多《だ》秋《しゅう》五《ご》は、「日本国の無条件降伏」を要求する43年11月27日のカイロ宣言を重視し、これがポツダム宣言に引き継がれたと述べて江藤の論を否定した（「『無条件降伏』の意味」『文藝』78年9月号）。その結果、本多の論を「牽《けん》強《きょう》附《ふ》会《かい》の妄説である」としてさらに反論した江藤との間で「無条件降伏」論争が勃発した。

江藤が危惧していたのは、国家全体が無条件降伏をすれば、日本は何をされても反論できず、アメリカによる日本改造をも容認することになり得ることだった。江藤はこうした「奴隷の思想」を拒絶するべく、論を提起したのであった。

戦後民主主義者の多くは「アメリカに民主主義を与えられた」と主張する。憲法学者・宮沢《みやざわ》俊義《としよし》は「八月革命説」で、「旧憲法の天皇の主権は、敗戦という革命により国民の手に移った」と主張していた。しかし実際には米占領軍による検閲のもとで、その占領政策に日本国民は抵抗できなかった。

江藤は、「なぜ〝戦後史〟は、〝敗戦史〟であってはいけないか？　……この歴史は、獲得したものの歴史というよりはむしろ喪失の歴史であり、建設の歴史というよりはむしろ崩壊の歴史としてとらえたほうが、一層正確な実像をあらわすのではないだろうか」（『もう一つの戦後史』）と述べている。

戦後日本人は敗戦を「終戦」といい換えて言葉のごまかしを行ない、敗北のニュアンスを消し去ろうと必死になった。高度経済成長期になると、「日本は負けていない、勝ったのだ。現に、東南アジアは解放されたではないか」と主張する者も出始める。

これに対して江藤はいう。「日本人は屈辱を屈辱と感じるところから始めよ、嘘をつくな、ごまかしをやめよ、言葉遊びはするな」――それは漱石論から発した文学者江藤ならではの、正直さに裏付けられた「言葉の復権」であった。

江藤の一貫した「反米的」言説は、敗戦後の保守論壇で主流を占めた「親米保守」に対する強烈なカウンターパンチとなった。このため、言論界での孤立を強《し》いられたが、漱石論や戦後史論など、不滅の業績を残した。

晩年には心の支えだった大学の同級生である慶子夫人をガンで失い、自身も脳梗塞を患って、その後遺症に苦しんだ末に「脳梗塞の発作に遭いし以来の江藤淳は、形骸に過ぎず、自ら処決して形骸を断ずる所以《ゆえん》なり」という遺書を残して自裁した。

福田恒存

1912（大正元）年〜1994（平成6）年

自称・進歩的知識人らによる「個人抹殺の暴力」に対し、「一匹」で立ち向かった不屈の言論人

福田恒存《ふくだつねあり》は、東京の本郷で会社員の子として生まれる。浦和高校から東京帝国大学文学部の英文学科へ進み、イギリスの小説家で詩人のD・H・ロレンスを研究。中学教師などを経て、文芸評論とシェークスピア劇の翻訳、演出を始めた。

敗戦直後の1947年に発表した「一匹と九九匹と」では、100匹の羊を追っていた羊飼いが、行方不明になった1匹を探すために99匹を野に放置したという『新約聖書・ルカ伝』の寓話をもとにして、最大多数の99匹を救うのが政治であるのに対し、政治に見捨てられた1匹を救うのが文学であることを福田は説いた。

「善き政治はおのれの限界を意識して、失せたる一匹の救ひを文学に期待する。が、悪しき政治は文学を総動員しておのれにつかへしめ、文学者にもまた一匹の無視を強要する」（福田は

意図的に旧仮名遣いを続けている)

「ぼくがこの数年間たえず感じてきた脅威は、ミリタリズムそのものでもなければナショナリズムそのものでもなかつた──それはそれらの背景にひそむ個人抹殺の暴力であり、その意味においてボルシェヴィズムにも通じるものであった」(「一匹と九九匹と」『保守とは何か』文春学藝ライブラリー)

福田の評価は米占領下で急速に高まり、「小林秀雄の跡取りは福田恒存という奴だ。これは偉いよ」(「伝統と反逆」『小林秀雄対話集』)と作家・評論家の坂口安吾《さかぐちあんご》は述べている。

敗戦後の日本は、「絶対的価値の欠如」「統一の欠如」という深刻な危機に覆われていた。福田の見るところ、これは日本国憲法のもとで国民が主権者(=最高権力者)になった結果でもある。目の前に広がる状況は、政治学者丸山眞男《まるやままさお》がいうところの「タコツボがいくつも並ぶ世界」(あらゆる価値観がタコツボのごとく孤立して存在するようになったことで、社会全体としての統一した意識が弱まり、個々人が狭い別々の世界を意識するようになる状態)となった。「超自然の絶対者といふ観念のないところでは、どんな思想も主張も、たとへそれが全世界を救ふやうな看板をかかげてゐても、所詮はエゴイズムにすぎない」(「日本および日本人」『文藝』55年1~10月)と福田はいう。すべての人が自己中心的な世界では、「中心」という感覚はどんどん薄れていく。

その状況は60年代の資本主義経済の進展とともに、より深刻化していった。高度経済成長に浮かれる日本人は「どれほど幸福になつたか。どれほど進歩したか」と福田は問う。「私達の文明社会では、生産はあくまで消費のための手段」なのであり、「人間は生産を通じてでなければ附合《つきあ》へない。消費は人を孤独に陥れる」。どうすれば孤独から逃れられるのか、という問いには、「人はパンのみにて生きるものではないと悟ればよい」と答えた（「消費ブームを論ず」『保守とは何か』文春学藝ライブラリー）。

「歴史の宿命」を説いてあとは沈黙した小林秀雄とは異なり、福田は社会の現状を認識したうえで、どのように生きればよいのか具体的な提言を行なっている。

戦後ほどなく米ソ冷戦が深刻化し、朝鮮戦争が起こり、日本は対米講和を結んで日米安保体制にいやおうなく組み込まれた。そして国内では、共産圏を「平和勢力」と規定する自称「進歩派」が日米安保に反対し、米軍基地の撤収を要求していた。

こうした状況への反論として、福田は「平和論にたいする疑問」を『中央公論』（54年12月号）に発表し、本格的な政治評論を開始する。

『中央公論』で語られた、米軍の占領下にある戦後日本という現実から出発して、できることから徐々に変えていこうという福田の立場は、保守主義そのものであった。

これに対して共産圏＝善というイデオロギーから出発し、静止を拒んで、日米安保体制という現状を一気に打破しようという「進歩派」は、一斉に福田に対する攻撃を開始した。丸山眞男らが設立した「平和問題談話会」のメンバーである中野好夫《なかのよしお》は『中央公論』編集部に対し、「ああいうものを載せると雑誌が売れなくなる」と警告している。「進歩派」はまさに「文学を総動員しておのれにつかへしめ、文学者にもまた一匹の無視を強要」したのである。

明治以降、日本人は西洋の流行を後追いし、本質をつかむことなく、新しい概念だけが氾濫した。この状況に対して福田は次のように述べている。

「自然主義、人道主義、不安の哲学、社会主義的リアリズム、実存主義等々です。社会科学や思想の面でも同様です。唯物論、観念論、封建思想、民主主義、自由主義、国家主義、民族主義、すべてが、ただ前時代否定のための梃子《てこ》として取り上げられるだけです」

「早い話がアジア・アフリカの『民族主義』という言葉です。これは国家主義とどうちがふのか。戦前のナチズムやファシズムとどうちがふのか。……（日本の知識階級は）『ナショナリズム』に戦前と戦後で違った訳をつけ、戦前の『国家主義』は後ろ向きで、戦後の『民族主義』は前向きだとする」（「国家的エゴイズム」『国家とは何か』文春学藝ライブラリー）

56年、ソ連軍のハンガリー侵攻直後に福田が発表したこの論考では、日清・日露以来、近代日本の戦争はことごとく「反動」であったが、アジア・アフリカ諸国の戦争は「解放闘争」だと論ずる「進歩的知識人」の偽善に対する皮肉に満ちみちている。

人間は根源的にエゴイズムに動かされており、人間の集団である国家も集団的エゴイズムとしてのナショナリズムを有する。良い悪いの話ではなく、それが現実なのだから、そこから出発しなければ建設的な議論は始まらない。「進歩派」を自称する左翼は、ナショナリズムを無条件に「悪」と断じて排除しようとするから議論がかみ合わないのだ、と福田は論じた。

これらの発言により、「進歩的知識人」から「保守反動」のレッテルを貼られた福田は、発表の機会を制限された。本業の演劇界においても俳優座から締め出されるなど「村八分」の扱いを受けたため、現代演劇協会（のちの劇団昴《すばる》）を立ち上げている。

70年代後半にはフジテレビ系の政治討論番組「福田恒存の世相を斬る」でキャスターを務め、テレビを通じて一定の影響力を保った。

山本七平

1921（大正10）年〜1991（平成3）年

クリスチャンという「他者の視点」を持って日本と格闘し、ついに守るべきものを見出した在野の知識人

山本七平《やまもとしちへい》は、東京の世田谷でプロテスタントの両親のもとに生まれる。青山学院専門部高等商業学部に在学中、日米開戦により繰り上げ卒業し、陸軍砲兵士官として1944年にルソン島での戦闘に参加。敗戦とともにマニラの捕虜収容所に収監された体験は、74年刊行の『ある異常体験者の偏見』や76年刊行の『一下級将校の見た帝国陸軍』に描かれた。日本軍の分析は山本の生涯のテーマとなり、そこから日本人の行動や思考様式の解明に関心が向かった。

日本人の集団主義と同調圧力を探求した『「空気」の研究』、日本的勤勉の倫理を解明した『日本資本主義の精神』を経て、尊皇思想の研究『現人神《あらひとがみ》の創作者たち』を執筆した。明治維新から大東亜戦争に至る日本ナショナリズムの原動力となった尊皇思想が、江戸時代に明朝から伝わった朱子学イデオロギーに由来することを明らかにした労作である。

個人であっても、民族あるいは国家であっても、おのれの姿を客観的に分析することは難しい。過度に賛美したり、逆に自虐的になったりしがちである。しかしこの作業なしには、真の日本的なるもの、保守すべきものが何かが永久にわからない。日本では少数派であるクリスチャンという「他者の視点」を持ち、大日本帝国の崩壊を戦地で目撃した山本七平だからこそ、この困難な作業に取り組むことができたのである。

これについて山本は、「私が三代目のキリスト教徒として戦前・戦中と物心がついて以来、内心においても、また外面的にも、常に『現人神』を意識し、これと対決せざるを得なかったという単純な事実に基づく」（『現人神の創作者たち〔下〕』ちくま文庫）と述べている。

山本は、「大東亜解放」「八紘一宇《はっこういちう》」のイデオロギーが優先され、合理的判断を欠いた先の大戦について厳しく批判する一方で、敗戦後、朝日新聞記者の本多勝一《ほんだかついち》が中国共産党の全面協力で書いた『中国の道』の虚構性を暴き、いわゆる「百人斬り論争」でも論陣を張った（「日本刀神話の実態」『私の中の日本軍〔下〕』文春文庫）

そんな山本が「一番書きたいことを書いてください」と編集者にいわれて書いたのが、86年刊行の『洪思翊《こうしよく》中将の処刑』である。洪思翊は、大韓帝国の軍人として日本に留学し、日韓併合後は大日本帝国陸軍の中将まで昇進。敗戦後はフィリピン戦犯法廷で捕虜虐待など監督責任を問われ、B・C級戦犯として処刑された人物である。

処刑に際し、従容として処刑台に赴き、恨みがましいセリフはいっさいなかった洪中将に対して山本は、「洪中将は、いわゆる英雄でもなければ革命的英雄でもない。……彼は『青銅の人』ではなく、血のかよっている人間だった。しかし、青銅の人は果たして人間に何をもたらしたのであろうか。人々は、その存在の空しさをどこかで感じはじめたはずである」（『洪思翊中将の処刑（山本七平ライブラリー8）』文藝春秋）と記している。

「青銅の人」とは職業軍人、冷たい人間の比喩《ひゆ》であろう。その人々が大言壮語によって国民を扇動し、若者を死地に赴かせた。フィリピン戦線で辛酸を舐《な》めた。その帝国陸軍の中枢にも洪中将のような人がいたことを、山本自身、山本は発見したのである。

「山本七平は自己顕示のパフォーマンスを嫌う。自分を売り込む気が全くない。読者の役に立ちたいと願っている。知識を振り回さない」（谷沢永一《たにざわえいいち》『山本七平の智恵』ＰＨＰ研究所）。山本のこのような献身的、禁欲的態度は、洪中将のそれと相通じる。

56年に聖書専門の山本書店を創業。作業場として使っていた帝国ホテルで、ユダヤ系アメリカ人らと親しくなり、日本における一神教（ユダヤ・キリスト教）受容の困難について語り合った。その後イザヤ・ベンダサンの筆名を用いたとされ、その名で70年に刊行した『日本人とユダヤ人』が大きな反響を呼んだ。

外国人を偽装した山本の手法には批判的な人もいる。しかし「人寄せパンダ」的な〝イザヤ・ベンダサン〟という仮面があればこそ、衆目を集め、本も売れ、今日私たちが知っているような山本七平が存在できた。零細出版社の社主としてヤラセまがいのことも必要だった。

山本は、庶民の中に無冠の英雄を見出した。79年刊行の『日本資本主義の精神』では、江戸中期の思想家石田梅岩《いしだばいがん》や江戸初期の禅僧鈴木正三《すずきしょうさん》に注目した。正三が庶民に向けて書いた『万民徳用』では「職分仏行説」――今日でいうところの職業倫理を説く。山本はそこに日本資本主義の萌芽を発見し、西欧資本主義の論理を論じた古典、マックス・ウェーバーの『プロテスタンティズムの倫理と資本主義の精神』に対置させた。

89年刊行の『日本人とは何か』で山本が取り上げたのも、無名の人々である。陸奥宗光《むつむねみつ》の父で国学者伊達千広《だてちひろ》の唱えた「骨の代（氏族性）」「職の代（律令制）」「名の代（幕府制）」という時代区分に山本は注目した。こういう人々を発掘した山本は、そこから自らの歴史観を組み立てた。外来思想ではなく、日本の伝統思想の中からモノを考えていく姿勢こそ、保守の思想である。

また、もっとも留意すべきなのは山本の「戦後」への評価である。西部邁などが述べた「戦後こそはアメリカ化した時代」（『保守思想のための39章』中公文庫）といった見解とは対照的に、山本は戦後を「第二次江戸時代」のようにとらえていた。

山本はいう。「おそらく戦後の『自由』は伝統的な意味の自由、すなわち『もっとも抵抗のない状態に自ら置く』という、江戸時代の享保、天明年間の布施《ふせ》松翁《しょうおう》的な『自由』と受け取られたからであろう」（『似てきた江戸時代の生き方』『これからの日本人（山本七平ライブラリー11）』）――つまり、「のんきに暮らす」「自然に従う」「親孝行をする」「世間のしきたり通りにする」といった、幕末の下級武士が送っていたような日本の暮らしが、戦後の日本に復活したと述べたのである。

とはいえ、山本は戦後の日本に江戸時代がそのまま蘇ったことを指していたのではない。強固に培われてきた日本の伝統というものが、アメリカの占領政策によって簡単に消えるものではないことを述べていたのである。

無名の庶民の英知を探り、日本人とは何かを探求し続けた山本の業績は不滅である。

司馬遼太郎

1923（大正12）年〜1996（平成8）年

「維新」と「明治日本」の健全なナショナリズムを再発見し、日本人の自信を取り戻した国民作家

司馬遼太郎《しばりょうたろう》の本名は、福田定一《ふくだていいち》。大阪で生まれ、旧制中学時代にはデパートの書店で、吉川英治《よしかわえいじ》の宮本武蔵全集を立ち読みで読破し、満洲で馬賊になることに憧れる。大阪外国語学校（現大阪外国語大学）に進んでモンゴル語を専攻し、司馬遷《しばせん》の『史記』を愛読。大戦末期の１９４３年、学徒出陣で戦車連隊に配属、満州に派遣されるが、本土決戦に備えて送り帰され、陸軍少尉として栃木県佐野市で敗戦を迎えた。

敗戦のショックにより、「昔の日本人は、もう少しましだったのではないか。昭和の軍人達のように、国家そのものを賭けものにして賭場《とば》に投げ込むようなことをしたひとびとがいたようには思えなかった」（司馬遼太郎『「昭和」という国家』ＮＨＫブックス）という想いを抱いたことから、歴史小説の執筆を始める。

司馬遷にははるかに及ばない、という意味の「司馬遼太郎」をペンネームとし、産経新聞の記者を経て、60年『梟の城《ふくろう》』で直木賞受賞。産経新聞を退社して作家生活に入り、『竜馬がゆく』『国盗り物語』『関ヶ原』などのヒット作を書き続け、作品はたびたびNHKの大河ドラマで取り上げられて、日本人の歴史イメージに絶大な影響を与えた。

70年代には週刊朝日に紀行文『街道をゆく』を、産経新聞には日清・日露戦争を描いた『坂の上の雲』を連載。日本人漂流民の目で明清交代を描いた『韃靼《だったん》疾風録』の中央公論連載（84～87年）を最後に歴史小説の筆を止め、以後は日本人論や文明批評に活動を広げた。

司馬は、産経新聞での連載『風塵抄《ふうじんしょう》』（86～96年）に収録された随筆「高貴なコドモ」の中で、「人間はいくつになっても、精神のなかにゆたかなコドモを胎蔵していなければならない」という。これは大人たちが建前論を語ることに終始して正直さを忘れ、言語空間の形骸化を進めていることへの危惧があった。「正直さの欠けた言語は、ただの音響にすぎない」（「言語の魅力」『風塵抄』）のであって、その正直さを作り上げるのはコドモ性に他ならないからだ。

戦中を支配したのは、そうしたもったいぶった過激な表現で人々を戦争へ扇動した内容空疎な言語であり、そこには言語と実際の世界とをつなぐリアリズムが見出せない。そして司馬の見るところ、戦後もこうした表現を使う後継者こそが戦後派知識人なのであった。

「軍人の言葉というものは嫌ですね」といい、「（戦後の）左翼運動を取材をしていて、経験された方には申し訳ないのですけれど、非常に似たようなものだと思いましたね」（『雑談昭和への道第6巻　ひとり歩きすることば　軍隊用語』ＮＨＫソフトウェア）と司馬は語っている。

司馬は自身の小説を「（敗戦ショックを受けた）二十代の自分への手紙」と表現した。「日本にはこういう素晴らしい人々がいた」ということを書くことで、自身への癒しを得ていたのであろう。そのため、絶えず過去の自分に伝わるような文体で書き続けていた。このような司馬の態度は、歴史家Ｅ・Ｈ・カーのいう「対話としての歴史」に近い。

しかしそれは、「癒しの行為」だけに危うさも含んでいた。そこに「物足りなさ」を見出したのは、『アーロン収容所』（中公新書）の著者で西洋史家の会田雄次《あいだゆうじ》だった。

「人間に対する甘さなのだ。その甘さとは、氏のこの自分にないものに対する幼児のような憧れと過大すぎる尊敬心である」（会田雄次『歴史家の立場』ＰＨＰ研究所）

コドモ性が濃厚であれば、好き嫌いを中心に生きる（それは正直の過剰さでもある）ことにもなろうが、司馬はその面が濃厚であったというのだろう。

確かに、明治に対する過大な評価と、昭和への厳しすぎる批判の背景には、会田が見抜いていたような司馬の「幼児のような無邪気さ」を感じないわけにはいかない。

軽トラックで古本屋街に乗り込み、数千万円を投じて関連図書を爆買いするため、司馬が来るとその分野の本がなくなるといわれたが、彼はあくまでも作家であった。

作家・司馬遼太郎が、繰り返し語った大戦末期の栃木の戦車連隊でのエピソードがある。「ある日、大本営から将校が来たので、質問した。米軍上陸を避けて東京・横浜の市民が荷車に家財を積んで北上し、交通混雑が予想される。この場合、南下するわが戦車部隊は往生してしまうが、どうすればよいか？　するとその将校は答えた——『轢《ひ》き殺してゆけ』」

この衝撃的なやり取りついては、司馬以外には証人が一人もいない。のちに司馬は戦友会の会合で語っている。「私は小説家ですよ。歴史研究家ではありません。小説というものは面白くなければ読者は離れてしまいます」（秦郁彦《はたいくひこ》『昭和史の秘話を追う』ＰＨＰ研究所）。つまり話を盛ったのである。

小説家は何を書いてもよいということになれば、「済州島での日本軍による慰安婦強制連行」という虚構を書いて日韓関係を紛糾させている吉田清治《よしだせいじ》の『私の戦争犯罪』も許されることになってしまうだろう。この点で、司馬自身の作家としての倫理も問われる。「坊主憎けりゃ袈裟《けさ》まで憎い」というが、軍国主義を否定するためなら都合のよい作り話をしてもいいわけではない。

ただ、そのことを差し置いても、敗戦と米軍の占領政策によって自信を失い、歴史そのものを忘却しようとしていた昭和の日本人に対して、日本史の中に埋もれていた個性あふれる人々を生き生きと描き出して見せた司馬の筆致は天才的である。それまで無名だった坂本龍馬や秋《あき》山真之《やまさねゆき》を国民的ヒーローに仕立てたのは、司馬の業績といえよう。

土佐の脱藩浪人を描いた『竜馬がゆく』の自由闊達さと、その気宇壮大な生きざまは、高度経済成長期の管理社会に閉塞感を覚えていた人々への清涼剤となった。

明治国家を「天皇制絶対主義」、日清・日露戦争を「日本の侵略戦争」と断罪する歴史学界のマルクス主義史観を国民に浸透させなかったのは、実に司馬の業績といえるのである。『坂の上の雲』では日露戦争を「祖国防衛戦争」として描いている。

健全なナショナリズムの「明治日本」と、1930年代以降の肥大化したナショナリズムの「昭和日本」との差異を凝視していたのが司馬の特徴である。一方、「そのような歴史観自体がGHQによる洗脳のせいだ」と断じたのが、江藤淳や渡部昇一《わたなべしょういち》であった。

晩年を過ごした90年代は、バブル経済の崩壊（経済敗戦）、阪神・淡路大震災、オウム真理教事件など世紀末的な出来事が続いた。世情への苛立ちと憂国の情を深める司馬は、「このままでは日本は滅びる」という言葉を繰り返しながら世を去った。

三島由紀夫

1925（大正14）年～1970（昭和45）年

憂国か、逆賊か――「無機質な、からっぽな」戦後日本に絶望し、体制の転覆を訴えて自決した国際的作家

三島由紀夫《みしまゆきお》の本名は平岡公威《ひらおかきみたけ》。東京四谷で農林官僚の家庭に生まれ、女中や下男に囲まれて育つ。病弱だったうえに祖母に溺愛されたことで、男の子との遊びは禁じられ、女言葉を使うことを強《し》いられたが、その結果祖母の趣味だった歌舞伎や能に親しむことになった。学習院初等科時代からは文学に耽溺《たんでき》する早熟な少年となり、俳句や詩の発表を始めている。

1941年、学習院中等科に在学中の16歳で書いた『花ざかりの森』が雑誌『文藝文化』に掲載され、文学界に衝撃を与える。同誌の編集会議で決まった「三島由紀夫」の筆名を、生涯にわたり使用した。戦局の悪化で学習院高等科にいた三島も徴兵検査を受け、処女作『花ざかりの森』を遺作にするつもりであったという。

44年には父の期待に応えて東京帝国大学法学部に進むが、すぐに徴兵される。しかし入隊直後の検診で肺に異常が見つかったため即日除隊となった。彼の所属予定の部隊はフィリピンへ送られ、全滅した。このときの「死に遅れた」思いを、三島は長く引きずることとなった。

47年、米軍占領下で東京大学法学部を卒業。大蔵省に採用されるも9カ月で退職して文筆活動に専念した。49年に自伝的長編『仮面の告白』で本格的に作家デビューし、50年代から60年代にかけて、『潮騒』『金閣寺』『サド侯爵夫人』などのヒット作を生み出した。

三島の作風は、西欧の世紀末文学と日本型ロマン主義をミックスしたもので、その普遍性から海外で高く評価され、ノーベル文学賞にもノミネートされた。女の子のように育てられ、痩《や》せて青白い顔をしていた三島は、生来の過剰な感受性を忌避し、ギリシア訪問を機に「太陽と肉体の美」に目覚める。ギリシア神話をベースに『潮騒』を発表し、ボディビルによる肉体改造に熱中した。

しかし精神と身体との乖離《かいり》は、生涯彼を苦しめた。極度に繊細で「女性」的な本来の自分と、仮面としての「男性」性、タフネスへの憧憬《しょうけい》は三島の心に同性愛への共感を生み、『仮面の告白』『禁色』として結実した。

安保闘争に際しては、学生たちとの対話に応じるものの冷めた態度をとり、高度経済成長期の61年に戦前の二・二六事件をテーマとする『憂国』を発表、のちに自らの手で映画化した。

反乱軍に共感しつつも鎮圧側に立ち、割腹自決を遂げる将校と妻を描いたこの作品は、その後の三島自身の運命を決定づけた（9年後、自衛隊市ヶ谷駐屯地で起こした出来事については、本文253ページの記述に譲る）。

三島は決して無条件で「戦前」を賛美したのではない。「国体を変革し又は私有財産制度を否認……」という治安維持法の条文の中に、三島は重大な欠陥を見出している。

「並列的な規定は、正にこの瞬間、天皇の国家の国体を、私有財産並びに資本主義そのものと同義語にしてしまった」（「文化防衛論」『中央公論』68年8月号）

「国体護持」を目的とする治安維持法こそ、逆説的にだが天皇をカネに換算するかのようで「不敬」だというのだ。三島は「戦前」に、むしろ「戦後」への連続性も見ていた。

ドナルド・キーンは三島についてこう論じている。

「(三島は)右翼への共感を語るときもあったが、なにかにつけて悪名の高い右翼的な政治団体には協力せず、むしろ『鏡子の家』や『奔馬』では侮蔑《ぶべつ》をこめて右翼を扱った。日本を支配している保守党の政治家や財界人に対しては、左翼の作家たちとは異なる立場から、批判的な態度をとっていた」（『日本文学史　近代・現代篇六』中公文庫）。

二・二六事件で有罪となった北一輝《きたいっき》が処刑される際に「天皇陛下万歳」と叫ぶのを「やめておきませう」といったのに対し、三島は自決に際してこれを叫んだ（松本健一『三島由紀夫の二・二六事件』文春新書）。明らかに三島の脳裏には、北の死に際の姿があった。かつて三島は北のその行為を「印象深い」と述べたこともある（「北一輝論」『三田文学』69年7月号）。

三島の生命を賭した大舞台に対して、世論は冷ややかだった。380ページでも触れた通り、江藤淳でさえ、小林秀雄との対談で三島を「病気」扱いし、小林は色をなして反論している。


三島はその若すぎる最晩年に、死への意識が絶えずあったのだろう。憧れるかのように論じたのが宗教の国インドであった。『豊饒《ほうじょう》の海第三巻　暁の寺』（新潮文庫）の主人公本多が見るインドには、三島が取材旅行で目にした光景と心象が投影されている。

「……焼かれた屍《しかばね》が、美しい若者の形によみがえり、その髪やその腰が、つややかな清い榊《さかき》の葉におおわれて立上り、あたりの忌わしい寺院の情景が、たちまちすずしい玉砂利の境内に変ったりした。すべての観念、すべての神々が、力をあわせて巨大な輪廻の環《わ》の把手《とって》をまわしていた」

インド世界は、「日常の感覚や知性だけではつかまえられ」ないものであると三島は述べている。筆者（大井）自身、インド生活経験があり、三島が晩年にインドに求めたものを多少は理解できる（しかしカースト制度などインドの現実を知る者として、三島のインド論には過剰な美化を感じるのは否定できないのだが……）。

「文化防衛論」では論理を極めた三島が、ここでは理性を超えた何かを捕まえようと格闘していた。それは、幼少期以来の三島の中にあった「ますらおぶり／理知」と、「たおやめぶり／

情緒」との深刻な分裂との格闘であったのではないだろうか。

「三島は、その生涯を通じ、明白に政治的と見える意見を吐いているときでさえ、本質的には非政治的だった」というキーンの指摘は鋭い。だとすれば、市ヶ谷での決起は、単なる政治的事件・テロ行為としては片づけらないであろう。

自決の3ヵ月前、三島はサンケイ新聞（現産経新聞）に「果たし得ていない約束——私の中の二十五年」と題した記事を寄せている。これは、日本人への遺言のような響きを持つ。

「私はこれからの日本に大して希望をつなぐことができない。このまま行ったら『日本』はなくなってしまうのではないかという感を日ましに深くする。日本はなくなって、その代わりに、無機的な、からっぽな、ニュートラルな、中間色の、富裕な、抜目がない、或る経済的大国が極東の一角に残るのであろう。それでもいいと思っている人たちと、私は口をきく気にもなれなくなっているのである」（『サンケイ新聞』70年7月7日夕刊）

三島の予言が的中したかどうかは、読者の判断に任せたい。

渡部昇一　1930（昭和5）年～2017（平成29）年

「自虐史観」批判の先頭に立ってリベラルメディアと闘い続け、世論形成に影響を与えた博覧強記《はくらんきょうき》の言論人

渡部昇一《わたなべしょういち》は、山形県鶴岡の裕福な商家の出身。子どもの頃は母と二人の姉に甘やかされ、自分で服を着替えることもなかったという。鶴岡第一高校（現鶴岡南高校）から1949年に上智大学の英文学科へ進み、英文法史を専攻。上智大学在学中に、パスカルの『瞑想録』に強い影響を受け、カトリックに改宗している。55年には西ドイツのミュンスター大学に留学。ドイツ語を学びながら英文法史に関する博士論文を書き上げ、帰国して上智大学教授に就任。フルブライト制度により、アメリカ各地の大学でも講義を行なった。

古書の収集家としても知られ、実に15万冊の蔵書が自宅を埋め尽くしたため、晩年には書庫を建設している。読書術、情報処理のコツを語った76年刊行の『知的生活の方法』が100万部越えのベストセラーとなり、一般読者向けの評論活動を本格化した。

渡部の評論は平易な文章が特徴的である。当代随一の知識人であるのに、それをひけらかすような雰囲気がない。わかりやすい比喩、長文にしない、難解な漢語を避けるなど、平易な文体は渡部の自身との格闘の結果なのであろう。常に読者を意識した姿勢は、やたらと漢語やカタカナを使用する知識人などとは正反対で、幅広く国民に愛された点で、司馬遼太郎とも相通じる。

幼少時に渡部は、『キング』という大衆雑誌を愛読していた。皇室、政治家、軍人、学者、芸者などを写真入りで紹介するこの雑誌が、渡部の昭和史研究の基礎知識となり、平易な文体の血肉ともなっているのだろう（『日本史から見た日本人・昭和編』祥伝社新書）。

渡部の『かくて昭和史は甦《よみがえ》る　人種差別の世界を叩き潰した日本』『かくて歴史は始まる』はティーンエイジャーに語るように、日本人が自国の近代史に誇りを持つべきことを説いた。

90年代、日本では自民党単独政権が崩壊し、社会党首班の村山富市内閣が生まれるなど左傾化が加速すると、渡部を筆頭に昭和一ケタ世代を中心とする保守言論人が存在感を示した。

大江健三郎《おおえけんざぶろう》批判の谷沢永一《たにざわえいいち》（昭和4年生まれ）、戦争論の日下公人《くさかきみんど》（同5年生まれ）、国際戦略論の岡崎久彦《おかざきひさひこ》（同5年生まれ）、フジテレビ系「世相を斬る」の竹村健一《たけむらけんいち》（同5年生まれ）、そして稀代の天才小室直樹《こむろなおき》（同7年生まれ）らの著書が世に出た。また、97年には東京大学教授の藤岡信勝《ふじおかのぶかつ》（同18年生まれ）が「新しい歴史教科書を作る会」を設立し、99年には渡部とよく対談した石原慎太郎（同7年生まれ）が都知事に当選している。

これら一連の「自虐史観」批判の先頭に立ち、存在感を示していたのが渡部昇一であった。

82年、鈴木善幸内閣で「教科書誤報事件」が起こった。6月に大手新聞・テレビ局が、「高校日本史教科書の検定において、文部省が中国大陸への「侵略」といった記述を「進出」と書き換えさせた」と誤報し、中国・韓国との外交問題に発展したのである。

渡部は「萬犬虚《ばんけん》に吼《ほ》えた教科書問題」（『諸君！』82年10月号）でこの問題を告発した。にもかかわらず、宮澤喜一官房長官らが中心となって近隣諸国に日本の歴史教科書への介入を許す「近隣諸国条項」を策定し、このことが今日まで尾を引いている。

渡部は『正論』『諸君！』など保守系論壇誌では常連論客として「南京事件」や「従軍慰安婦問題」を追及し、朝日新聞を筆頭とするリベラルメディアとの論争で先頭に立った。

その一方で渡部は、戦前の昭和史への批判も辛辣《しんらつ》だったことはあまり知られていない。たとえば、天皇の統帥権を政治問題化した極右勢力への批判は手厳しい（『日本史から見た日本人・昭和編』）。この視点も、司馬遼太郎に通じるところがある。

豊かな教養に裏付けられた渡部の文明論『日本そして日本人　世界に比類なき「ドン百姓発想」の知恵』（祥伝社）では、日本の国民性を肯定的に論じつつ、実は農耕民族的発想がさまざまなところで齟齬《そご》をきたし、大東亜戦争の敗戦とつながっていることを論じている。

大東亜戦争の初戦で、「I shall return」とフィリピンを去ったマッカーサーを日本人は批判したが、これは騎馬民族型の行動なのであり、農耕民族型の日本人はその行動原理がわからなかったのだ、と渡部は指摘した。

このように、「反共」かそれ以外か、農耕民族型か騎馬民族型か、というような渡部の二項対立的な物の見方は広く大衆受けする一方で、批判の対象ともなった。

81年に戦後保守論壇の重鎮・福田恒存が、自著の中で行なった次の渡部批判は辛辣である。

「ただ一言、渡部氏に言つておく。なぜあなたは保守と革新という出来合ひの観念でしか物を考へられないのか、……その点、吾々を保守反動とみなす左翼と何処《どこ》も違ひはしない。少なくとも私にとつて、さういふ左翼と、左翼とあれば頭から敵視するあなたとは、所詮は一つ穴の狢《むじな》であり、同じ平面上で殴り合ひ綱引きをやつている内ゲバ仲間としか思へないのである。……さういふ人間が国家や国防を論じ、歴史や知的生活の方法を語り、ジャパン・アズ・ナンバー・ワンなどといふ夢で国粋主義者のあごをくすぐる。あなたの正体は共産主義者と同じで、人間の不幸はすべて金で解決できると一途に思詰めてゐる夜郎自大の成上り者に過ぎぬではないか」（『問ひ質したき事ども』新潮社）

戦前の昭和史について少しでも批判的な言辞を述べると、保守派を自称する年配の方から

「それは東京裁判史観だ！」と批判されることがよくある。このような二項対立的な論法が、90年代に一世を風靡《ふうび》した渡部の論調に影響されているとしたらどうだろうか。そしてこの渡部の二項対立論には、カトリックの影響はなかったのかどうか。

渡部はテレビでも引っ張りだこだった。フジテレビ系の「竹村健一の世相を斬る」で準レギュラー出演、チャンネル桜の「渡部昇一の『大道無門』」では、最晩年までホスト役を務めた。にこやかな笑顔と朴訥な山形弁で視聴者を魅了しつつ、「常識」に舌鋒鋭く切り込むアンバランスさが魅力だった。

小室直樹

1932（昭和7）年～2010（平成22）年

ソ連崩壊を10年前から予見し、大東亜戦争の「勝因」を分析した奇才。「現代の吉田松陰」

小室直樹《こむろなおき》は、東京世田谷で記者の子として出まれる。父が早世したあと、母の故郷福島で敗戦を迎える。会津高校時代から数学・物理の天才ぶりを発揮し、1948年の湯川秀樹《ゆかわひでき》のノーベル物理学賞受賞に触発されて京都大学に進む。その背景には、日本が科学技術でアメリカに敗れたという無念さがあった。母子家庭のため高校時代には昼食にも事欠き、同級の渡部恒三《わたなべこうぞう》（のちに衆議院副議長）が弁当を差し入れしていた。京都大学受験時にも渡部が工面してくれた旅費を使い果たし、徒歩で福島まで帰っている。

京都大学では数学から理論経済学に転じ、大阪大学大学院を経て、米ミシガン大学、さらにマサチューセッツ工科大学へ留学。そこですでに理論経済学は完成していると感じ、心理学や社会学の研究に転じた。帰国して東京大学大学院へ進み、ありとあらゆる社会科学を極める。

67年からはボランティアで自主ゼミを開催して大学の枠を超えて若者たちを指導した。自主ゼミ門下生からは、橋爪大三郎《はしづめだいさぶろう》（社会学）、副島隆彦《そえじまたかひこ》（政治思想史）、宮台真司《みやだいしんじ》（社会学）を輩出し、「現代の吉田松陰」ともいうべき存在であった。学費を取らないために相変わらずの極貧生活が続き、電話もない木造アパートに暮らし、本を買うカネもなく、アパートに本の置き場もないため大学図書館に通いつめ、本の内容を暗記していた。ついには栄養失調で意識不明となって病院に運び込まれたが、入院費が払えずに進退極まった。

これを聞いた山本七平の勧めで、入院費を稼ぐため書いた1980年刊行の『ソビエト帝国の崩壊』（光文社）がベストセラーとなった。ロシア正教会の政教一致体制と、ユダヤ・キリスト教の影響を受けたマルクス主義とが融合したソ連型共産主義は、一切の批判を認めない官僚独裁にならざるを得ず、スターリン批判でその体制が揺らいだ以上、遅かれ早かれソ連の崩壊は避けられない、と小室は断じた。ソ連共産党の独裁体制が盤石に見え、マルクス主義者が大学を跋扈《ばっこ》していた時代に、約10年後に現実化するソ連崩壊を予言したのが『ソビエト帝国の崩壊』であり、高校生だった筆者（茂木）もまたこれに衝撃を受けた。

テレビ朝日からオファーを受け、ロッキード事件で田中角栄に対する求刑が出た日に出演したワイドショーの生放送で「田中無罪！」「検察官は死刑！」を叫んだ。この「放送事故」によって世間の注目を浴び、小室の著書はベストセラーを続け、皮肉なことに生活は安定した。

不世出の天才であった小室は、大学の狭い専攻の枠には収まらなかった。東京大学で非常勤講師を務めたあと、在野にあって研究と教育を続けた。出版社のオーナーで在野の研究者でもあった山本七平によってその才能を見出され、山本の日本資本主義研究や天皇研究は、経済学や社会学に関する小室の知見と混じり合い、「化学変化」を起こした。81年刊行の2人の共著『日本教の社会学』（ビジネス社）では、日本型民主主義と欧米のそれとの違いを論じている。「西洋の場合であれば、責任者を明確にして、そして決断の主体を特定するというところに民主主義の出発点があるわけでしょう。日本ではまったくその逆でして、決断の主体が誰だかわからなくして、決断の内容を分散すると、それが民主主義だと。ですから西洋の民主主義とまったく逆……」と小室は論じている。

学際的な知性を持つ小室、筆名「イザヤ・ベンダサン」としてユダヤ人の視点を持つ山本、「他者の視点」を持つ2人だからこそ、彼らの日本分析は鋭く、客観的である。

小室にとってのライフワークは、大東亜戦争の研究であった。

敗戦後50周年の95年には『大東亜戦争ここに甦る』（クレスト社）を出版し、この「戦争には勝つことができた」「戦争の『勝因』を研究することは、多くの外圧を抱える今焦眉《しょうび》の急である」「支那事変は、断固やるべき戦いだった」と、驚天動地の主張を展開した。

2001年刊行の『日本の敗因』（講談社＋α文庫）では、「戦争を回避する妙策は『あった』」と主張。米大統領にとって公約は絶対であるがゆえに、ローズヴェルト大統領が3選前に発言した「重ねて、重ねて、重ねて、何度でも繰り返して誓うが、貴女がたの息子を戦場におくることはない」という言葉に注目すべきである。彼は自分からは戦争できなかったために、日本からの先制攻撃を必要としていた、そのために日本を追い詰めたのだ、と論じた。

日本の指導者たちはアメリカの民主主義を深く理解しなかった、したがってこの大統領発言の、とてつもない重みを考えられなかったのである。小室は、そうした日本人の他者への無理解が致命傷になった例として大東亜戦争における一つの可能性を指摘したのである。


小室の学問が私たちに示しているのは、単純に起こった歴史上の出来事を精査したり、ただ批判したりするだけでは生産性はなく、歴史のifを考えることの重要性である。あの場面でこう判断すればよかった、そうすればこうしたリアクションが起きただろう、などという考察こそが、真に頭を働かせて歴史を生かすということなのである。

小室の発言が重みを増すのも20年以上経ったまさに今日であり、その学問はやはり先駆的でありすぎたといえよう。いつになったら我々は小室直樹に追いつけるのであろうか。

最晩年に、弟子の橋爪大三郎の推薦で東京工業大学の特任教授になるまで、小室を教授として招聘する大学はなかった。ちまちまとした専門分野に細分化、タコツボ化した日本の大学には、小室直樹という学際的な奇才を正当に評価できる専門家はいなかったのである。

まさに論語の「朝に道を聞かば夕べに死すとも可なり」の世界に生きた碩学《せきがく》の生涯であった。

高坂正堯

1934（昭和9）年～1996（平成8）年

米ソの軍事的均衡が平和を維持しているというリアリズムの立場から、国連中心主義や非武装中立論を論破した国際政治学者

京都で哲学者高坂正顕《こうさかまさあき》の子に生まれる。父は京都学派の重鎮で、カント哲学の研究者だった。

高坂正堯《まさたか》自身は、洛北高校を経て京都大学法学部へ進み、ヨーロッパ外交史を専攻。共産主義の系譜を客観的に分析した猪《いの》木《き》正道《まさみち》からリアリズム国際関係論を学んだ。

また東京裁判におけるパル判事の判決書を高く評価した田岡良一《たおかりょういち》から国際法の指導を受けたことも、高坂の思想形成に大きな影響を与えている。

戦後の保守論壇を考えるとき、京都大学は無視できない存在感を示す。西洋史家会田雄次、哲学者田中美知太郎《みちたろう》、高坂の弟子にあたる中西輝政《なかにしてるまさ》、中西寛《ひろし》がおり、高坂の一つの功績は優秀な後進の育成でもあった。

ハーバード大学留学を経て、1971年に京都大学法学部教授となる。続いて73年に国際戦略研究所（ロンドン）の理事、86年に平和・安全保障研究所（東京）の理事長を歴任した。

アメリカからの帰国直後には、「現実主義者の平和論」（『中央公論』63年1月号）で東京大学教授の坂本義和《さかもとよしかず》や加藤周一が展開していた国連中心主義、「非武装中立論」の非現実性を指摘し、大きな反響を呼んでいる。

高坂の論敵・坂本義和の持論は、「公海や公空に出る（自衛隊の）艦艇や航空機は、武装はせず、偵察機能に限られる。……同様に、沿岸から海空警備の一環として発射するミサイルや大砲などの射程も、領海内におさまるものに限られます」（『新版　軍縮の政治学』岩波新書）というものであった。

しかしこの坂本の持論は、ジャーナリストの稲垣武が「自衛隊機や艦船は非武装で公海や公空へ出るのであるから『特攻隊より残酷』である」と批判したように、あまりにも空虚、非現実的であった。

こうした空理空論に、学者として真っ向から反論したのが高坂であり、「現実派」あるいは国民が共感できる「常識派」としての立場をとるに至った。

高坂は、『海洋国家日本の構想』（中央公論社）で、日米同盟によって安全を維持するしかない、と説いた。今日では常識であるこのような言説が、猛烈なバッシングを受けた当時の言論空間の異常さ（江藤淳のいう「閉された言語空間」）を思わざるを得ない。高坂はいう。
「戦争の原因をある特定の勢力に求め、それを除去することによって平和が得られるという善玉・悪玉的な考え方は、われわれ人間が行動力には勤勉でも、知的には怠惰な存在であることに原因している。昔から、困難な状況に直面したときの人間の態度は、いつも判で押したように同じであった。そんなとき人間は、いつも非難すべき悪い人間や悪いものを見出して、それを血祭りにあげてきたのである」（『国際政治』中公新書）
「○○が悪い」という善玉・悪玉論を振りかざすものが今もなお絶えない。学者と名乗る人たちにも多く存在している。まことに、人間とは進歩できない生き物である。

高坂はまた文明論を好んだ。戦前を代表する東洋史学者の内藤湖南《ないとうこなん》、『文明の生態史観』を著わした民族学者の梅棹忠夫《うめさおただお》、『街道をゆく』を著した作家の司馬遼太郎など、関西を基盤にした人々が壮大な文明論を論じていることを思うと、これは偶然とは思えない。

日本がバブル経済に突入する直前、そんな彼を惹きつけたのは「衰亡論」であった。81年に刊行された『文明が衰亡するとき』（新潮選書）で高坂は、ローマの衰亡史に着目した。

古代ローマでは、民会や法廷で演出家が暗躍し、合図によって内容如何にかかわらず終わることなき拍手が起こった。こうした過剰演出により、「民衆の愚民化」が進行した。このような古代ローマと、テレビの過剰演出が世論を支配した80年代以降の日本の状況はよく似ている。

同時期に司馬遼太郎や西部邁も憂いた状況である。高坂はいう。

「通商国家は異質の文明と広汎な交際を持ち、……そうすることは当事者たちに、自信もしくは自己同一性（アイデンティティ）を弱めさせる働きを持つ。自分の大切にするものが何であり、自分が何であるかが徐々に怪しくなる。すなわち、道徳的混乱がおこる。……その結果おこるのは、あるいは社会のなかの分裂的傾向であり、あるいはより平穏な生き方への復帰を求める傾向であるだろう」（『文明が衰亡するとき』）

グローバリズムや多文化共存がもてはやされ、結果的に自分たちの持つべきアイデンティティが崩れていくのは、高坂によれば「通商国家」の特徴であり、山本七平（イザヤ・ベンダサン名義）の著作『にっぽんの商人』（文春文庫）の認識と通じるところもある。40年後の日本の現状を見事にいい当てているではないか。

戦後の空想的平和主義を叱る高坂は、戦前の空想的拡張主義に対しても手厳しい。「建設的で具体的なプログラムを提示することなく、専ら感情をたかめる思想ほど危険なものはない。戦前の日本におけるアジア主義はそのようなものだった。アジアという言葉はあっても、そうしたグループがあるわけではない。大体、どこからどこまでがアジアなのかもはっきりしない」（『世界史の中から考える』新潮選書）と述べている。

専門に特化し「木を見て森を見ず」の学者は掃いて捨てるほどいるが、高坂のように文明論的見地から「森も見て木を見る」ことができる学者は稀有《けう》である。政治に志す者には、『国際政治』『文明が衰亡するとき』『世界地図の中で考える』『世界史の中で考える』などは今も有用である。

戦後日本の政治学者では類まれなリアリストとして大平正芳内閣、中曽根康弘内閣のブレーンとなり、外交安保政策の提言を取りまとめた。中曽根に防衛費1％枠の見直しを提言したのも高坂である。

「憲法9条」の理念は認め、その枠内でリアルな防衛政策を追求してきた高坂が、90〜91年の湾岸危機に際し、国際平和活動に日本がほとんど何も貢献できなかったという現実に直面する。90年10月の日本文化会議で「再び問う『日本は国家か』」という講演を行ない、「新憲法はそれほど上出来ではない」と改憲論に転じた（森田吉彦「高坂正堯の憲法観」『Voice』16年7月号）。

テレビ朝日系の「サンデープロジェクト」「朝まで生テレビ」に出演し、おっとりした京都弁でリアルな外交を説く姿が印象的だった。

西部邁　1939（昭和14）年～2018（平成30）年

全学連主流派から保守主義の論客へ。日本の伝統から切り離された知性が、最後にたどりついたものとは――

西部《にしべ》邁《すすむ》は北海道で農協職員の子として生まれる。高校時代まで重度の吃音《きつおん》のため「何もしゃべらずに生きてきた」（西部邁『どんな左翼にもいささかも同意できない18の理由』幻戯書房）。学園紛争期の東京大学経済学部に入学。共産主義者同盟（ブント）の活動に参加して演説で吃音を克服する。全学連の中央執行委員を務め、1960年の安保闘争を指導した。

翌年には学生運動と決別。カリフォルニア大学バークレー校、ケンブリッジ大学留学を経て、86年に東京大学教養学部教授に就任。この間にバーク、チェスタトンなどイギリス保守主義を学び、正統的な保守主義者に転じて帰国した。

西部はスペインの哲学者オルテガをたびたび引用し、それを基礎とした著書『大衆への反逆』（文春学藝ライブラリー）が反響を呼んだ。オルテガは大衆を扇動するファシズムや共産主義を「野蛮への回帰」と警告した思想家であり、西部はマスメディアに操作される戦後日本人にこれを重ね合わせ、「戦後民主主義」の危険性を告発し続けたのである。

しかし、近代社会の「大衆」を批判するのであれば、前近代において日本文化を保守してきた「常民」（庶民）についてもきちんと評価しなければ、その保守思想はバランスを欠くことになるだろう。ところが、前近代の「常民」を研究し続けてきた柳《やなぎ》田《た》国男《くにお》や折口信夫《おりくちしのぶ》などの民俗学に対する西部の評価は低く、「近代日本に残存する慣習にたいする過大評価やスピリチュアルな想像力」と片付けている（『保守の真髄』講談社現代新書）。日本保守主義の源流とも評価されている柳田国男に対する西部の低評価は注目に値する（佐藤光『柳田国男の政治経済学 日本保守主義の源流を求めて』世界思想社）。

西部がバークやオルテガなどの西洋保守思想を日本に紹介した功績は大きいが、それらが直輸入の観念論にとどまり、日本人そのものの行動原理に根ざしたものでなかったことを示唆している。

西部が全学連主流派のことを書いた本には「民衆」や「一般の人」という言葉が全然出てこない、西部は「エリート」であると結論し、その危うさを見透していたのが吉本隆明《よしもとたかあき》だった（『私の「戦争論」』ちくま文庫）。確かに西部の文体はカタカナ語が多く使用され、庶民には近寄りがたいエリート臭がある。この点、平易な文体に徹した渡部昇一とは対照的である。

さらに吉本は、西部のいう「日本の伝統」はせいぜい奈良時代の律令国家以降のことだろうと指摘している。「日本の伝統」をいうなら、先史時代にまでさかのぼる神話や神道、そして何より皇統を論ずべきであろうが、西部にそれはなかった。

筆者（大井）は、2006年から約2年間西部の塾に通っていたことがある。そのときに西部は「伝統に基づく英知」といった言葉を多用していた。しかしそれは肉付けを伴わないため、何を意味するのかがわからず困惑した。

日本倫理思想史の相良亨《さがらとおる》は自身の研究姿勢を「（日本の伝統思想を含む）自己自身との対決」とした（『誠実と日本人』ぺりかん社）。日本の歴史や伝統と向き合ったうえで浮かび上がってくるものこそが、「日本の保守主義」なのであろう。しかし、西部の関心は日本人そのものにはついに向かなかった。

その後西部は、自身が推す中沢新一《なかざわしんいち》の助教授採用をめぐる教授間の「東大駒場紛争」に嫌気がさして教授を辞任。1980年代には保守論客としてテレビ朝日系の討論番組「朝まで生テレビ」にレギュラー出演し、司会の田原総一朗との丁々発止のやり取りで、保守論客として広く認知されるようになった。

2001年の9・11同時多発テロ、03〜11年のイラク戦争へと突き進んだアメリカは、日本の保守論壇をも分裂させた。アメリカにひたすら迎合する小泉政権と、読売新聞・産経新聞に代表される「親米保守」の論調に対し、西部は辛辣な批判を繰り返した。

さらに言論誌『発言者』『表現者』を主催し、若手の育成に力を入れた。特に民主主義批判、愛国心論、京都学派への評価などを世に問うて注目されている佐伯啓思《さえきけいし》は、西部の門下でも傑出している。

西部は専門の経済学においても、小泉・竹中流の新自由主義を批判し、国家の役割を重視するケインズを再評価した。こうした立場は藤井聡《ふじいさとし》・中野剛志《なかのたけし》らに継承され、藤井は西部の言論誌『表現者』を引き継いだ。

50代から常態化する神経痛と皮膚炎に悩まされ、14年には長く病床にあった妻に先立たれた。この経験から、西部は自分の死に際について思いを重ねるようになる。

「たとえば自分の娘に自分の死にゆく際の身体的な苦しみを、いわんや精神的な苦しみなどは、つまりすでにその顚末《てんまつ》を母親において十分にみているのに、それに輪をかけてみせる、というようなことは、できるだけしたくない、そんなことをするのは廉恥心に悖《もと》ると考える方向での生き方をする者がいて、述者はそうした種類の人間なのである」（『保守の真髄』）

生前、最後の著書となったこの本を書き上げた翌年1月、もはや体の自由がきかなくなっていた西部は、支持者2名に助けられて、冷たい多摩川で入水した。享年78歳。

日本の伝統保守とは程遠い北海道の地で生まれ育ち、一時は学生運動に身を投じ、アウトローの友人たちとも交流を続け、自分の死にざまも自分で決めた西部は、言葉の真の意味でいうところでは「リベラル」（何者にも拘束されない）な人間だったと思う。イギリスで学んだ保守主義を日本で広めたのは、自称リベラル（実態は左翼）や新自由主義者との闘争の手段に過ぎなかったのだ。結局それは西部自身の骨肉にはなりえず、最後に残ったのは絶望だったのではないか、と筆者（茂木）は考えている。

あとがき

ネットと動画配信の普及で、言論のタコツボ状態が悪化していると感じます。「おすすめ」のアルゴリズムによって、視聴者が好む情報ばかりが集まり、思想や嗜好が異なる人々の情報がほとんど入って来なくなります。その結果、自分の立ち位置こそが多数派であり、正義なのだと誤解し、ちょっとした異論を許せず攻撃する人たちが増えてきました。

この状況が加速すると、ネット言論はインフルエンサー（影響力を持つ論客）とその追随者ばかりという気持ち悪い状況となり、建設的な議論ができなくなります。

種明かしをすると、本書は当初、リベラル系のX社から刊行される予定でした。「ウチは基本リベラルなんですけど、保守について知らないことが多すぎるので、あえてお願いします」とベテランの編集者さんからご提案いただきました。

朝日新聞しか読まないような読者に対し、「保守」と「右翼」の違いから歴史的に説明させていただけるよい機会だと思い、執筆を始めたのが２０１６年のことです。

ほぼ書き終えた段階で、その編集者さんが体調を崩され、私も多忙でしたのでしばらく連絡が途絶えました。2020年の安倍首相辞任のニュースのあと、編集者さんに連絡をとったところ、自分は退職する、本書の刊行はできなくなった、申し訳ない、と伝えられました。というわけで、いったんは宙に浮いてしまった私の原稿を、今度は祥伝社さんが引き受けてくださり、無事に日の目をみることができました。本当にありがとうございました。

第1部は世界における保守思想の形成について、第2部は戦後日本の保守政治史についてまとめてみました。第3部では敗戦後日本の保守論客10人について紹介しました。どのパートから読み始めていただいても結構です。

筆者（茂木）は文芸評論の分野には疎いので、第3部は日本思想史がご専門の大井健輔さんにご助力をいただきました。私の原稿に大井さんが大幅加筆し、私が推敲するという形を取らせていただきました。大井さん、ありがとうございました。

より大きな「政治思想」の枠組みにつきましては、『政治思想マトリックス』（PHP研究所）で図式化してみました。あわせてお読みいただけると、理解が深まると思います。

2021（令和3）年4月　世界がますます混沌となる中で

茂木　誠

● 著者プロフィール

茂木　誠（もぎ・まこと）

歴史系 YouTuber、著述家、予備校講師。駿台予備学校、ネット配信のN予備校で世界史を担当し、iPad を駆使した独自の視覚的授業が好評。
世界史の受験参考書のほか一般向けの著書に、『経済は世界史から学べ！』（ダイヤモンド社）、『ニュースの“なぜ？”は世界史に学べ』シリーズ、『テレビが伝えない国際ニュースの真相』（以上、SB新書）、『世界史とつなげて学べ 超日本史』（KADOKAWA）、『日本人が知るべき東アジアの地政学』（悟空出版）、『「戦争と平和」の世界史』（TAC出版）、『「米中激突」の地政学』（WAC）、『世界の今を読み解く「政治思想マトリックス」』（PHP研究所）、『世界史で学べ！地政学』『図解 世界史で学べ！ 地政学』（以上、祥伝社）など。
YouTube もぎせかチャンネルで歴史と時事問題について発信中。
［ホームページ］
https://www.mogiseka.com/

● 第３部共同執筆者プロフィール

大井健輔（おおい・けんすけ）

1981年生まれ。千葉県出身。大井日本アジア研究所代表。

立教大学大学院後期博士課程６年次中退。日本思想史専攻。

現在はベトナムに住み、中・高・大学生、技能実習生、エンジニアを対象に日本語教師も務めている。

著書に『津田左右吉、大日本帝国との対決』（勉誠出版）、『日本語教師放浪記―ベトナム・ミャンマー・台湾・インド編―』（Kindle）がある。

▼画像提供

【第１部】
〔第１章〕
P41　Georgios Kollidas／123RF
P51　Vladimir Korostyshevskiy／123RF
〔第２章〕
P69　Georgios Kollidas／123RF
〔第３章〕
P84　Leonard Zhukovsky／123RF
P114　AFP＝時事
〔第４章〕
P122　国立国会図書館所蔵
P125　国立国会図書館所蔵
P130　国立国会図書館所蔵

【第２部】
〔第６章〕
P187　ともに国立国会図書館所蔵
P196　国立国会図書館所蔵
〔第７章〕
P203　横浜市史資料室所蔵
横浜の空襲と戦災関連資料
P207　国立国会図書館所蔵
P210　共同
P217　共同
P222　時事
〔第８章〕
P225　時事
P228　共同
〔第９章〕
P247　共同
P256　時事
P262　共同
P267　共同
〔第10章〕
P273　共同
P275　共同
P279　共同
P280　時事
P285　共同
P287　ともに共同
P288　共同
〔第11章〕
P301　共同
P316　時事
〔第12章〕
P337　共同
P345　時事
P347　時事
P349　共同
P351　時事
P357　時事
P364　AFP＝時事

【第３部】
P393　共同
P403　共同
P408　共同
P413　共同
P418　共同
P423　共同

※記載のないものは、パブリックドメイン画像を使用

世界史講師《せかいしこうし》が語《かた》る　教科書《きょうかしょ》が教《おし》えてくれない「保守《ほしゅ》」って何《なに》？

令和３年５月10日　初版第１刷発行
令和６年５月10日　　　　第３刷発行

著　者　茂《も》木《ぎ》　誠《まこと》
発行者　辻　浩明
発行所　祥《しょう》伝《でん》社《しゃ》
〒101-8701
東京都千代田区神田神保町3-3
☎03(3265)2081(販売部)
☎03(3265)1084(編集部)
☎03(3265)3622(業務部)

印　刷　萩原印刷
製　本　積信堂

ISBN978-4-396-61754-7 C0030
祥伝社のホームページ・www.shodensha.co.jp

Printed in Japan